Ageing in place

エイジング・イン・プレイス（地域居住）と高齢者住宅

日本とデンマークの実証的比較研究

松岡洋子
matsuoka yoko

新評論

はじめに

　「Ageing in Place（エイジング・イン・プレイス）」という言葉を聞かれたことがあるだろうか。日本では、まだなじみがない。
　しかしながら、その考え方は「住み慣れた地域でその人らしく最期まで」というスローガンと同様のものであり、日本でも非常にポピュラーになっている。また、「施設から住宅へ」、「施設から地域へ」などと表現されるものであり、介護保険の理念、「2015年の高齢者介護」や「地域包括ケア研究会報告書」で目指したものとも一致する。
　私は、1997年にデンマークで暮らした際に、高齢者専用であり一般住宅と変わらない広さと設備をもつ「高齢者住宅（エルダーボーリ・Ældreboliger）」というものの存在に出会った。この国では1988年以降、高齢者施設「プライエム」の建設を禁止し、その代替として一般集合住宅と同質の「高齢者住宅」の建設を始めた。さらに、その背景には「住まいとケアの分離」という考え方があり、施設でパッケージ化された「住まいとケア」を「分離」して、地域において「高齢者住宅」と「在宅24時間ケア」の形で再統合してきたのである。
　しかも、高齢者向け住宅はデンマーク民主主義の鉱脈を形成するものとして1988年時点ですでに数多く存在しており、在宅ケアをあらゆる市町村（コムーネ）に整備してから施設の建設禁止に踏み切るという用意周到な戦略的脱施設を行った、というのがデンマークの特徴である。このことは、前著「デンマークの高齢者福祉と地域居住」（新評論、2005年）で明らかにしたところである。
　しかし、漠然と「施設から住宅へ」と表現される、このうねりは、世界的文脈のなかではどのような位置づけにあり、各国の実態はどうなのだろうか。また「住まいとケアの分離」という卓越したアイデアは他の国では実践されているのだろうか、果たして高齢者自身はこれを望んで

いるのだろうかなど、雑多な疑問を漠然と抱えたまま、私は2004年より博士論文に取り組むこととなった（関西学院大学大学院社会学研究科）。

さまざまな論文を読むなかで、2004年ころに「Ageing in Place（エイジング・イン・プレイス、地域居住）」というキーワードに出会うこととなった。

「Ageing in Place」はまぎれもなく「住み慣れた地域でその人らしく最期まで」にあたる概念であり、端的にいえば「尊厳と自立」、「住まいとケアの要素」、「死ぬまでの居住継続」、「地域の問題」という4つのサブ概念からなるものである。

日本ではその頃、2005年に登録が始まった高齢者専用賃貸住宅の広がりのなかで、特別養護老人ホームへの入居待機者の受け皿として「『住宅』と呼べるのだろうか」と思わせるような住まいが増えていた。「2015年の高齢者介護」（2003年）では、介護が必要になってからの住まいと同様に、「早めの住み替え」先となる高齢者住宅（自立型高齢者住宅）も必要であることが提言されたにもかかわらずである。そこに通底する高齢者観は「尊厳と自立」の主体ではなく、明らかに「介護の対象」である。

また、高齢期に引っ越したにもかかわらず、その住宅の介護力が不足すれば、系列の施設への住み替えを保証することが誠意ある対応であり、高齢者本人やご家族にとってはこの安心感が住宅選択のポイントとなっており、「死ぬまでの居住継続」については利用者も、事業者も、政策担当者も、研究者すら誰も触れなかった。

こうした日本の現状に疑問を抱く私は、世界的な視野から「Ageing in Place」について調べていく過程で、日本の常識は世界の非常識であることを確信するようになった。特に「死ぬまでの居住継続」については、「Ageing in Place」にとって欠くことのできない重要な要件であり、「高齢期に2回目の住み替えがあってはならない」、「高齢者住宅は施設へのつなぎであってはならない」ということが、海外の文献には明確に語られていた。また、「高齢者の自立と尊厳」を尊ぶ哲学のもとでは、

高齢者住宅の居住環境は各国において一般住宅と同質のものへと発展を遂げ、高齢者住宅という対象を特定する発想を超える概念が現れていた。

本書は、こうした世界の動きに目をやりながら、実際に高齢者の声に耳を傾けることで日本の「Ageing in Place」のこれからを考えていこうとするものである。

まず、1章と2章で「Ageing in Place」の概念、「住まいとケアの分離」理論とその先にあるものについてまとめ、これらを踏まえて、3章ではアメリカ、イギリス、オランダの哲学と実態、4章でデンマークの地域居住、5章では日本の動きについて「住まい」と「ケア」の側面から整理した。6章では、日本とデンマークにおける高齢者住宅住人を対象とした調査とその結果、終章ではこれらを踏まえて「近未来のビジョン」の提言を行っている。6章の調査結果は終章第1節で凝縮してまとめているので、読み飛ばしていただいてよい。

各国における「Ageing in Place」の取り組みについては、現地を訪ねて歩くことに力を注いだ。残念ながらアメリカには行けなかったが、ヨーロッパの高齢者住宅の質は「住宅と称するに足るクオリティ」を保っていることをこの目で確かめることができた。

また、日本とデンマークの高齢者住宅住人を対象とした調査では、日本においては「居住継続」や「最期までの居住」の思いが高齢者の幸福感に最も強い影響を与えていること、安心を求めると同時に自立志向や活動志向も強く存在していることが明らかとなった。

さらに、オランダやデンマークの先進の取り組みからは、対象を限定する「高齢者住宅」という発想すら過去のものであって、今や年齢・障害の種別を超えてあらゆる人間が生まれてから死ぬまでの過程に対応できる「生涯住宅」に取り組んでいること、24時間ケアを他のさまざまな医療・介護・福祉サービスと連携させるために「サービス・ゾーン」、「地区（ディストリクト）」といった地理的単位でインフラ整備を行いながら、まちづくりへと進んでいる方向も見えてきた。

「Ageing in Place」はすでに「脱高齢者住宅」化し、「脱ケア」化し、より普遍的な次元へと進んでいるのである。

新しいもの、ヨーロッパの福祉国家の取り組みがすべて正しいとは限らない。しかし、居住継続を熱望しているにもかかわらず、高齢者住宅に住み替えてもなお介護不足が理由で施設に転居しなければならない現状や、「住宅」という名をもつ20㎡前後の「部屋」に毎月20数万円を支払って介護を受けることが主流になりつつある実態を導く制度、そこへさえも経済的な理由で入居できない高齢者がいる現実、施設と在宅の格差に加えて高齢者住宅と在宅の格差さえも生まれようとしている事実は、小手先の改革ではもう間に合わないことを教えてくれている。

日本でも「高齢者の住まいの安定確保に関する法律」が改正され、「サービス付き高齢者向け住宅」がこれからの高齢者居住の基盤となっていく様相である。また、24時間地域巡回型訪問サービスも法制化に向けて具体的に動き出した。こうした動きは、制度（ツール、プロセス）面では「Ageing in Place」の哲学に沿ってはいる。しかし、実質（アウトカム、プロダクト）面で日本の高齢者の思いをしっかりと受け止めるものになっているだろうか。世界的文脈を我田引水風に読み込んでいることはないだろうか。

「Ageing in Place」のゴールには「住まいとケアの分離」のあとの課題として「住まいとケアの地域における再統合」の大仕事が待っている。

我々は今「Ageing in Place」のどの段階にいるのだろうか。
そのやり方は、正しいものだろうか。
さらにこの先、進む方向はどこにあるのだろうか。

本書を、世界的な視野から、そして高齢者の声に耳を傾けながら、日本の「Ageing in Place」について考えていくきっかけにしていただければ幸いである。

も く じ

はじめに 1

第1章 エイジング・イン・プレイス（地域居住）とは　15

第1節 エイジング・イン・プレイス（地域居住）が生まれるまで　15

1. 1960〜1970年代——大規模施設の時代　16
2. 1980年代——オルタナティブ模索の時代　21
3. 1990年代——エイジング・イン・プレイス（地域居住）の時代　23

第2節 エイジング・イン・プレイス（地域居住）とは何か　25

1. エイジング・イン・プレイス（地域居住）の定義　25
2. エイジング・イン・プレイス（地域居住）の構成概念　26
3. 「エイジング・イン・プレイス」の訳語　36

第3節 地域居住と高齢者住宅　37

1. 高齢期における「家」の意味　37
2. 高齢者住宅の定義と用語整理　41
3. 高齢者住宅の関連用語　48
4. 地域ケアの関連用語　49

第2章 「住まいとケアの分離」理論　53

第1節　デンマークにおける「住まいとケアの分離」　54
1. デンマークにおける「住まいとケアの分離」　54
2. デンマークから北欧、オランダへ　58

第2節　ロートンの理論　61
1. 人 - 環境モデル　61
2. 不変環境モデルと適応環境モデル　63
3. サービス・パッチワーク　65

第3節　ホーベンの理論　67
1. 伝統的「階段モデル」から「革新モデル」へ　68
2. 実践への展開　73

第4節　ステア・モデル（階段モデル）とステイ・モデル（居住継続モデル）　74
1. ヨーロッパにおける高齢者住宅の潮流　75
2. 「ステア・モデル（階段モデル）」から「ステイ・モデル（居住継続モデル）」へ　76
3. 「パーソン・センタード」という発想　81

第5節　「住まいとケアの分離」の先にあるもの　82
1. 「サービス・ゾーン」　84
2. 「生涯住宅」　89
3. 「特殊」から「一般」へ、「住まいとケア」から「地域＆環境」へ　91

第3章 地域居住へ向けての各国の取り組み

97

第1節 アメリカにおける取り組み 97
1. アメリカにおける高齢者住宅の歴史 97
2. 「住まいとケアの分離」から見た近年の動き 103

第2節 イギリスにおける取り組み 108
1. シェルタード・ハウジング 108
2. ギルフォード区のシェルタード・ハウジング 113
3. 「住まいとケアの分離」から見たシェルタード・ハウジング 118

第3節 オランダにおける取り組み 120
1. 「住まいとケア革新プロジェクト」 120
2. ヒューマニタスの事例から（ロッテルダム市） 128
3. 「住まいとケアの分離」から見たオランダ 140

第4章 デンマークにおける地域居住と高齢者住宅

145

第1節 デンマークにおける地域居住 145
1. デンマークの社会福祉政策 145
2. 地域居住への道のりと高齢者住宅 148
3. 地域居住と巡回型在宅24時間ケア 158
4. 本当に最期までの居住なのか？ 169

第2節　地域資源の実態　173

1. 3市の概要　174
2. 高齢者住宅（自立型・介護型）の整備　176
3. デンマーク流地域包括ケア　180

第5章　日本における地域居住と高齢者住宅
183

第1節　地域居住に向けて――高齢者ケアの動向　184

1. 日本の方向　184
2. 「2015年の高齢者介護」　185
3. 2005年度介護保険法改正　194
4. 「地域包括ケア研究会　報告書」　196
5. 「24時間地域巡回型訪問サービスのあり方検討会報告書」　200

第2節　地域居住に向けて――高齢者住宅の動向　203

1. 高齢者住宅と高齢者施設の類型と動向　203
2. 高齢者に対する住宅政策　207
3. 近年の高齢者住宅施策　212

第3節　日本の課題　218

1. これからの課題　218
2. 本研究の目的　221

第6章 日本とデンマークにおける高齢者住宅住人調査　223

第1節　アンケート調査の概要　224
1. 目的と調査デザイン　224
2. 調査対象とデータ収集　226
3. 調査項目　229

第2節　インタビュー調査の概要と結果　233
1. インタビュー調査の概要と方法　234
2. インタビュー調査の結果　238

第3節　アンケート調査の結果　245
1. 主観的要因の因子分析結果　245
2. 単純集計結果　252
3. 主観的幸福感　264
4. 主観的幸福感に影響をおよぼす要因　265

終章　未来へ向けての考察と提言　273

第1節　調査結果を受けて　273
1. 3グループの特徴　273
2. 主観的幸福感に影響を与える要因　283

第2節　エイジング・イン・プレイスへの提言　291

1. 最後まで住み続けるために　292
2. 安心と自立のバランス〈高齢者住宅〉の整備　303
3. 地域に根をはる「地域のつどい場」　317
4. 自治体の役割　322

第3節　エイジング・イン・プレイスの近未来へ向けて　323

あとがき　335
アンケート調査票　337
参考文献一覧　341
索　引　353

本書は、財団法人住宅総合研究所の2008年度出版助成を受けて出版されている。

凡例

◇タイトルである「エイジング・イン・プレイス」は、ヨーロッパでは Ageing in place、アメリカでは Aging in place と表記される。筆者は、ヨーロッパにおける挑戦や研究より大きな影響を受けており、本書はその文脈に添って書かれているため、基本的に原語表記は Ageing in place としている。しかし、文脈から見て、明らかにアメリカに関するものや文献タイトルについては、Aging in place を採用している。

◇本文中［Gottschalk (1987)］とあるのは、巻末の参考文献にある Gottschalk の1987年の著作に源泉があることを示している。

◇ヨーロッパ通貨ユーロは、2010年末時点で1ユーロ＝110円である。しかし、長らく1ユーロ＝160円で安定してきたので、このレートを採用することとする。

◇デンマーク通貨クローナについては、2010年末時点で1クローネ＝15円である。しかし、長らく1クローネ＝20円で安定していたので、このレートを採用することとする。

エイジング・イン・プレイス(地域居住)と高齢者住宅
——日本とデンマークの実証的比較研究——

第1章 エイジング・イン・プレイス（地域居住）とは

　エイジング・イン・プレイスとはどのような概念で、どのような背景から生まれ、何を目指そうとするものなのであろうか。本書では、エイジング・イン・プレイス（Ageing in place）を支える高齢者住宅について考えていくわけだが、第1章ではその概念を整理し、高齢者住宅がそのなかでどのように位置づけされるのかについてまとめていく。

第1節　エイジング・イン・プレイス（地域居住）が生まれるまで

　エイジング・イン・プレイスとは、「高齢者が、虚弱化とそれに伴う問題にもかかわらず、住み慣れた自分の家や地域でできるだけ長く住むこと。施設への入所を遅らせたり、避けたりすることができる」と定義されるものである。安易な施設への入所に対する反省から生まれた概念であり［Callahan（1993）p.1; Houben（2001）p.651］、日本では、「住み慣れた地域で、自分らしく（その人らしく）最期まで」と表現されている。

　この概念は比較的新しく、1980年代になって現れた。施設の時代を経てそこに至る過程を、パスタランは次のように時代区分している。

- 1960～1970年代——大規模施設の時代
- 1970年代後期～1980年代——オルタナティブの模索
- 1990年代——「エイジング・イン・プレイス」概念の登場

[Pastalan（1997）]

1．1960～1970年代——大規模施設の時代

（1）施設の時代とその評価

　1950年代までは、高齢者サービスとは養老院（old age homes）を指すものであった［Daataland（2000）p.10］。養老院は救貧院（poor house）から発達したもので、経済的・社会的弱者を収容する施設である。

　1960年代から1970年代にかけては、第２次世界大戦後の経済発展と高齢化の進展を背景に世界各国で高齢者施設の建設が進められた。保護住宅や施設が高度なケアシステムであると捉えられた時代であり、いわば「高齢者施設の時代」である［Houben（2001）p.657］。

　養老院では経済的・社会的弱者が収容の対象であったが、1960年代以降は、身体的に虚弱化した高齢者が収容の主たる対象となっていった。施設とは本来、機能を集中化することによってケアを必要とする人々を集め、専門的なサービスを合理的に提供しようとする一つの装置である。そのためには、大規模であることが必然的要件であった。

　高齢者施設が建設される一方で、1960年代初頭からタウンゼントやゴフマンなどの社会学者によって施設の弊害が明らかにされてきた。それにもかかわらず、施設は高齢者ケアの高度に進化した形と見なされ、ヨーロッパ各国で盛んに建設されてきた。なかでも、イギリス、ドイツ、フランスを抜いて、突出した施設整備率を誇ったのが北欧諸国とオランダである［Houben（2001）p.657］。

　スウェーデンでは100万ユニット、デンマークでは４万ユニットを超える（当時の65歳以上高齢者の７％に相当）施設が建設された。

1960年代に建設された大規模施設の威容ぶりは、現在でも見ることができる。写真は1960年代に建設されたコペンハーゲンの高齢者施設（プライエム）であるが、これらの多くが外観はそのままに内部が改造され、現在では40㎡前後の広さのある

1960年代に建てられたプライエム

「介護型住宅（プライエボーリ）」へと生まれ変わっている。

暮らしやケアの内容も、「生活居住環境モデル」と呼ばれる10人前後の小規模な単位でグループホームに近い生活ができるように改善されている。しかしながら、その外観は当時の大規模施設の異様さを現代に伝えている。

こうした大規模施設建設の背景には、**表1-1**に見られるように、ヨーロッパにおいて早期に始まった高齢化の波がある。65歳以上高齢者の割合が7％を超えた社会を高齢化社会（Aging Society）、14％を超えた社会を高齢社会（Aged Society）とする国連の規定はよく知られているが、10％を超えたあたりから高齢者福祉対策が深刻さを増してくる［山井（1991）］。

そのタイミングが1960年代に訪れ、高齢者ケアの最高の形［Pastalan（1997）］と見なされた施設の建設が進んで前代未聞の施設の時代を迎えたのである。

（2）施設の評価

大規模高齢者施設の建設を進めていた当事者は、そのメリット、デメリットをどのように捉えていたのだろうか。

表1－1　各国における高齢化の進展

	高齢化社会 （高齢化率7％）	高齢社会 （高齢化率14％）	高齢化社会から高齢社会に なるまでの年数
日本	1970年	1994年	24年
ドイツ	1930年	1972年	42年
イギリス	1930年	1976年	46年
フランス	1865年	1979年	114年
デンマーク	1925年	1978年	53年
スウェーデン	1890年	1972年	82年
アメリカ	1945年	2014年	69年

出所：（「平成15年版　社会保障統計年報」国立社会保障人口問題研究所編、2004年）

＜施設のポジティブな側面＞

①人が集中することによって、サービス提供を大規模に行える。これは、住む人間にとって社会的支援を受けやすくなることを意味する。

②集住することによって、ほかの住人と友人関係を深めることができる。病気などによって友人を亡くしたとしても、新たな友人を得ることができ、その寂しさから救われるということもある。

③所得が低い人にも、質のよい住まいとサービスを提供することができる。

＜施設のネガティブな側面＞

①建築とメンテナンスの点で、コストがかかる。

②コストがかかるので、需要を満足させるに十分なユニット数を建設することができない。

③住人の高齢化に伴って提供すべきサービスが増加する。そのニーズの予測が非常に困難で、虚弱化の程度や介護度によって施設を変わらなければならない。

[Pastalan（1997）p.2]

第1章　エイジング・イン・プレイス（地域居住）とは　19

　パスタランは施設のポジティブな側面を含めて長短両面を捉えているが、浅野もまた「快適な生活環境を提供してくれる場であり、安心感をもって生活できる場である」、「衣食住、医療、介護などの基本的生活を支える条件を満たしている点、何でも気軽に相談にのってくれる終生の親しい仲間が見つかることも少なくない点、クラブ活動や年間行事など楽しい活動がある点」をポジティブな側面として捉え、これらを踏まえた上で、「生活施設は全制的施設（Total institution）として、多くのネガティブな側面をもっているが、他方、入所者の基本的生活を十分に保障してくれるポジティブな側面をもつ矛盾した社会組織である」という理解を示している［浅野（1993）pp.18～19］。
　これらに対して、タウンゼントやゴフマンなどの社会学者は、1960年代から施設に住む人間の社会心理的側面に光を当てて施設批判を展開している。
　ゴフマン（Goffman, Erving）はアメリカの社会学者であるが、*Asylums : Essays on the Social Situation of Mental Patients and Other Inmates*（石黒毅訳（1974）『アサイラム―施設収容者の日常生活』誠信書房）のなかで、「全制的施設（total institution）」（石黒訳）の特徴として次のような点を挙げ、施設というものは本来的にこのような弊害をもつものであるとしている。

- 住人を集団として扱う。
- 官僚的に管理する。
- コミュニケーションは統制的である。
- 家庭人としての役割をはく奪する。
- 地域から遠ざける。

　全制的施設（total institution）とは「多数の類似の境遇にある個々人が、一緒に相当期間にわたって包括的に社会から遮断されて、閉鎖的で形式的に管理された日常生活をおくる居住と仕事の場所（石黒訳）」と

定義されている。彼はアメリカの病院での入院患者の社会的世界を、患者が主観的に体験している通りに知りたいと、体育指導主任の助手という形で参与観察をした結果、上記のような結論を得た［Goffman（1974）pp.14〜130］。

一方、イギリスの社会学者タウンゼント（Townsend, Peter）は、1962年に *The Last Refuge : A Survey of Residential Institutions and Homes for the Aged in England and Wales*（最後の避難所：イングランドとウェールズにおける居住施設と高齢者の自宅に関する調査）を著した。このなかで、1948年に施行された「国民扶助法」の第3部で法的根拠が与えられた通称「パート3」と呼ばれる施設に1957年から5年間にわたって調査を行い、入所者は次のような体験をして、次第に自己決定能力を奪われていることを明らかにした。

- 役割の喪失。
- 家族・友人・コミュニティとの関係の喪失。
- 入所者同士の人間関係の隔離。
- 孤独と不安。
- プライバシーと自立の喪失。

そして、「施設に入所している多くの人は、貧困、住宅困窮、社会的孤立、親族・友人からの援助がないなどの理由で入所しているのであって、自分で望んでいるものではない」［Townsend（1962）pp.225〜226］と、センセーショナルなメッセージで社会に警鐘をならした。

この著書のなかでタウンゼントは、「高齢者に適切な新しい住宅が必要である」ことを提案している。それは高齢者住宅の必要を問題提起したものにほかならないが、実際に、1948年からイギリスで造られ始めたワーデン（生活援助員）付きの住宅計画に興味を示し、「シェルタード・ハウジングは、必要とする支援（support）を受けながら尊厳のある生活をすることができる手段である」と見なしていた［Nocon & Please

(1999) p.164]。

イギリスのシェルタード・ハウジングは、本研究のテーマであるエイジング・イン・プレイス（地域居住）を目指す高齢者住宅の一つである。

2. 1980年代——オルタナティブ模索の時代

ゴフマンやタウンゼントの主張は急速な社会変革を引き起こすことはなかったが、1970年代末より、コスト高であり、高齢者の自立や自己決定を損なう高齢者施設への反省が促され、施設崇拝や施設依存の傾向が大きく修正されはじめた。

そこに拍車をかけたのは、高齢者の尊厳や権利、個人の自立とプライバシーを守るという時代の風潮であり、オイルショックを契機とする財政の逼迫である［Tilson & Fahey（1990）；Houben（2001）p.657］。その結果、大規模な高齢者施設は、もはや存続できないことが明らかとなっていった［Daatland（2000）p.10］。

1980年代になると多くの西欧諸国で高齢者施設の建設が減少し、最も虚弱な高齢者に住む場（shelter）とケア（service）を提供してきた施設に代わる「オルタナティブ（何か別のもの、代替物）」が模索されるようになった。なかでも、デンマークとスウェーデンは急激に施設数が減少した国である。

こうしたなかで多くの国で注目されたのが、自宅に代わるさまざまな居住形態の出現と地域にとどまりながらもサービスを受けられるような「地域に拠点をおく支援サービス」である［pastalan（1997）；Daatland（2000）p.11］。

さまざまな文献で前者は「shelter」と呼ばれ、後者は「service」と表現されている。施設の代替を「住む場」（shelter）と「ケア」（service）の二つの要素で補っていこうとしていたと理解できるが、これは、「住まいとケアの分離」概念への重要な伏線となるものである。

例えば、スウェーデンでは、1950年代から「自宅に住み続けられる」ことを目的としてナイトパトロールや訪問看護の整備をしてきた。1980年代に老人ホームやナーシング・ホームの減少を見るが、こうした施設の減少を補ったのがサービスハウスである。また、ケアの側面から虚弱な高齢者の地域での生活を支えたのが、1950年代から整備されてきた在宅ケアである［奥村（2008）］。

　北欧の国に比べ、アメリカやカナダなどの北米諸国では、著しい施設建設の減少は見られず、施設建設を続けながら、地域の支援サービスの発展が同時進行で行われた［Pastalan（1997）］。1980年代のアメリカといえば、「官から民」へのシフトを進めたレーガン政権の時代である。この時代、連邦政府による高齢者向け住宅への公的資金が少なくなり、いわゆるコミュニティ・サービス予算も減額された。

　こうした公的セクターの縮小を補ったのが民間セクターである。民間セクターは金銭的に余裕のあるミドルクラスの引退者に向けて、さまざまなレベルのニーズに応える「住む場」(shelter)と「ケア」(service)の提供をしていた。典型的なものは、さまざまな介護レベルのニーズに応える施設を総合的に備えたヴィレッジのようなCCRC（Continuing Care Retirement Community）である。

　それに対してイギリスは、特に自宅にとどまることを望む傾向の強い国である［Tinker（1997）］。

　1970年代にはシェルタード・ハウジングが盛んに建てられたが、自宅にとどまりたいという高齢者の希望が強く、財政難も手伝って、地域の高齢者にサービスパッケージを利用して自宅にとどまることを選択肢の一つとして提示することとなった。これは「Staying Put（居住継続）」政策と呼ばれるもので、その内容は住宅改造や配食サービスなど、多彩なメニューで構成されていた。

　その後、こうした「Staying Put（居住継続）」政策では介護が不足することが判明し、「Moving on（住み替え）」政策へと方向転換され、シ

ェルタード・ハウジングが見直されていった。

　各国の取り組みは、第3章で詳しく述べるが、このような形で、世界各国で施設に代わる住む場（shelter）とケア（service）のあり方についての挑戦がなされたのである。

3．1990年代——エイジング・イン・プレイス（地域居住）の時代

　解決策を模索する過程で、1990年代に入ると、施設ではなく自分が慣れ親しんだ環境で年を重ねていく「エイジング・イン・プレイス（地域居住）」という考え方が注目されるようになった。

　この概念はアメリカで生まれたもので、「1980年代末、『エイジング・イン・プレイス（Aging in place）』と呼ばれる何かが発見された。これにはさまざまなメリットがある。政治家は費用面での合理性をいい、サービス提供者は利用者の広がりに事業としての魅力を感じた。また、当事者である高齢者は今住んでいる場所で暮らし続けられることを非常に喜び、『エイジング・イン・プレイス』は国民的呪文のように広がっていった。これが実際に何を意味するのかはっきりせず、政策面でもぼんやりとしていたにもかかわらず……」［Pastalan（1997）］と言われるほどであった。

　先ほど「『エイジング・イン・プレイス（Aging in place）』と呼ばれる何かが発見された」という一文を引いたが、「エイジング・イン・プレイス（地域居住）」は施設批判が高まっていくなかで新しく生成されたものではなく、古くから存在したものである。カラハンは「We are always aging in place（我々はいつも、今いる場で老いている）」［Callahan（1993）p. 1］と言って、この概念が古くからあったものであることを強調している。

　パイニュスもまた、「地域居住とは伝統的には、加齢のなかで限界が出てきたり障害も現れてくるが、家の環境に近づけることに力点をおい

て、自分の家で老いていく個人とそれらを保障していくことを指していた」［Pynoos（1990）p.167］としている。

「エイジング・イン・プレイス（地域居住）コンセプト」の出現に関連して、施設の増加を、郊外都市発展の文脈で捉える研究者もいる［Callahan（1990）］。

第2次世界大戦後の経済成長に伴って持ち家率が上昇し、労働者は郊外に家を建て、その結果として大規模な郊外へのスプロール化が起こった。ここでは、住人の高齢化に伴って支援サービスを利用することで「We are always aging in place」していたが、郊外では交通の便が都心部ほどよくないため、住人の高齢化に伴う支援サービス提供の費用を押し上げ、十分な支援サービスが受けられなくなった。

一方で、住宅改修にも費用がかかり、費用は利用者負担であったために家族の負担が増えることとなった。そこで自宅で暮らすということが困難で満足度の低いものとなり、その結果、不必要に高齢者が施設に流れた、というものである。

「自宅で十分なケアが受けられないので、施設に流れる」という様子は、タウンゼントが「施設に入所している多くの人は、貧困、住宅困窮、社会的孤立、親族・友人からの援助がないなどの理由で入所しているのであって、自分で望んでいるものではない」［Townsend（1962）pp.225～226］という状況と重なる。

現代においても、在宅で暮らす高齢者が施設入所を回避できない最大の原因は、住まいの建築構造とサービス支援の不足にある［Munroe & Guihanm（2005）p.21］というのも、同様の文脈である。さらに、日本においては、「家族に迷惑をかけたくない」という高齢者本人の気持ちが加わる。

こうした流れのなかで起きる安易な施設入所にストップをかけ、スプロール化によって郊外に移動した人々もそのままで「自分の家で老いていく」ような、なじみのある環境で年を重ねていけるシステムをつくろ

うというのが「エイジング・イン・プレイス（地域居住）」の目指すところである。

「エイジング・イン・プレイス（地域居住）」とは、どのような目的をもって、何をしようとするものなのか、さらに詳しく見ていこう。

第2節 エイジング・イン・プレイス（地域居住）とは何か？

1. エイジング・イン・プレイス（地域居住）の定義

「エイジング・イン・プレイス」とは、「施設」の反対概念として生まれたものであり、「慣れ親しんだ環境で年を重ねていく」ということで、日本では「住み慣れた地域で、自分らしく（その人らしく）最期まで」と表現されている。

「エイジング・イン・プレイス」に関しては、その定義に定まったものがない。とはいえ、その明確な目標も示されていないこの言葉を冠した書籍が1990年代初頭に3冊出版されており[1]、その後にこの用語を含むタイトルの論文もいくつか書かれている。それらをつなぎ合わせる形で、「エイジング・イン・プレイス」の定義を行いたい。文献に現れる定義としては、以下のものがある。

「虚弱化にもかかわらず、高齢者が尊厳をもって自立して自宅・地域で暮らすことをいう。施設入所を遅らせ、防止する」［Kelen & Gliffiths (1983)］、「高齢者が身体的変化、家族の変化、地域の変化などに応じて、

---

[1] Tilson, D. (1990) *Aging in Place: Supporting the Frail Elderly in Residential Environments*, American Association of Homes for the Aging
Callahan, J. J. (eds.) (1992) Agin in Place, Baywood Publishing Company; New York
Heumann, L. F. & Boldy, D.P (1993) Aging in Place with Digwity :International Solutions Relating to the Low-Income and Frail Elderly, Praeger, London
などがある。

自宅の環境に改造を加えながら、自宅で老いていくこと」[Pynoos (1993)]、「高齢者が自宅にとどまって老いていくという現象を超えて、さまざまな意味がある。個人の老い、それに伴って次々と起こる変化、虚弱化、家族構成の変化などを含み、リロケーションのリスクにどう対応するかという問題をも含むものである」[Pynoos (1990) p.167]、「高齢者が、虚弱化とそれに伴う問題にもかかわらず、自分の家と地域にできるだけ長く住む傾向をいう」[Hart & Reed (1990) p.3]、「加齢とともに、身体的・精神的機能低下や虚弱化があっても、施設に入るというよりも自分の家でサービスを受けることをいう」[Ivry (1995) pp.76～77]。

　以上の記述から共通項を拾っていくと、「エイジング・イン・プレイス」とは、「虚弱化にもかかわらず」、「尊厳をもって自立して」、「自宅・地域で」、「できるだけ長く住み続ける」こと、「施設入所を遅らせたり、避けたりする効果がある」ということになる。そこで、「エイジング・イン・プレイス（地域居住）」を次のように定義する。

　「高齢者の自宅・地域にとどまりたいという根源的な願いに応え、虚弱化にもかかわらず、高齢者が尊厳をもって自立して自宅・地域で暮らすことをいう。施設への安易な入所を避けるために注目されてきた概念であり、施設入所を遅らせたり、避ける効果がある」

2．エイジング・イン・プレイス（地域居住）の構成概念

　そして、以下の4点をエイジング・イン・プレイスの構成概念として規定したい。
　①高齢者の尊厳を守り、自立を支援する環境を守る。
　②「自宅に住み続けたい」という根源的な願望に応えて、「地域に住み続けること」、つまり最期まで（死ぬまで）地域での居住継続を

保障していく。
③そのためには、高齢者の変化するニーズに合わせて、住まいの要素とケアの要素を組み合わせていくことが必要である。
④近隣やコミュニティの課題も含むダイナミックなコンセプトである。

（1）尊厳を守り自立を支援する環境

　エイジング・イン・プレイスは、施設において高齢者がプライバシーや自立、自己決定能力を奪われていることを反省するところからスタートしている。よって、高齢者の尊厳を守り自立を支援する環境を守ることは、地域居住における目的概念といえる。

　施設のそうした悪弊は、サービスが固定的であり、住人の能力やニーズに合わせたサービス提供ができないことが原因とされている。

　過剰なサービスや住人の意思や好みを無視して提供されるサービス、高齢者を介護の対象と見なして提供されるサービスが住人の幸福感を高めず、その自立を阻害することが多いともされている。施設だけではなく、自立を支援することを目指した高齢者住宅においても、そのサービス提供のあり方は困難を極めるものであった。

　例えば、サービスが付加されない住宅に、途中から介護サービスを導入すると、住人がサービス提供を受けることに対して無力感を感じる［Sheehan & Oakes（2003）］ということが明らかにされている。この研究では、利用者の好みを無視してサービス提供することが、彼らを受身の存在へと追いやり、無力感を生むこととなった［Hofland（1990）pp.254～257］と解釈している。

　また、食事、毎日の生活援助、安全面のニーズのみを充足させようとすると住人の幸福感が高まらない［Faulk（1988）p.100］ことも報告されている。高齢者は、食事、排泄、入浴などの基本的な生活援助だけではなく、多少の危険が伴っても、自分の意思決定によって、したい時間に、したい場所で、したい行為を行うなど、「自分らしく生きる」こと

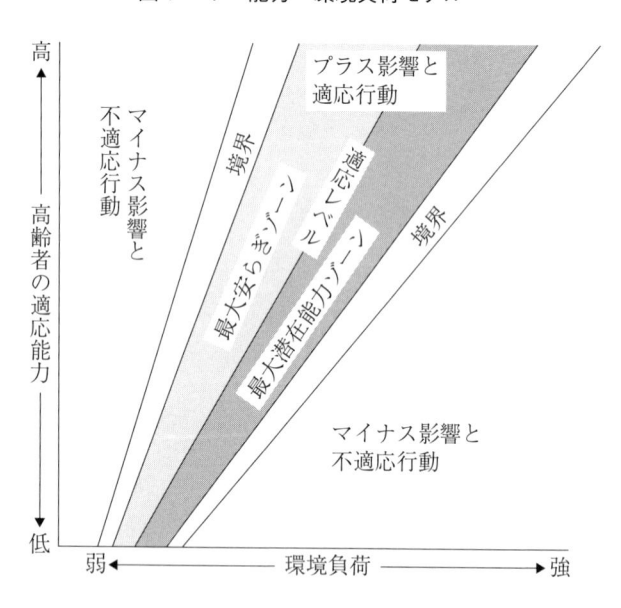

図1－1　能力－環境負荷モデル

[図：横軸「環境負荷（弱→強）」、縦軸「高齢者の適応能力（低→高）」のグラフ。中央に「最大安らぎゾーン」「最大潜在能力ゾーン」があり、その外側に「境界」、さらに上側領域に「マイナス影響と不適応行動」「プラス影響と適応行動」、下側領域に「マイナス影響と不適応行動」が示されている。]

出所：Lawton & Nahemow（1973）

を望んでいるのである。

　以上は、サービスが付加されていない住宅に介護サービスを導入する場合の問題点についての研究成果である。しかしながら、ロートンは、介護スタッフが常駐せず、介護サービスの付加もない高齢者住宅における様子を以下のように分析している。

　「介護スタッフが常駐しないのでサービス資源が限られ、より虚弱な人にサービスを焦点化していくこととなる。この結果、活動能力ある人へのサービス提供を抑制する結果を招く。そして住人は、少しくらいの不便は我慢しなければならないこととなる。このことが、自立して役割を持ち続けることにつながる。サービスのつかない独立住宅に住むことには、少しの困難を我慢して気持ちを鼓舞するメカニズムが働く可能性がある」［Lawton（1985）p.263］。

この内容は、次の「高齢者の個人能力（individual competence）と環境圧力（environmental press）モデル」でよく説明できるだろう。

ロートン&ナヘモーは、エコロジカル・モデルを援用して、加齢における人の能力と環境の適応（交互作用 transaction）について図１－１のような「能力－環境負荷モデル」を考案した。そして、次のように説明する。

「環境は個人に多くの行動を要求してくるが、こうした環境負荷が個人能力（健康、運動機能、認知能力）の範囲内にあるなら、潜在能力が活用されてよい結果が生まれる。しかし、環境負荷が個人の能力を超えて適応できないものになると、高まる依存ニーズを満たそうと環境が働きかけるので（筆者注：より多くのサービスを提供するようになるので）個人には安らぎが生まれるようになる」[Lawton & Nahemow（1973）pp.659～664; Lawton（1976）pp.237～238；Lawton（1998）pp. 1～32]。

前者が「最大潜在能力ゾーン（zone of maximum performance potential）」であり、後者が「最大安らぎゾーン（zone of maximum comfort）」である。さらにロートンは、これを受けて、介護サービスの付かない高齢者住宅では「活動的緊張（active strain）」が特徴であり、介護サービスが付加された高齢者住宅では「受動的安らぎ（passive contentment）」が特徴となる、と記述している [Lawton（1976）P.240]。

以上の文献は、高齢者住宅という自立的環境でのサービス提供のあり方は、サービス提供者の態度や高齢者の適応能力が重要であり、住人の能力の範囲内で（できないことまで要求するようなことがない範囲で）、つまりサービスが住人の潜在能力を引き出すような形で（少なすぎず、多すぎず）提供されることがよい結果をもたらすこと、アセスメントが重要であることを教えてくれている。高齢者住宅の住人の自立を支援する環境を考える上で重要な示唆といえる。

図1−2 虚弱化した時の住まいの希望

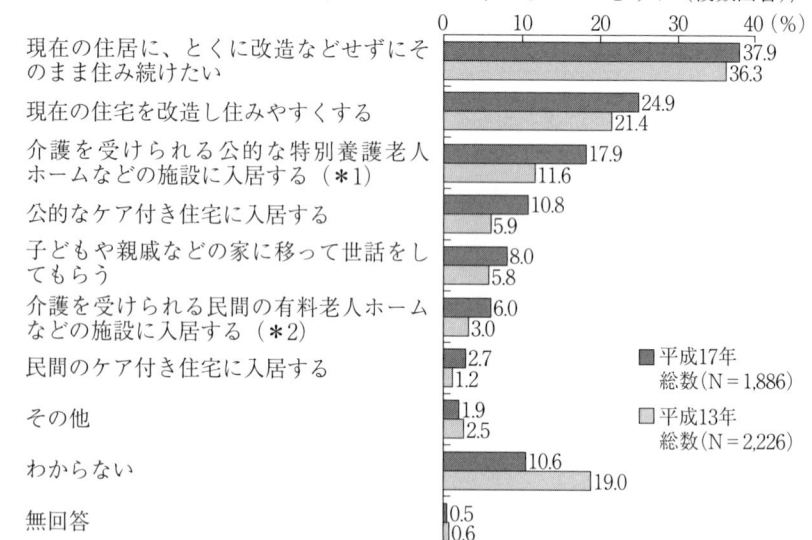

〈自分の身体が虚弱したときの住まいをどのようにしたいと思うか（複数回答）〉

項目	平成17年 総数(N=1,886)	平成13年 総数(N=2,226)
現在の住居に、とくに改造などせずにそのまま住み続けたい	37.9	36.3
現在の住宅を改造し住みやすくする	24.9	21.4
介護を受けられる公的な特別養護老人ホームなどの施設に入居する（＊1）	17.9	11.6
公的なケア付き住宅に入居する	10.8	5.9
子どもや親戚などの家に移って世話をしてもらう	8.0	5.8
介護を受けられる民間の有料老人ホームなどの施設に入居する（＊2）	6.0	3.0
民間のケア付き住宅に入居する	2.7	1.2
その他	1.9	2.5
わからない	10.6	19.0
無回答	0.5	0.6

（＊1）平成13年は「介護専門の公的な特別養護老人ホームなどの施設に入居する」
（＊2）平成13年は「介護専門の民間の有料老人ホームなどの施設に入居する」
出所：「高齢者の住まいと生活環境に関する意識調査結果」[内閣府（2005）]

施設での、住人を「介護の対象」と見なして与えるのみのサービスが住人の生きる力を削いでしまう様子、あるいは、「生きる主体」として生命力を輝かせて生活する様子を、日本におけるユニットケアを研究者の立場から推進した外山は以下のような例えで描いている。

「どんなに至れり尽くせりのサービスが提供されても、そこで与えあう関係をふたたび手に入れることができなければ、その人は、花瓶に生けられた切り花である。たしかに日々手入れをされ、水引きを促す薬を差してもらえるかもしれないが、自ら根を張ることはない。そして、しだいに生命力を失っていくだろう。

しかし、挿し木がうまくいったときのように、新しい場所にやがて細い根を下ろし栄養分を吸い上げることができれば、その花木は土から生

命力を受け取り、ふたたび生きることを始める。土とふたたび与えあう関係を築き上げていくことができるのである」[外山（2003）]。

（2）最期までの居住継続

シューケスは、エイジング・イン・プレイス（地域居住）について考察する際に最も留意すべき点は、「多くの高齢者ができるだけ長く自分の家にとどまりたいと望んでいる社会的現実」[Sykes（1990）]であると強調している。実際に、高齢者が「施設よりも自宅に住み続けたい」という希望をもっていることは、多くの論文で論じられている[Newman（1990）p.19～20; Fogel（1993）p.19 ; Tilson & Fahey（1990）p.xvi ; Leather（1993）p.14; Ivry（1995）p.84; Ball（2004）pp.208～209]。

日本の60歳以上高齢者を対象とした調査（3,000人配布、1,886人有効回収）でも、「虚弱になった時に、どこに住みたいと思いますか」という質問に対して、「そのままで現在の住居に住み続けたい37.9％」、「改造して住みやすくする24.9％」と答えており、多くの高齢者が「現在の住居に住み続けたい」という希望をもっていることが明らかにされている（**図1-2**）[内閣府（2005）]。高齢者が「今住んでいる住居に住み続けたい」と望むのは、国境を超えて人間に普遍的な願いなのである。

ところで、「できるだけ長く」、「最期まで」とはあいまいな表現であるが、「死ぬまでの居住継続」と理解していいのだろうか。

アメリカのジョージア州立大学老年学研究所の所長であるバルは、「アシステッド・リビング[★2]での平均居住期間は18ヶ月であり、ここでは完全にエイジング・イン・プレイスできない。つまり、死ぬまでいることができない。アシステッド・リビングは、地域居住をめざす居住形態でありながらも地域居住を達成していない。ナーシング・ホーム[★3]へのつ

★2 エイジング・イン・プレイス（地域居住）を理念とするアメリカの高齢者の住まいであり、「住まい、食事、24時間の見守り、身体介護を提供する非医療・地域密着の生活環境」[Ball（2004）]とされている。

なぎであり、施設入所の防止にはなっていない」［Ball（2004）p.S202］と、さまざまな文献を引用しながら結論している。つまりバルは、「死ぬまでそこに暮らすことができる」ことが完全なエイジング・イン・プレイス（地域居住）である、と考えているのである。

　鈴木もまた、最期までの地域生活を保障するための住宅政策に焦点を当て、高齢期の住宅は施設入所までの「つなぎ（筆者注：一時的な住まい）」であってはならない、と主張している［鈴木（1999、2000、2003）］。

　このことから、「できるだけ長く」、「最期まで」という表現には「死ぬまで」という意味を含んでいるということになる。よって、エイジング・イン・プレイスとは「施設への移動をせずに、今住んでいる所で死を迎えること」と理解して問題がない。

　地域居住が実践されない場合は施設への転居が行われ、そのことによる継続性の断絶は身体的にも心理的にも好ましくない影響を及ぼしアイデンティティ・クライシスにつながる［Atchley（1989）p.187］。

　安藤は、「とくに老年期の人々にとっての転居は、減少しつつある身体的、経済的、ならびに対人的資源を用いて生活の全体を再編成し、新しい地域での生活に適応しなければならないため、特にストレスが増えて危険なものとなる可能性を秘めている」と前置きをして、高齢者住宅へのリロケーション（relocation、転居）に関する論文をレビューし、転居の意思決定が自発的であるか否かが重要であることを指摘している［安藤（1995）p.59］。

　日本の高齢者についても実証研究がなされており、西下らは、施設入所はストレスをもたらすものであるとし、その根拠として「１：これまでの習慣や行動パターンが崩壊する。２：社会的つながりが切れる。３：本人にとって情緒面で重要な意味をもつ物理的、社会的環境から離れなければならない。」［George（1980）］という前提に立ち、新設特別養護老人ホームへの入居者を対象に身体的変化と主観的幸福感の変化を

調査した［西下ら（1986）］。

その結果、ADL（日常生活動作）は改善に向う傾向があるが、モラール（主観的幸福感）については、平均値の変化を見ると10日後から3ヶ月後にかけてやや低下が見られる。そしてモラール（主観的幸福感）が低い者は上昇し、逆にモラールが高い者は低下するなど、変化が波を打って大きな振幅で進むことを発見している。

施設入所は、徐々に適応が高まるとはいえ、高齢者にとってはストレスの多い出来事でありアイデンティティ・クライシスに陥るリスクをはらんでいるのである。

（3）住まい要素とケア要素

では、施設ではなく、地域において最期までの居住を支えるには何が必要なのであろうか？

施設の代替を模索するなかで、施設では一体的に提供していた「住む場」（shelter）と「ケア」（service）を分離する形で、二つの要素に焦点を当て、試行錯誤がなされてきたことはすでに述べた。まずは、施設に代わる住宅を用意し、施設に代わるケアを提供することである。

しかしここで、最も重要で困難なのは、この二つの要素をどのようにすれば常に変化していく高齢者の虚弱化ニーズにぴったりと適応させて組み合わせていけるのか、という点である。

ロートンらは、適応のあり方について「高齢者の住まいでは、住人一人ひとりに合ったサポートが提供されなければならない。人と環境（person-environment）が、心理的幸福感が最大になるようにまったく同様な合同形（congruence）で適応されなければならない。それは個々の高齢者の能力を知って、サポートのレベルを合わせる（match）ことである」［Lawton（1980）p.56］としている。

★3　ナーシング・ホームは、医療的ケアや看護サービスも含め、最重度なケアを必要とする高齢者のための施設である。

この合同形理論（Congruence Theory）では、「個人のニーズがニーズを満足させる環境の能力（ability）に合致した時に調整（adjustment）は最高になる」［Kahana（1982）pp.15〜19］とされている。

　具体的な例で説明すると次のようになる。

　平坦な地面は歩けるが、段差を越えることや階段の上り下りがつらい高齢者がいるとする。この人にとっては、バリアフリーの床面とエレベーターがあれば外出ができる。エレベーターがなければ外出は困難になるが、逆に車椅子を常時使用するという選択肢は過剰支援であって高齢者を依存的にしてしまうことになる、というのがこの理論である。

　環境の能力としては、バリアフリーの床面とエレベーターのみで十分であり、それが最高の調整となる。不足しても、多すぎても最高の調整にはならず、正確なアセスメントが必要だということなのである。

　また、高齢者の身体的・心理的状況は常に変化するので、変化するニーズをアセスメントし、ニーズにベストの調整をしていくことは想像を超えて困難である。環境には人的サポートだけでなく、物理的環境（建物、生活スペースなど）も含まれ、住人の虚弱化に対応してサービスを提供するためのスペースや重度要介護者のための特別ケアエリアを増設することなども含まれる。

　ロートンのいう合同形の適応を求めて、各国で試行錯誤がなされている様子は第3章で紹介するが、その取り組みのポイントは「いかに自立的な環境を維持しながら、高齢者住宅に介護サービスを提供していくか」という点に収れんされている。

　具体的には、住宅に介護スタッフを常駐させると十分なケアが提供できるが、サービスが近くにあることは依存を促進し、努力する意志を削いで能力を低下させてしまう［Lawton（1976）p.240］ということであり、これは「安易な施設化」につながり、高齢者の能力を低下させることとなる。

　逆に、十分なケアを提供できなければ高齢者住宅から退所し施設へ入

居せざるを得なくなる。

　地域居住を推進していくには施設に代わる住まいを用意した上で、高齢者の変化していくニーズを適切にアセスメントし、それに合わせてケアを適応させ、「最期まで（死ぬまで）の居住継続」を保障していくことが求められる。

（4）地域を含むダイナミックなコンセプト

　「地域居住は人の問題と居住の場の問題を含むダイナミックなコンセプトであり、個人の老化とそれに関連して起こる身体的な虚弱化、収入の変化、家族構成の変化、健康状態の変化はもとより、住宅や隣人・地域を含む居住環境の変化があり、それぞれが変化していく過程で老化していく個人との適応（fit）を含み、さらには、介護、住宅、社会サービスプログラムを決定する政策問題など、すべてを含むものである」［Pynoos（1990）pp.167〜168］といわれるように、住まいとケアの問題に限らず、広範な要素を含む概念である。

　カレン＆グリフィスも同様の議論を展開している［Kelen & Griffiths（1983）］。

　オランダの研究者ホーベンはエイジング・イン・プレイスを、住まいとケアと福祉（社会サービス）の側面で捉え、地域における社会参加や交流、余暇アクティビティ、教育、ソーシャルワーク、コミュニティ・センターでの相談なども含めて、福祉（社会サービス）の重要性を指摘している［Houben（2001）p.652］。

　かつての施設が地域社会からの隔離を前提としたものであったのに対し、「住宅に住む」ということは「地域に生きる」ということである。つまり、これまで通りの生活を「自分らしく継続する」ということである。

　一歩外に出れば、顔見知りの人がいて挨拶をしたり、どのお店にいけば何が買えるのか、自分のお気に入りのお店がどこにあるのかが頭の中にインプットされていて、そのお店では自分の顔を覚えていてくれてい

る店員さんがいる。図書館や映画館の場所が分かっている。お気に入りの散歩道があったり、大好きな風景の丘もあるかもしれない。自分がその土地を知っていて、その土地に自分を知ってくれている人がいる、助けてくれる人がいる、ということであろう。いつでもいける「地域のつどい場」のような所があり、そこでちょっとしたお手伝いができることもいいだろう。そして、こうした環境は常に変化していくのである。

エイジング・イン・プレイスは「住まい」と「ケア」だけではなく、住み慣れた地域での普通の暮らしのすべてとその変化を含むものなのである。

3.「エイジング・イン・プレイス」の訳語

ここまでの段階で「エイジング・イン・プレイス」を「地域居住」と訳してきたが、訳語について触れておきたい。

この概念に相当するものは、日本においては「住み慣れた地域で最期まで」、「その人らしく地域で最期まで」というスローガンの形で表現されることが多い。

実際に、宅老所やグループホームの取り組みのスローガンとなってきたものであり、セミナーや講演会でもよく使われているので、市民権を得た表現であるといえる。

また、2006年4月より施行された「改正介護保険法」の指針となった「2015年の高齢者介護」（第5章第1節2で触れる）においても、「高齢者が住み慣れた環境の中で、最期まで尊厳を保持してその人らしく生活を営むこと」という表現で説明されている。

以上により、日本においては「エイジング・イン・プレイス」の概念は、スローガンや説明文の形である程度の市民権を得たものとなっていることが分かる。しかしながら、この考え方をワンワードで表現する用語、つまり「エイジング・イン・プレイス」の訳語は存在しない。

研究を進める過程で文献のなかに適切な訳語がないか継続的に探していた時に井上の論文で使われていた「地域居住」という用語が「エイジング・イン・プレイス」の訳語として適切であると考えるに至った［井上（2005）］。
　この論文は、「高齢期と地域居住」というタイトルで、財団法人高齢者住宅財団が刊行している機関誌「いい住まい、いいシニアライフ」に7回にわたって連載されたものである。ここで井上は「継続居住は一貫して模索され続けている視点ですが、その意味するところは大きく変わろうとしています。ケアを受ける客体としての継続居住から、暮らしを営む主体としての地域居住とでも言えばよいでしょうか」［井上（2005）P.2］と、高齢者の生活者としての主体的側面を期待して「地域居住」を使用していた。
　また、「高齢者地域居住システムのあり方と実現方法」［NIRA助成研究報告書（0653）］という報告書は、「老後は住み慣れた地域で自分らしく安心して暮らしたい」という希望に応えるための社会システムづくりについて調査研究したものであるが、ここでも「高齢者地域居住」という用語が使われている。
　そこで、「エイジング・イン・プレイス」の訳語を「地域居住」とすることとした。

第3節　地域居住と高齢者住宅

1．高齢期における「家」の意味

　1990年代に「Ageing in place」という言葉をタイトルに使った書籍が3冊出版されたと書いたが、そのなかの1冊の編集に携わったティルソン（David Tilson）は、『Aging in Place: Supporting the Frail Elderly in

Residential Environments（エイジング・イン・プレイス：居住環境における虚弱な高齢者の支援）』（1990、*American Association of Homes for the Aging*）という本の「序章」を、以下の詩の一節でスタートしている。

Home, Home, sweet, sweet home!
There's no place like, home! There's no place like, home!
John Howard Payne 作

我が家よ、我が家。素敵な我が家。
我が家ほどの場所はない。我が家ほど素敵な所はない。
筆者訳

　家（Home）の情緒面でのよさをうたったものであるが、ティルソンは次のように続けている。

　「人が住む場は、その人の生活の質を左右する中核の要因である。住宅は、単に雨風をしのぐもの（Shelter）であるだけではなく、心理的幸福に影響を与えるものであり、心理的幸福そのものである。家はコミュニティにおけるその人の地位（status）であり、人が生活のなかで大切にしていることを表現するものである。狭い意味での機能的な場であるだけでなく、家族やそれ以外のさまざまな人との関係を経験していく場でもある。それは、思い出と希望の場である。それは、アイデンティティの場である。パワーを発揮して自分自身の生活や生き方を選びとり、自立（autonomy）を実現する場である」［Tilson & Fahey（1990）p.xv］。

　ロートンも、家とは自分と家族・地域をつなぐ力強いシンボルであり、過去の大きな出来事の思い出（memory）が宿り、「自分が主人であるという感覚（mastery）」や「自分に能力があるという感覚（competence）」を生み出してくれるものとして、家がもつ心理的な意

味の重要性を強調している［Lawton（1985）p.258］。そして、シューケスもまた、「人が住む場は生活の質そのもの」と言っている［Sykes（1993）］。

フォーゲルは、こうしたロートンらの知見を踏まえて、老年心理学の立場から、場（Place）の意味はジェンダーやパーソナリティ、個人の生活歴によって異なり、「物理的なものではなく、心理的構造が場（Place）を創造する」、「屋根があっても人はホームレスになる」［Fogel（1993）pp.19〜20］として、家（Home）の便益を心理的・情緒的側面から以下の6点にまとめている。

① **独立・自立に関連する便益**——プライバシー、家の物理的特徴が自在になることなど。
② **特定な環境へのなじみに関する便益**——いつものやり方を簡単に見つけられる環境など。
③ **特定の近隣環境に関する便益**——友人や近隣の社会ネットワークなど。
④ **住宅メンテナンス活動に関する便益**——身体的・精神的活動の源として。
⑤ **友人や家族を楽しませる便益**——もてなし、余暇など。
⑥ **重要な意味をもつ場としての便益**——思い出がつまった重要な出来事の場。

フォーゲルは、高齢者住宅について考えるにあたり、住宅（Housing）がもつこうした主観的側面をおろそかにしてはならないと訴えている［Fogel（1993）］。

さまざまな文献には、「shelter」、「housing」、「dwelling」、「home」など、住む場を意味するさまざまな単語が使われている。「Shelter」は「単に雨風をしのぐもの」であり、「housing」や「dwelling」は住む機能に重きを置いた「住宅」というほどの意味であり、「home」という言葉にフ

ォーゲルがいうさまざまな主観的便益の意味合いが込められており、明らかな使い分けがなされている。

　日本でも、特別養護老人ホームのユニットケア化についての議論のなかで目指していた方向は、「高齢者が自分自身を取り戻せる空間」にしよう、「自分自身に戻ってその人らしい欲求が出る」ようにしよう、ということであった。『自宅でない在宅』［外山（2004）］という書籍のタイトルに見られるように、ユニットケアは、「特別養護老人ホームの個室を自宅」にしていこうという取り組みであった。ここで使われている「自宅」というのが「home」である。

　また、これからの高齢者居住のあり方について、実証に基づきながらも情緒豊かに書かれた『まちといえのなかで老いおとろえる』［井上（2006）］にも「いえ」という用語が意図的に使われているが、これも「home」であろう。

　このように、住む場を表す用語には入念な使い分けがなされ、そこにはさまざまな意図が込められている。共通するのは、高齢者の住む場は「自分自身を取り戻し、自分が自分であることを感じ、自分が主役で、衰えつつあっても自分の能力を感じながら何かがしたくなるような場」であることが強く求められるということである。

　もちろん、外の環境から身を守る物理的シェルター機能、衣食住の舞台となる生活機能、家族との団らんや家族の成長を支えて伝統や文化の継承をするなどの社会的機能など、こうした一般的な住まい機能も重要である。しかしながら、高齢期には、こうした基本的要件に加えて情緒的な側面が大きな意味をもってくる。

　特に高齢期には、歩行が困難になると行動範囲が狭くなり、自宅にいる時間が長くなる。家の中でさまざまなことができることによって自分自身の能力（competance）を感じ、生活の主役であることがその家の主人（master）であることにつながる。また、その家に長く住んでいれば、より多くの思い出が蓄積し、家の中だけではなく、窓から見える風

景にさえも深い愛着があるかもしれない。「家」の重要性は、高齢期になるとさらに増すのである。

2．高齢者住宅の定義と用語整理

（1）地域居住を支える住まい

ところで、地域居住を支える「住まい」とは具体的に何を指すのであろうか。

パイニュスの伝統的な地域居住論によれば自宅を指すものであったが[Pynoos（1990）]、地域居住が施設の反対概念としての位置づけを深める過程で、虚弱な高齢者を対象とした施設のオルタナティブとしての居住の場（高齢者住宅）を幅広く指すようになった。

もちろん、「エイジング・イン・プレイスはなじみの環境で老いていくこと＝自宅で住み続けること」という伝統的な地域居住論がある。私自身が実際に体験した一つのエピソードを示したい。

2009年にチェコで開かれた ENHR（European Network for Housing Research）の学会での出来事である。私が高齢者住宅における「地域居住」についての発表をした時、「地域居住とは、自宅で住み続けることだと理解していた」というコメントをいただいた。その方は高齢者福祉を専門とする研究者であったので驚いたのだが、それほどに、「エイジング・イン・プレイスは、なじみの環境で老いていくこと＝自宅で住み続けること」という理解が根強いのである。

ティルソンも、地域居住における住まいの基盤として自宅を含めている[Tilson（1990）]。

最近の論文でも、地域居住を支える住まいとして、自宅と自宅よりもよく設計された高齢者向け賃貸住宅の両方を含めている。ゴラントはアメリカの研究者であるが、「Irrational Exuberance for the Aging in Place of Vulnerable Low-Income Older Homeowners（虚弱な低所得高齢者の

地域居住の隆盛)」というタイトルの論文でのなかで、「自宅での地域居住に問題があるので、自宅よりもよく設計された高齢者向け賃貸住宅に住み替えた方がよい。しかし、そうした住宅が不足している」と指摘している［Golant (2008)］。

このように世界の動向としては、地域居住を支える住まいに自宅を含めている。そして、実際に欧米諸国では、施設の整備率は65歳以上の高齢者人口に対して5％レベルであり、高齢者住宅についても5％の整備率が目安となっている［園田 (1991)；Sheehan & Wisensale (1991)］。つまり、65歳以上の高齢者の90％が自宅に住んでいることになる。

そしてまた、施設の概念も「地域居住」の文脈で変容しつつある。デンマークの介護型住宅、日本の新型特別養護老人ホーム（個室・ユニットケア）などがそれである。これらは旧来型の施設（プライエム、多床室の特別養護老人ホーム）とは理念、実際の建物、目指す暮らし方やケアがまったく異なる。これらを「新型ナーシング・ホーム」と捉えれば、「新型ナーシング・ホーム」も地域居住を支える「住まい」のカテゴリーに入ることになるだろう。

このように、地域居住を支える住まいには、自宅を含めて多様なカテゴリーがあるということである。

（2）高齢者住宅の規範的定義

まず、「施設」の代替を目指して造られてきた住まい、つまり、高齢者住宅を、「エイジング・イン・プレイス（地域居住）」の構成概念に沿って次のように規範的に定義してみたい。

高齢者住宅とは、20世紀初頭の工業化に伴なう人口移動の過程で都市部に造られた年金受給者住宅なども含まれるが、「『施設から地域居住へ』という高齢者福祉のパラダイム変化の過程で生まれたものであり、以下のような考え方に立つ住宅とする。

第1章　エイジング・イン・プレイス(地域居住)とは

①高齢者を対象とし、バリアフリーを基本に、住人の自己決定、自立と尊厳を守ることを最高価値としつつ、一般住宅と同様に住戸と呼ぶにふさわしい面積と住宅設備(トイレ、浴室・洗面、台所)が備わった住宅である。住人は契約(賃貸契約)によって居住権を保障された「家の主(あるじ)」である。
②「自宅に住み続けたい」という根源的な願望に応えて、ケアを受けながら最期まで(死ぬまで)居住継続できる。しかし、それはケアが住まいに固定化されているからではなく、原則的に「住まいとケアは分離」されている。
③ケアは、高齢者の変化するニーズを的確にアセスメントし、地域の事業所からフレキシブルに提供される。しかも、そのケアは高齢者を生活・人生の主体と捉える「自立支援」のケアであり、決して高齢者を「介護の対象」と捉えない。
④普通の住宅と同様に地域に向かって開かれており、住人は自由に外出できることはもとより、地域の人々も気軽に遊びにやってくる、というような普通の生活がある。

　イメージとしては、一般住宅と同様の広さや設備をもつ自立型住宅である。しかし、デンマークでもそうであるように(154ページ)、時代とともに、要介護者を対象とする住まい(介護型)も「高齢者住宅」の枠組みで提供されるようになった。「高齢者住宅」にも、比較的元気な高齢者を対象として最期までの暮らしを支える「自立型」から、要介護者を対象とする「介護型」までさまざまなタイプが含まれることとなった。
　日本の例でいえば、高齢者向け優良賃貸住宅(高優賃)を住まいの基盤として、ケアは特定施設入居者生活介護(一般型)や認知症対応型共同生活介護を提供するグループホームなどである。また、高齢者専用賃貸住宅にも、実質的には「介護保険施設に近いグループ」、「包括的ケアを提供するグループ」、「一般集合住宅に近いグループ」の3グループに

表1-2 高齢者住宅と高齢者施設

制度的分類	高齢者住宅		高齢者施設
実質的分類	高齢者住宅	高齢者施設	
呼称	住宅系（自立型）	居住系（介護型）	施設系
日本の具体例	・高優賃・高専賃（50㎡）＋訪問介護・小規模多機能など	・高優賃・高専賃＋特定施設（一般）＋認知症対応型共同生活介護など	・介護保険施設

分けることができ、さまざまなタイプが含まれていることが明らかにされている（「高齢者専用賃貸住宅における介護サービス利用の実態調査報告書」〔高齢者住宅財団（2009）〕）。

　このように高齢者住宅は、規範的枠組みのみでは捉えきれなくなっている。広範に策定された制度・法律（プロセス、ツール）の下（もと）で、さまざまなアウトカム（結果）が出現しているのである。

　しかし、こうしたさまざまなアウトカムを、「高齢者住宅」として一括りにしていいものであろうか。

　そこで、表1-2のように分類してみた。

　ここで例えば、先の特定施設入居者生活介護（一般型）によってケアを提供する住宅（高齢者向け優良賃貸住宅）は、高優賃という制度根拠をもつ「住宅」でありながらも、24時間ケアを提供するスタッフが常駐する「施設」でもある。実際に、高優賃の最低面積基準は25㎡であるが、共用スペースがある場合は18㎡以上であるので住居はワンルームタイプで狭い。一般的に、こうした住まいは「24時間ケア付き住宅」、「ケア付き住宅」と呼ばれ、「居住系」というカテゴリーに分類される。「居住系」という言葉は、「2015年の高齢者介護」で登場した「第三類型」であり、認知症グループホーム、特定施設を括る用語として使われている。

　こうした「居住系」は住戸として狭く、一般的に安心感がある半面、

個別アセスメントに基づくケアプランによるケア提供があいまいになりがちで、実質的に施設に近いのである。

一方で、高齢者専用賃貸住宅に訪問介護事業所・通所介護事業所などを組み合わせたものは、制度面で「住まいとケアの分離」を実践している。これに、ていねいなアセスメントに基づき居宅介護支援計画（ケアプラン）を立てて、それに基づいて必要なケアを提供しているのであれば、実質的な「高齢者住宅」と見なせる可能性が高い。

しかし、先の「高齢者専用賃貸住宅における介護サービス利用の実態調査報告書」［高齢者住宅財団（2009）］で明らかにされたように、「高齢者（専用賃貸）住宅」という制度の下に「実質施設」や「実質住宅」が混在しているという事実を無視して、あらゆるアウトカムを「高齢者住宅」の下に一括りにするのであれば、「高齢者住宅」という自立支援の免罪符を掲げた疑似施設が増殖することにつながる。ひいては、高齢者の自立支援を旨とする「高齢者住宅」の質的なコントロールや、「高齢者居住安定確保計画」の根源的意義を失わせることになるだろう。

ちなみに本研究では、制度上の分類と実質的な分類に違いがあることを明らかにした上で、実質的な分類の観点に立ち、高齢者住宅のなかでも「自立型高齢者住宅」を研究対象としている。

（3）高齢者住宅の要件

前節で述べた地域居住の構成概念などを考慮しながら、日本における高齢者住宅の要件について考えてみた。

＜高齢者の尊厳と自立、最期までの居住保障＞

「高齢者は介護の対象ではなく、自らの人生を主体的に生きようとする生活の主体である」という理念をもち、高齢者の尊厳を守ってその自己決定を尊重しようという哲学が住宅運営者やスタッフ、関係事業者で共有され、それに向けて話し合われ、さまざまな努力が行われているこ

とが必要である。

<住宅について>

　ヨーロッパ的な文脈からは、「住宅としてのクオリティを備えていること」が必須要件となる。住宅としてのクオリティとは、何であろうか。それは、面積、設備、独立性・快適性・安全性などである。

　面積については、住宅と呼ぶにふさわしい広さが必要である。日本では、誘導居住水準（40㎡）が決められており、住生活基本法では単身世帯の最低居住面積（25㎡）が提示されている。また、単身世帯の誘導居住面積は40㎡である。高齢者の尊厳と自立を守る高齢者住宅（自立型）としては、筆者自身が住むことを考えると、寝室を別室とすることを前提に50㎡～60㎡（１人の場合）は欲しい。

　設備については「self-contained（それ自体に含まれてる）」が独立住宅の代名詞のように使われることから、台所・トイレ・浴室などの基本設備が備わっていなければならない。浴室については、自立型高齢者住宅で元気に暮らしている場合でも、浴室が物置きになっているケースをよく見かけるので判断に迷うところである。しかし、少なくとも、トイレ・台所が付いていないものは、「部屋」であって「住宅」ではない。[★4]また、高齢者住宅（自立型）の台所は簡易キッチンであってはならないと考える。簡易キッチンとは、幅が90cm程度で流しが小さく、コンロ口が一つ程度の文字通りの簡易な台所である。せめてコンロ口は二つ、ワークトップ幅は流し台を含めて180cmは欲しい。

　独立住宅であるためには、玄関のドアがあることや外の景色が見えるように窓があることも当然の要件である。

　以上、建築学の専門家でない人間が「私が住む」ことを想定してまとめた

第1章　エイジング・イン・プレイス（地域居住）とは　47

<ケア>

　尊厳と自立を支えつつ最期までの居住を保障するために、生活支援サービス（生活相談、安否確認、緊急連絡など）や、住人一人ひとりのニーズに適応した家事援助、介護・看護・医療サービスの提供が不可欠である。

　しかし、これらが住宅に付帯しているかどうかは高齢者住宅の要件としては問わない。むしろ、ロートンの言う「受動的安らぎ」よりも「活動的緊張」を高めるために、あるいは変化する高齢者の身体的・精神的ニーズに過不足なくフレキシブルに対応するために［Lawton（1976）］、地域のケア拠点（Community-based、またはNear site）からのサービス提供に重点を置く。

　地域居住の文脈では、住まいとケアは空間的に（spatially）分離されていなければならない［Houben（2001）p.658］。ロートンは、高齢者住宅に内在化されたサービスを「住宅を施設化するもの」とした。

　「ケアは住宅に付けるのではなく、地域から提供して人に付ける」が大命題である。よって、建物内に、ヘルパーステーション（訪問介護）や訪問看護ステーション、デイセンターを併設するのはよいが、その事業所は、地域に向けてオープン回路をつくり、地域全体にサービス提供する形をとる。これにより、その高齢者住宅が地域の一部であるということとなり、利用者に対しても「一戸の住宅に自立して住む方」という意識で向き合い、適切な自立支援ができる。

　また、自立支援については、一人ひとりについて「できる（ストレングス）」に重きを置き、「できなくて困っている」点も踏まえたニーズ・アセスメントがなされ、しかも、「何がしたいのか？」、「どう生きたいのか？」といった生活レベル・人生レベルでの希望も踏まえ、専門家の

★4　2010年5月19日より施行された高齢者専用賃貸住宅の新登録基準では、1戸あたり25㎡、各戸に台所、トイレ、浴室、収納、洗面があることとされ、十分な共用設備がある場合は18㎡以上、トイレ、洗面のみでもよいこととされた。

視点からのニーズ分析が重要である。その上で、必要なケアのみが定期的に提供され、必要とあらば（緊急時には）コールボタンを押せばすぐに来てもらえるような、そんなケアがよい。

　緊急コールについては、高齢者住宅ごとの対応ではなく、地域全体の課題として、市町村が市内全域に展開すべき問題だと考える。

＜地域へのオープン性と連携＞

　地域居住はダイナミックなコンセプトである。特に、花瓶の切り花ではなく、地面に根を張り土と与えあう関係にある花木として生きていくために、住宅内部での交流のみでなく、住宅住人はもとより地域で知り合いを増やすなど地域に根を張っていくことが必要である。

　外出しづらく、訪問もないという閉ざされた住宅ではなく、住人がどんどん地域へと繰り出したり、住宅を開放して地域の人にもどんどん来てもらう。そして、町のなかで地域の人々と一緒に暮らしているような実感がもてる、風通しのよい住宅であることが必要である。

　住宅をオープンなものとすれば、虚弱化が進んで自ら外出しづらくなっても、地域の人々がやって来てくれたり地域資源との連携もスムーズとなる。また、これを可能にするためには、商店街や駅に近い町中（まちなか）の立地が望ましい。

3．高齢者住宅の関連用語

(1) 高齢者住宅の用語

　各国における高齢者住宅の類型分類を行うにあたり、以上のような定義に添う「高齢者住宅」は、各論者の文献のなかでどのように表記されているのか整理してみた。また、批判の対象としての「施設」はどうであろうか。まとめたものが、**表1-2**である。

　「高齢者住宅」では「Housing for older people」、「Elderly housing」

第1章　エイジング・イン・プレイス（地域居住）とは

表1-2　高齢者住宅・高齢者施設を示す一般用語

	高齢者住宅	高齢者施設
ロートン (Lawton,1981)	Housing for older people	Institution
ティルソン (Tilson, 1990)	Elderly housing	Nursing home Institution
シーハン (Sheehan, 1991)	Specialized planned housing	Institution
ホーベン (Houben, 2001)	Housing suitable for older people	Residential care facility Intramural/residential facility
ダータランド (Daatland, 1997)	Housing for the Elderly	Nursing home Institution
パスタラン (Pastalan, 1997)	Alternative housing model Housing altrenative	Specialized facility Specialized housing facility Specially designed facility Special housing arrangement
その他	Elderly dwelling	

＊多くのものが複数形で使われているが単数形で表記した。

などが使われ、「高齢者施設」では「Nursing home」、「Institution」、「Residential care facility」などが使われている。

（2）各国における高齢者住宅の類型

　各国における高齢者住宅と高齢者施設を、これまでの文脈に沿ってまとめたのが**表1-3**である。
　イギリス、アメリカの類型については第3章で、デンマークについては第4章で、日本の高齢者住宅については第5章で詳しく述べるので、ここでは類型の名称を掲げるにとどめる。

4．地域ケアの関連用語

　ケアについてもさまざまな用語が使用されているので、整理を行いたい。外山の分類「self support」、「residential care」、「personal care」、

表1-3 主要国における高齢者住宅と高齢者施設

制度的分類	高齢者住宅		高齢者施設
	自立型	介護型	施設
実質的分類	高齢者住宅 (在宅ケアを 利用・外在化)	高齢者施設 (常駐スタッフよりケア提供・内在化)	
イギリス	Sheltered Housing (Category 1) Sheltered Housing (Category 2) Retirement Housing	Very sheltered housing (Category $2\frac{1}{2}$)	Nursing home Residential care home
アメリカ	Independent living Congregate Housing Continuing care retirement community (CCRC)	Assisted Living	Residential care facility (Board and care home/facility) Nursing Home
オランダ	Wonen in Beschetnde omgeving		Verpleeghuis Verzorgingshuis
デンマーク	Ældrebolig	Plejebolig	Plejehjem
日本	シルバーハウジング 高齢者優良賃貸住宅 高齢者専用賃貸住宅 (訪問介護など利用) 高齢者円滑入居賃貸住宅 (有料老人ホーム・住宅型)*	高齢者専用賃貸住宅 (一般型特定) (認知症グループホーム) (有料老人ホーム・介護型)* (軽費老人ホーム(ケアハウス))*	介護保険3施設 　介護老人福祉施設 　介護老人保健施設 　療養型医療施設

＊「居住系」とされてきたので「高齢者住宅」に入れたが、住宅としての根拠法をもたないのでカッコを付けた。

「nursing care」、「medical care」、「terminal care」の6分類［外山（1990）p.101］に従い、より簡潔で分かりやすいものにするために「nursing care」、「medical care」、「terminal care」をまとめて「看護・医療」とし、「生活支援」、「家事援助」、「介護」、「看護・医療」の4分類として整理すると、表1-4のようになる。

また、ケアの提供形態について、在宅サービスとして外部から提供（外在化）されるものなのか、施設にパッケージ化（内在化、付帯）されたものなのかについても、「住まいとケアの分離」理論に関連して重

第1章 エイジング・イン・プレイス(地域居住)とは　51

表1-4　ケアの分類(サービス内容)と用語

分類	生活支援	家事援助	介護	看護・医療
内容	安否確認、緊急時対応、生活相談、一時的家事支援、電球交換など	そうじ、洗濯、買物、調理	食事介助、排泄介助、入浴介助、離床介助、就寝介助、整容、衣服の着脱	看護、包帯交換、投薬・塗薬・点薬、投薬管理、カテーテル処置、ストーマ処置、注射
Tilson (1990)	Supportive services	Supportive care Domestic help	Long-term care Personal care	Medical care
Lawton (1980)	Assistance	Housework assistance	Personal care	Nursing care
外山 (1990)	Self support	Residential care	personal care	Nursing care Medical care Terminal care
その他		Practical care House keeping		

表1-5　ケアの分類(在宅-施設)と用語

分類	在宅ケア(地域ケア)	外付けケア	施設ケア
用語	Community-based care Community agency-provided care Domiciliary care Community care Community-based support service (Pastalan)	Near site	in-home service on-site service (Lawton,1976) Sponsor-provided care Intramural care Residential care

要であるので整理を行った(表1-5)。

　在宅ケアと施設ケアの中間に「Near site」とあるが、これは訪問介護ステーションなどを高齢者住宅の近くに設置して、外部からのケア提供の形態をとりながらも、提供先(住宅)への空間的距離を短くすることで施設と同様のケアを目指すものである。

　施設ケアについては「in-home(家の中で)」、「on-site(住宅に付帯した形で)」、「Intramural(内在化された、内付けの)」、「Residential(居住施設の)」など、住まいにパッケージされたり、内付けで固定化され

ている様子がよく分かる表現になっている。特に、「on-site（オンサイト）」は一般的によく使われる。

　本書では、高齢者住宅（自立型）に付帯するサービスの基本は生活支援までと捉え、研究対象選定の基準としている。

第2章

「住まいとケアの分離」理論

　地域居住を推進していくには、これまで施設に固定化され封印されていた「住まい」の機能と「ケア」の機能を分離し、高齢者の虚弱化に伴って発生するニーズに合わせて再び統合していくことが重要な課題となる。「住まいとケアの分離」理論は、「エイジング・イン・プレイス（地域居住）」の手段であり、実践理論である。本章では、その分離と再統合の過程についてさまざまな論者の説をまとめていく。

　なかでも、「住まいとケアの分離」を考察し最初に実践したのはデンマークである。その概念が登場したのは1981年であり、実行に移されたのは1988年である。しかしその後、概念が整理されないままに北欧諸国に広まったようである。この理論について触れている数少ない学者に、オランダのホーベン（Houben, Piet）がいる。デンマークで生まれた理論は、北欧からヨーロッパへと普及していったようである。

　まずは、デンマークで「住まいとケアの分離」が実施された過程とそのポイントについて触れ、次にアメリカを舞台とするロートンの研究をレビューして、「住まいとケアをニーズに合わせて再統合」していくことがいかに困難な過程であるかを確認したい。

　そして最後には、最も革新的なモデルとして、オランダで取り組まれている「サービス・ゾーン」、「生涯住宅」コンセプトに触れる。

第1節 デンマークにおける「住まいとケアの分離」

1．デンマークにおける「住まいとケアの分離」

　筆者が「住まいとケアの分離」理論に出合ったのは、デンマークの高齢者福祉研究を通じてであった。

　デンマークでは、オイルショック（1973年）ののち失業者が増えて税収が減り、同時期に高齢化率が10％を超えて高齢化社会から高齢社会へ突入しようとしていた。また、社会的入院が増加して、それまでの高齢者施設に依存する福祉のあり方を見直す必要に迫られた。そして1979年、政府内に「高齢者政策委員会」がつくられ、今後の方針について専門家、市民、学者を巻き込んで議論が行われた。

　高齢者政策委員の委員長は、アンカー・ヨアンセン内閣において社会大臣を務め、デンマークにおける施設主義から在宅主義へと転換を図ったアナセン（Andersen, Bent Rold）である。

　委員会は合計3回（1979年、1980年、1981年）の報告書を出した。この報告書では、プライエム（施設）の弊害の根源を「ケアがパッケージされている」点に求めた［Ældrekommissionnen（1980）］。住まいとケアがパッケージ化されているがために、在宅で暮らしていても24時間ケアが必要になった時には自宅（地域）を離れて施設入所しなければならない。

　しかし、施設入所はストレスが多いだけでなく［安藤（1995）］、大規模集団処遇のなかで「生き生きとした生活が幕を閉じる」［Andersen（1999）p.203］、「職員は召使症候群にかかり、住人は待つだけの人」［Wagner（1997）p.150］になってしまう。

　この弊害を克服するには、住まいとケアを分離して地域で展開し、施設に移り住まなくても個々人のニーズに応じて住み慣れた地域でフレキ

シブルにケアを受けられるようにする必要がある、と考えたのである [Hansen（1998）p.90; Gottschalk（1993）pp.47〜48]。そして「住まいとケアの分離」の必要性が提言されたのは、第2回報告書（1980年）においてであった [松岡（2005）]。

　デンマークは、関係組織の摩擦や価値観の葛藤を克服して「住まいとケアの分離」を大胆かつ明解に推し進めたまれな国であるが、その特徴は次のようにまとめられる [松岡（2005）]。

① 「住まい」については、「高齢者および障害者住宅法」によって地域に高齢者住宅の建築を推進した。この法律のもとに障害者住宅と高齢者住宅を統合し、施設と住宅の一元化を進めた。
② 「ケア」については、24時間在宅ケアを整備してから施設建設禁止に踏み切っており、保健・福祉を融合し、施設と住宅を同等のものとして一元化する統合ケアも取り入れた。また、24時間在宅ケアは、対象を高齢者に絞り込むものではなく、ケガをした若者の処置から障害者ケア、末期がん患者のケアまでを等価のものとして扱い、地域巡回によってサービス提供するものである。
③ 「住まいとケアの分離」によって、施設で固定化されていた機能分化を行うと同時に、機能（サービス）を提供する組織・法律についても分離を行った。

　まず、「住まい」についてであるが、第2回報告書（1980年）では「施設と住宅の区別をなくして住まいを一元化する」ことについて提言がなされた。
　それまでに存在していた高齢者の住まい[1]（施設、住宅）はそれぞれに

★1　高齢者施設ではプライエム（Plejehjem）、保護住宅（Beskyttet boliger）、高齢者住宅では年金受給者住宅（Pensionistboliger）、高齢者向け集合住宅（Let kollektivboliger）などがあった。

異なる財源構成をもち、建築基準や提供主体が異なっていた。そして、この提言に応えたものが「高齢者および障害者住宅法（1987年、lov om boliger for ældre og personer med handicap）」であり、この法律を根拠として一元化された住宅こそ地域居住の基盤となる高齢者住宅である［Hansen（1998）p.50; Gottschalk（1993）pp.51～52］。

ちなみに、この時点で施設と住宅を一元化しただけでなく、高齢者住宅と障害者住宅を統合している点も画期的である。

この法律によって1988年以降高齢者住宅が年間3,000戸[★2]の勢いで建築されていくが、これらと一元化されたのは、1988年までに建てられた多様な高齢者の住まい、つまり高齢者施設（プライエム、49,000室）、保護住宅（6,600戸）、年金受給者住宅（27,800戸、1937年以降）、高齢者向け集合住宅（5,200戸、1976年以降）などであった。

こうした大胆な改革を実現することができるのは、それぞれの住宅に思い入れや既得権益をもつ組織・団体がしっかりと話し合い、国民全体の利益となる方針のもとにそれぞれが妥協してコンセンサスを形成していったからであろう。

デンマークの高齢者住宅政策は1997年にさらなる発展を遂げ、高齢者住宅は「公営住宅法（lov om almene boliger）」へと取り込まれた。現在デンマークの高齢者住宅は、若者向けの公営住宅、家族向けの公営住宅と等価なものとして「公営住宅法」のもとに規定、一元化されている［松岡（2005）］。

日本に置き換えていえば、介護老人福祉施設（特別養護老人ホーム）、介護老人保健施設、介護療養型医療施設などの介護保険施設、有料老人ホーム、グループホーム、養護老人ホーム、軽費老人ホームと市営住宅、県営住宅、公社・公団住宅が一つの法律のもとに一元化されていることになる。

次に「ケア」についてであるが、デンマークでは、在宅24時間ケアを整えてからプライエム建設禁止に踏み切るという戦略的脱施設を行って

いる［松岡（2005）］。実際に、1984年には22％の整備率であった在宅24時間ケアは1987年には56％に達し、1980年代の10年間で85％以上のコムーネにおいて整えられた。その設備率は1990年代初頭には100％に達している。脱施設の要（かなめ）は、地域に住宅を整えるだけではなく、「深夜も含む24時間の在宅ケア」にあるのである［Hansen（1998）p.90］。

さらに、1984年からは「統合ケア」が始められた。「統合ケア」は、施設と在宅（自宅、高齢者住宅）の区別をなくして一元化し、それら全体を地域と見なしてケアを届けるシステムである。統合ケアでは、1人の在宅ケアスタッフが同一巡回経路のなかで施設と在宅の区別なく順次訪問していく。これは、1990年代にデンマークに広がっていくが、訪問看護のみ統合ケアとするもの、深夜帯のみ統合ケアを採用しているものなど、コムーネによってバラつきがある。

その合理性については議論の分かれるところであり、採用を止めたり、再度採用したりとコムーネ内でも揺れている。一般的傾向としていえることは、訪問介護・看護の領域で日勤帯・夜勤帯・深夜帯のすべてにおいて統合ケアを採用しているのではなく、訪問看護についてのみ統合ケアとしている、あるいは、施設への深夜帯のみ統合ケアを採用しているというコムーネが多いようである。

最後に、サービス提供組織の機能別分離についてである。プライエムでは、住まいとケアが一体的にコムーネから提供されていたが、「住まいとケアの分離」以降、住まい（施設も高齢者住宅も）は非営利組織（非営利住宅協会）によって、ケアは行政（コムーネ）によって提供されるようになった。

当然の結果として、施設では住まいとケアの費用を一体的にまとめて徴収していたものが、現在では家賃は住民が非営利住宅協会に払うシス

★2　日本の人口規模に置き換えると、毎年約8万戸となる。日本のシルバーハウジングは10万戸の建築目標が立てられた（1987年）が、現時点（2010年）で2.3万戸にすぎない。

テムになっている。よって、プライエボーリ（介護型住宅）の長は住人がいくらの家賃を支払っているか関知していない。また、ケア費用はデンマークでは無料であるので、食費・洗濯費のみを施設（行政）に払う仕組みである。

「住まいとケアの機能分離」に伴う提供組織の分離をホーベンは「機能主義」と名付け、官僚主義がはびこる国で提供組織の分離を行うことは困難であると指摘している。オランダでは競争原理を導入してこれを実践し、住まいの提供においても、ケアの提供においても非営利組織による自由競争を絶妙なシステムで促進している。

2．デンマークから北欧、オランダへ

デンマークにおける「住まいとケアの分離」については、アツム・コムーネ研究所に所属するハンセン[★3]（Eigil Bol Hansen）とゴッシャルク[★4]（Georg Gottschalk）がよく記述している。

2003年ころ、その１人であるゴッシャルクからダータランド編集による北欧の書籍『Future Housing for the Elderly（高齢者住宅の未来、2000年)』を紹介された。この書籍には施設を「住まいとケアがひとつ屋根の下に統合されたもの」と捉える視点があり、「それらは現在、どんどん分離されている」という記述が見られた。この書籍を通じて、「住まいとケアの分離」は北欧に広がって支持を受けていることを確認した。

北欧で注目されているとはいえ、この理論は世界的にはどのような位置づけにあるのだろうか？　この問いに応えるために文献検索（EBSCO）をかけてみた。EBSCOは世界の社会科学系論文を網羅している検索エンジンであるが、「Separation/combination, housing, care/service」をキーワードとして検索した結果、１編の論文がヒットした。

Houben, P. P. J., and Voordt, T. J. M., (1993). New Combinations of Housing and Care for the Elderly in the Netherlands, *Nethrelands Journal of Housing and the Built Environment*（オランダにおける高齢者のための住宅とケアの結合）, Vol. 8, No. 3.pp.301～325

さらに、ホーベンの論文を調べてみると、以下の2編が見つかった。

Houben, P. P. J., (1997). Challenges in the Modernisation of Dutch Housing and Care for the Elderly, *Housing Studies*（オランダにおける住宅とケアの近代化へのチャレンジ）, Vol. 12, No.3, pp.355～366

Houben, P. P. J. (2001). Changing Housing for Elderly People and Co-ordination issues in Europe, Housing Studies（高齢者のための住宅の変化とコーディネーションの問題）, Vol. 16, No. 5, pp.651～673

「住まいとケアの分離」についての研究論文は数として非常に少なく、あくまでもEBSCOによる検索結果としては、北欧以外にはホーベンという論者が唯一の研究者であることが分かった。

余談ではあるが、2007年、筆者は彼にメールを書いてオランダに会いに行った。彼が指定するロッテルダム駅の喫茶店で落ち合ったが、ホーベンは70歳手前の穏やかな紳士であった。

写真を撮るのを忘れたのが悔やまれるが、「住まいとケアの分離」の概念を用いて研究している学者に会えた、遠くオランダで会えたという喜びと興奮が、写真を撮るという行為を忘れさせたのだから仕方がない。

★3　Hansen, E. B. (1998), Social protection for Dependency in Old Age in Denmark. *Modernising and Improving EU Social Protection,* 87-100, London: Conference on Long-Term Care of Elderly Dependent People in the EU and Norway

★4　Gottschalk, G. (1993). Danish Case Study: Modernization and adaptation of Pensioners Flats in Copenhagen, Gottschalk, G. & Potter, P. (Eds.), *Better Housing and Living Coditions for Older People: Case Study from Six European Cities,* Copenhagen: SBI

　　Gottschalk, G. (2000). Hosing and Supportive Services for Frail Elders in Denmark, in Pacolet, J., Bouten, R., Lanoye, Versieck, K.. (eds) (2000). *Social protection for Dependency in Old Age: A study of the 15 EU Member States and Norway,* Comparative Report commissioned by the European Commission and the Belgian Minister of Social AffairsBrussels, Commission of the European Communities, England; Ashgate, 19-44

彼はデルフト大学で研究生活を送っていたが、現在は引退して高齢者の内的発達と環境との影響について研究をしているようで、その内容について熱心に語ってくれた。

　また、これも余談であるが、筆者は長年「住まいとケアの分離」理論の源泉がどこにあるのか、明確にしたいとの思いを持ち続けていた。この点については、「住まいとケアの分離論の源泉が、1980年のデンマークの高齢者政策委員会の報告書にある」ことを、ゴッシャルク（デンマーク国立建築研究所の主任研究員）から2008年12月に直接確認することができたので、書き添えておく。

　オランダでは、「住まいとケアの分離」に基づく「住まいとケア革新プロジェクト」によって1980年代後半から革新的な取り組みがスタートする。その詳細は次章で紹介するが、この概念がデンマークで誕生したものであり、その後北欧で受け入れられ、オランダでは政策を主導する上での理論的背景となったのである。

　次節より「住まいとケアの分離」に関する理論を紹介していく。まず、アメリカのロートンの理論から始めるが、アメリカでは「住まいとケアの分離」の考え方は見られない。アメリカでは高齢者住宅における虚弱化への対応を「人―環境モデル」として捉え、「環境」のなかに住まい（居住環境）もサービス（生活支援、介護、看護など）も入れ込んで、人のニーズと環境要因との適合性を見るという枠組みを取ってきた。よって、「住まいとケアの分離」理論が出現しなかったのだと推測できる。

　ヨーロッパの文脈においては「アメリカでは、住まいとケアの結合が主流を占めている」［Daatland（2000）］、「アメリカは、住宅とサービスとをパッケージ化する政策にいまだ依存している」［Pacolet et al.（2000）p.18］と評されている。

第2節　ロートンの理論

1．人―環境モデル

　アメリカでは1970年代より、老年心理学者ロートンが高齢者住宅における環境のあり方やサービス付加の方法について、その効果を高齢者の主観的幸福感で計測するという研究を行ってきた。

　ロートンが「人と環境（person-environment）は、心理的幸福感が最大になるようにまったく同様な形（congruence：合同形）で適応しなければならない。それは個々の高齢者の能力をアセスメントして、支援のレベルを調整することである」［Lawton（1980）p56］としていることは、すでに述べた。

　しかし、ここで注目したいのは、彼が「環境」という時は「住まい」も「ケア」も含めたものを指しているという点である。よって、人と環境との適応とは、人のニーズに適応させて、住まいも含めてどのような形でケアやサービスを提供すればよいかということとなる。つまり、「住まいとケアの分離」の概念はあり得ない。

　そこで、彼の研究の軌跡は、その適応法がいかに困難なものであるかを証明していく過程にならざるを得なかった。以下、ロートンの研究をレビューして、その困難さを追ってみたい。

　アメリカでは、1960年前後に高齢者住宅が登場したが、この伝統的な高齢者住宅にはいかなるサービスも付いていなかった。しかし、1970年代には、公的資金援助を受けて、低・中所得層向けに民間の営利・非営利団体によって都市部に集合住宅形式の高齢者住宅が建てられるようになった。

　高齢者住宅へのサービス付加の順序としては、住人はまず食事サービスを望み、次に医療サービスを望む［Lawton（1969）p.19; Carp（1976）

とされているように、この公的資金援助を受けて建てられた住宅には家事援助、介護サービスが付加されていた。これが、コングリゲート・ハウジング（Congregate Housing：集合住宅）と呼ばれるものである。

ロートンは、家事援助や介護サービスが付加されていない1960年前後に建てられた高齢者住宅を「伝統的な高齢者住宅」と呼び、それらが付加されて1970年代に建てられた「コングリゲート・ハウジング」を「サービス付加住宅（service-rich housing）」として、比較研究を行っている。

いずれの住宅も、一定の設備と居住面積をもつ住戸と呼ぶにふさわしい住まいであり、プライバシー水準も高い。その内容は次のようである。

家事支援や介護サービスが付加されたコングリゲート・ハウジングの住人と同サービスが付加されない伝統的な公営住宅の住人を比べて見ると、コングリゲート・ハウジングでは心理的幸福感で向上が見られたが、活動能力で低下があり、地域での発展がなかったことが確認された［Lawton（1976）］。

地域での発展とは、外出して地域で買い物をしたり、友人を訪ねたり、さまざまな活動に参加することである。サービスの付いた住宅への住み替えが活動能力の低下を招くことを確認し、安易なサービスが自立を徐々に損なう可能性を指摘して、環境計画とプログラムによる介入が必要であることを提言した。

コングリゲート・ハウジングにおける活動の減少と内的満足の対比は、「受動的安らぎ」がサービス付加住宅の特徴であり、「活動的緊張」が伝統的な高齢者住宅の特徴であることを示している。このことは、自立の維持は住人の積極的行動を求めなければならないような環境、つまり支援がやや少ない環境によって推進され、簡単にサービスを受けられると能力ある人の自立を損なうことを示唆している。もちろん、「やや少ない支援」は、高齢者がようやく自力でできるぎりぎりのラインであり、できないことを放置することでないことは、すでに述べた通りである。

いずれにせよ、これは行動科学理論が支持するものであり、サービス

が安易に提供されることは依存を促進し、努力する機会を減らすと、結論した［Lawton（1976）］。

ティルソンもまた、「第2次世界大戦後に建てられた高齢者向け公営住宅（Public housing）は健康な自立高齢者向けに建てられており、その虚弱化に合せて、不適切な施設化（筆者注：介護スタッフを常駐させて資源を施設に固定化すること）をしなければならない。こうした不適切な施設化は、住宅政策や地域に基盤をもつサービス・資源の再配分についての十分な議論発展を阻害することとなった。施設化政策は地域居住を阻む。多くの人がナーシング・ホームへの入居を強いられるのではなく、居住の場でそのまま老いたいと望んでいる事実にもかかわらず、この傾向は公共政策に影響を与えなかった」［Tilson & Fahey（1990）p.xvi］と記述している。

安易な施設化は住人の「受動的安らぎ」を生むかもしれないが、活動能力を低下させるだけでなく、地域におけるサービス資源の発達や地域福祉の内発的な発展、それに関係する政策立案も阻害してしまうという30年以上も前のロートンの研究結果は、21世紀に生きる我々が肝に銘じなければならない命題である。

2．不変環境モデルと適応環境モデル

次に、二つのコングリゲート・ハウジング（サービス付加住宅）に着目し、その12年間の変化を調査したロートンは、住宅へのケア提供の形態を二つのモデル（表2－1）に整理して論考を進めた［Lawton（1980）］。

この結果は、個人の能力に適応するケア提供がいかに困難なものであるかをまざまざと教えてくれている。

二つのモデルとは、「不変環境モデル」と「適応環境モデル」である。「不変環境モデル」は住人の虚弱化に対してサービス追加がない、つま

表2−1 環境適応の二つのモデル

	不変環境モデル Constant environment model	適応環境モデル Accommodation environment model
ケア提供の形態	住人の虚弱化に対してサービスの追加がなく、人と環境の初期の特徴を維持するモデルである。住人は能力低下の早い時点で他所へ転居し、新住人には、自立度の高い高齢者が選ばれる。	障害が重くなっても長く居住できるよう寛容に受け止め、サービスを付加していき、入所要件も柔軟に対応するモデル。
メリット	住宅管理の視点からは、最初の住人のレベルが保たれる。	サービス付き高齢者住宅の環境は、安心を最大に高めるという方向に働く。Lawton (1976)
デメリット	住人は居住移動を強制されることで、生活崩壊の可能性がある。	介護ニーズの高まりに対応できないケースが生まれる。虚弱な高齢者と一緒に住みたくないという住人ニーズが見られ、住宅の雰囲気が施設風になる。
対策	転居先となる住居を見つけておく。転居に関するカウンセリング技術を身に付ける必要がある。	サービス提供についての長期計画が必要。医療と緊急施設との強力な連携が必要。

出所：Lawton (1980)

り環境を変化させないモデルであり、サービスが不足する場合は退所して、もっと多くのケアを提供してくれる他所へと移動しなければならない[★5]。これではリロケーションによるストレスが高まるだけでなく、新しい環境に適応できない場合は生活崩壊やアイデンティティ・クライシスを招くことにもなり、高齢者にとっての幸せにつながらない危険性の高いモデルである。

これに対して「適応環境モデル」は、高齢者の虚弱化に合わせてオンサイト（住宅内）でサービスを付加していくやり方で居住継続を目指すものである[★6]。しかし、ニーズの高まりに対応できない場合もあるので限界がある。また、虚弱な高齢者が増えると住宅の雰囲気が変わり、虚弱な人々と一緒に住みたくないという住人の声が聞かれるようになることがデメリットとして指摘されている。

3. サービス・パッチワーク

次にロートンは「不変環境モデル」と「適応環境モデル」のデメリットを克服できるモデルを求め、サービスの付加されていない4住宅、サービス付加のあるコングリゲート・ハウジング1住宅の12年（1968年〜1980年）にわたる変化を調査した［Lawton（1985）］。

その結果、各住宅で徐々にサービスが追加されていったことを認め、付加されたサービスの増加の手法について、「サービス・パッチワーク」方式が非常によく機能したという結論を得ている。「サービス・パッチワーク」とは、高齢者住宅において不足するサービスを、オンサイト（住宅内）ではなく地域の事業者から供給してもらう方式である。

その特徴として、以下の点を挙げている［Lawton（1985）］。

① 住人のニーズに対して、複数の地域の事業者から異なるサービスが提供された。
② 住宅に看護師はいるが、医療は住人の支払いで地域の民間の医師が行った。
③ サービス提供の不足は常に心配される点であるが（筆者加筆）、実際には全住人の数％が利用したのみである。

また、「全体のサービス資源が限られていたので、本当にニーズがある人にサービスを提供するようにインセンティブが働いた。この実践はニーズに優先順位をつけるように働いたのみでなく、能力ある人にサービス提供をしすぎることを防止するような形でも機能した。それは、住人の自立を危険にさらすようなきわどい方法でもある」［Lawton（1985）

★5 次節でいう「階段モデル」に相当する。
★6 次節でいう「居住継続モデル」である。

p.263]と興味ある考察をしている。

「住人の自立を危険にさらす」とは、少しの支援を受けることで自立した生活が可能であったにもかかわらず、サービスが不足しているがために生活そのものが崩壊する場合である。サービス・パッチワークは、リスクをはらんだ手法でもある。

しかしながら、自立への道にリスクが伴うのは当然であり、重要なのは、適切なアセスメントが行われることとその環境を住人一人ひとりが納得して自己決定したものであるかどうかという点である。

繰り返しになるが、「健康状態が低下してくると、ナーシング・ホームに強制的に移されるかもしれないという心配が生まれる。この危機感が、健康状態の低下を防止していると考えられる。独立住宅に住みたいという願望が、自立して役割を持ち続けることにつながり、少しの困難を我慢することができたり、その気持ちを奮い立たせるようなメカニズムがあるのではないか」[Lawton（1985）p.263]という記述に再度注目したい。高齢者住宅という自立環境を守るには、アセスメントをしっかり行ない、自立を促すような、能力に見合う少なめのサービス提供が有効なのである。

ロートンはコスト面の効率についても触れており、エビデンスを伴ってはいないが、「サービス・パッチワーク」はコスト効率がよいことを確認している。

現在、アメリカにおけるエイジング・イン・プレイス（地域居住）を支える住まいの中心はアシステッド・リビングであり、地域居住の促進はアシステッド・リビングの中心哲学となっている[Cutchin（2003）p.1077; Ball et. al（2004）p.S202 ; Munroe & Guihanm（2005）p.19]。

アシステッド・リビングは1980年代に登場したもので、住まい、食事、24時間の見守り、身体介護を提供する、非医療・地域密着の生活環境である。しかし、エイジング・イン・プレイス（地域居住）を理念としながらも、寝たきりや二人介助の高齢者が住み続けることのできるものは

限られている。

　また、州ごとに退所基準が異なり、住宅ごとの理解もまちまちで［Sheehan & Wisensale（1991）pp.116〜117;Munroe & Guihanm（2005）p.21］、平均滞留期間は18ヶ月であり［Sheehan et. al（2003）p.766〜767］、多くの事業者がアシステッド・リビングを一時的なものと見なし、ナーシング・ホーム入所の予防にはならないと考えている［Chapin & Pobbs-Kepper（2001）p.49;Pynoos（2004）p.35］。これらの研究は、アメリカのアシステッド・リビングが地域居住の基盤として適切に機能していないということを示している。

　ロートン以来の「住まいとケア」の組み合わせは非常に困難な問題であり、ダータランドをして「アメリカでは、住まいとケアの結合が主流を占めている」［Daatland（2000）］と書かせるほどに、パコレットをして「アメリカは住まいとケアをパッケージ化する政策にいまだ依存している」［Pacolet et al.（2000）p.18］と言わしめるほどに、試行錯誤が続いている。

第3節　ホーベンの理論

　ホーベンはオランダの研究者であるが、高齢者の住まいとケアへのこれまでの古い伝統的アプローチは「階段モデル」によって説明できるとしている。このモデルでは住まいに付加された（付帯した）ケアの量が固定化しているので、介護ニーズが高まれば、より多くのケアが付加された住宅へと、まるで階段を登るように複数回の引っ越ししなければならない。

　ホーベンは「階段モデル」における住まいとケアの関係を「閉鎖回路（Closed Circuit）」と呼び［Houben（1993）p.305］、まず「住まい」の機能と「ケア」の機能を分離（オープンに）しなければならない、と説

く。彼は高齢期の引っ越しをなくすことを目標に引っ越しの回数にこだわり、「これからの高齢者住宅提供は「住まい」と「ケア」の分離と再統合を進めていく過程にほかならない」［Houben（1997）p359］とする。そして、オランダで行われている革新的な取り組みを、「住まい」と「ケア」と「福祉」の結合のバリエーションとして整理し、その全体を、費用がかかる施設ケア（residential care）から、より費用がかからない自立型住宅へのシフトとして位置づけた。彼の論文［Houben（1993, 1997, 2001）］をまとめる形で、その内容を簡潔に紹介していこう。

1. 伝統的「階段モデル」から「革新モデル」へ

（1）伝統的「階段モデル」

「階段モデル」の伝統的アプローチを、ホーベンは図2－1のように描いている。横軸にケアニーズをとり、縦軸に高齢者の住まいの種類を置いている。高齢者のケアニーズに合わせて、住むべき住宅が固定化されている様子を示したものである。住まいとケアが「閉鎖回路」のように堅固に結合しているため、ケアニーズによって住むべき住まいが自動的に決定される。

図2－1には、オランダでは75歳以上の高齢者がそれぞれのニーズのグループにどのように分布しているかという％も表示されている。いずれにせよ、高齢者の身体状況とそれに伴うケアニーズに応じた設備、ケア体制を持つ住宅や施設へと自動的に送られるのである。

ケアニーズがない、あるいはほとんどない自立グループ（50％）に対しては自立型住宅、次に、中程度のケアニーズに対してはサービス・フラット、高いケアニーズに対しては老人ホーム、ニーズがさらに高くなればナーシング・ホーム、という具合である。

図2－1にある自立型住宅とは、自宅を含む一般住宅である。サービス・フラットとは、ヘルパーステーションや看護ステーション、デイセ

図2-1　高齢者のための標準的住宅とそのターゲット

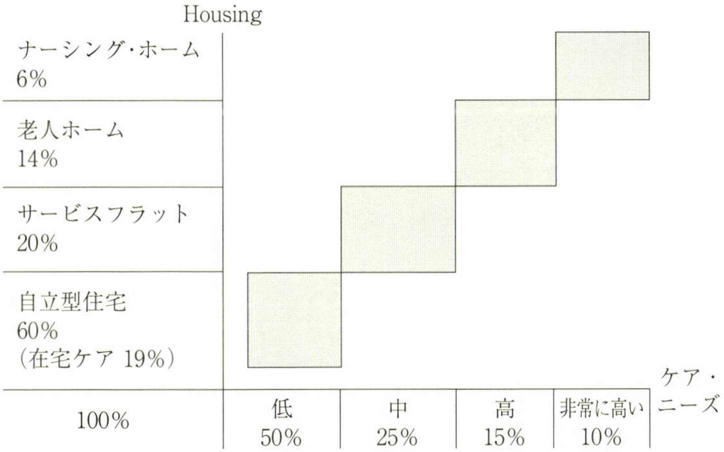

```
Housing
ナーシング・ホーム
6%
老人ホーム
14%
サービスフラット
20%
自立型住宅
60%
（在宅ケア 19%）
                                          ケア・
100%    低      中      高    非常に高い   ニーズ
       50%    25%    15%    10%
```

出所：Houben（1997）

ンター、地域に開放された食堂が併設されたものを指す。両者の住戸面積は一般集合住宅と同程度のものから一回り小さい面積までさまざまで、設備（バス・トイレ、キッチン）についても、一般住宅と変わらないものからトイレのみでキッチンが簡易型のものなど多様である。

　老人ホームとナーシング・ホームは、最も高い介護ニーズを持つ高齢者に対して施設と同等の手厚いケアを提供するものである。老人ホームは、ナーシング・ホームほど高くはない介護ニーズに対応し、ナーシング・ホームは、介護スタッフはもとより、看護師、時には医師も常駐して、ケアニーズの高い高齢者に24時間のサービスを提供する施設である。

　こうした伝統的「階段モデル」では、原則的に3回の引っ越しをしなければならない。

（2）革新モデル

　オランダでは1980年代に行われた調査によって、こうした度重なる引

図2-2　革新モデルにおける高齢者

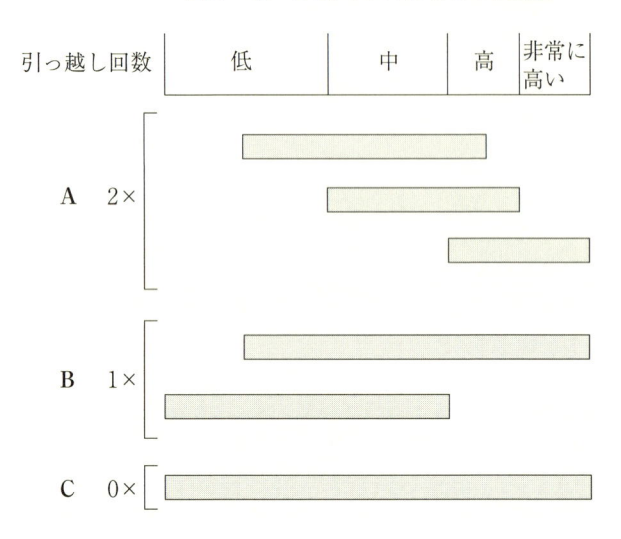

引っ越し回数	低	中	高	非常に高い

A　2×

B　1×

C　0×

出所：Houben（1997）

っ越しを強制される状況に対して高齢者が不満感情をもっていることが明らかにされ、自立して生きたいという多くの高齢者の願いを実現するために施設のオルタナティブが模索されるようになった。

　新しいモデルの模索は、1983年に行われた政府の助成事業である「住まいとケア革新プロジェクト」を通して進められるが（このプロジェクトについては第3章で詳述する）、ホーベンはこの事業について次のように記述している。「高コストの施設ケア（residential care）の代替として、より費用がかからない自立型住宅に向かって、革新的な『住まいとケア革新プロジェクト』が計画された。これらの革新に向けた取り組みは、高齢者の願いを受け、能力に合った質のよい環境を提供し、それに合ったケアと支援を調和的に提供しようというものであった」[Houben（1997）p358]。

　「住まいとケア革新プロジェクト」でつくられた革新的住宅の特徴と

しては、住戸面積が顕著に広くなっている点が挙げられる。また、新しい住宅を建築するというよりは、施設を含めて古い建物を改築して広めの住まいを用意し、そこにどのような包括的なケアを保障していくかに焦点を当てたものが多かった［Houben（1993）p.306］。

その取り組みを図で示したのが、**図 2 − 2**である。この革新モデルの特徴は、ある特定のニーズをもつ高齢者グループに特定の施設や住宅を固定的に配置するのではなく、低レベルから高レベルまでを含む（図でいえば 3 レベル以上に対応）幅広いニーズにフレキシブルに対応できるケア提供のシステムをつくることであった。それによって引っ越しの回数を減らそうというものである。

図 2 − 2の A では、低レベルから高レベルまで 3 レベルのニーズ対応が可能であるので、引っ越しは 2 回で済む。明らかにニーズレベルの対応幅が広い。伝統的「階段モデル」では 3 回必要であった引っ越しが 2 回で済むのは、より幅広いニーズグループに対応できるからであり、高齢者のニーズに柔軟に対応できるようなケア提供体制がこれを支えている。

B は、ケアニーズの変化に伴う引っ越しは 1 回ですむパターンである。引っ越しが 1 回で済むのは、ケア提供の体制が、ケアレベル四つのうち三つのターゲット・グループに対応しているからである。

最後の C は、高齢者が彼らの自宅、あるいは最期までの居住を想定して改築された高齢者のための住宅に住み、最期まで住み続けることを可能にするパターンであり、住宅を変えることを強制しないものである。このモデルでは、高齢者のいる場所へ集中的なケアが柔軟に提供される。デンマークの1988年以降に建てられた高齢者住宅はこの C モデルに相当するといえよう。

C モデルはエイジング・イン・プレイスの理想形に近いものと考えられるが、ここでホーベンは、このパターンにおけるインフォーマル・ネ

ットワーク[★7]の重要性を指摘している。制度的ケアの隙間を埋めて人間生活の最期の場面を支えていくには、地域でのボランティア活動やNPO活動が不可欠である、というのである。

　ホーベンはさらに、「住まいとケアの分離」の特徴として「機能（function）志向アプローチ」を挙げて、各機能の提供主体のあり方についても注意を促している。「機能志向アプローチ」に対抗するのは「施設（facility）志向アプローチ」である。「施設」に両機能がパッケージ化されていた時代には「施設（facility）志向アプローチ」で事足りるが、両機能を分離したなら、各機能を提供する組織・制度・法律についても別個のものを用意しなければならない。これが「機能（function）志向アプローチ」であり、前例主義をよしとして組織の改善を求めない官僚主義のもとでは「機能志向アプローチ」は困難である点を指摘している。第3章で述べるが、オランダでは「機能志向アプローチ」によって民間活力（非営利）の競争をうまく導入した。

　経済効果にも言及して「機能志向アプローチをとると機能別に事業者を募ることができ、これが健全な市場開放への呼び水となる。ひいては、高コストの施設モデルから低コストの住宅モデルへの変換が効果的にスムーズに行われることとなる」と付け加えている。

　また、革新モデルでは、高齢者が自分自身をマネジメントする能力を高めることが重要であることも付け加えている。高齢者が生活の主体として生きていくには、介護ニーズが高まった時に制度的な介護サービスや看護サービスを利用するが、さらに十分な支援を得るためには自分自身をマネジメントして、インフォーマル・ネットワークを活用することが重要であり、地域にそのような資源があることが重要なのである。

2．実践への展開

ホーベンは「住まいとケアの分離と再統合」について整理したわけであるが、それらを「エイジング・イン・プレイス概念の重要なポイント」という形で以下のようにまとめている。

① **ケア機能の空間的分離**——伝統的な施設でパッケージ化されたケアは空間的に分離されて、高齢者のための住宅プロジェクトや地域のコミュニティ・センター（community centres）から提供される。

② **一人ひとりにテイラーメイドのケア**[★8]——伝統的な施設で行われていた「オムツの定時交換」、「食事全介助」というような標準化された介護ではなく、アセスメント（評価）を行ってもてる能力を引き出しつつ、一人ひとりの希望を尋ね、自己決定を尊重するようなテイラーメイドのケアがなされなければならない。

③ **社会サービスの空間的分離**——オランダでは、「住まい」と「ケア」に「福祉」の要素が加えられる。社会サービスといわれることもあるが、エクササイズやアクティビティ、レクリエーション活動、教育、相談などのサービスも、旧型施設から空間的に分離されコミュニティ・センターから個人のニーズに合わせて提供される。

④ **一般住宅と同等の住まい**——住まいはケアを提供するための副次的なものではなく、ケアと同様に重要な意味をもつ。特に「住まいとケア革新プロジェクト」では、住まいに一般住宅市場のアパートと

★7　インフォーマル・ケアのネットワークである。フォーマル・ケアとは、政策として規定され、法的根拠（制度）と財政支出に基づいて提供される社会的サービスである。これに対して、インフォーマル・ケアとは家族やボランティアなどによって提供される財政支出を伴わない各種支援である。

★8　利用者のニーズ・アセスメント（ニーズ評価）に基づいて、一人ひとりのニーズに合わせた個別ケアを提供しようというもの。洋服をつくるのに、採寸をして身体にぴったりのものをつくることをテイラーメイドというが、ホーベンはこれに倣って特有の表現を用いている。カスタマイズ（注文に応じてつくる）という表現も用いている。

同等の面積、設備、快適さが求められた。「住まいとケア革新プロジェクト」については、第3章で紹介する。

⑤ **自立を強化するキッチンとバス設備（住宅機能）**——特にバスとキッチンは老いるに従って直面する移動の問題と重要な関係がある。移動が困難になると、食事のために外出することもむずかしくなる。自宅で食事をつくればリハビリにもなるし、ヘルパーにつくってもらうにもキッチンは必要である。自宅にキッチンとバスを備えることは「自立を強化し、自立して暮らす期間を長くする」のである。

⑥ **2回目の引っ越しは起こらない**——高齢者のための住宅に引っ越したなら、介護サービスや看護サービスを活用し、地域の資源も活用して住宅にとどまることとなる。2回目の引っ越しは起こらず、施設入所を防止できる［Houben（2001）p.657］。

これらは、「高齢者が自己決定しつつ、地域で自立して生活していくための要件」といえるだろう。

第4節　ステア・モデルとステイ・モデル
（階段モデル）　　　　　（居住継続モデル）

すでに述べたように、2000年にダータランド編著のもとに『Future Housing for the Elderly（高齢者住宅の未来——北欧の革新とその視点）』［Daatland（2000）］という書籍が出版された。高齢者住宅の未来について、人口変化、高齢者の寿命変化、ライフスタイルの変化など、社会経済的背景をまとめた上で、スウェーデン、フィンランド、デンマーク、アイスランド、ノルウェーにおける革新的な事例を紹介している。

そのなかで、ダータランドは各国の事例に共通する特徴をまとめ、さらにそれらに共通する背景要因として「住まいとケアの分離」があるとして、「新パラダイム」の出現を認めている。「階段モデル」の説明には

ホーベンの図を改定して用いており、彼から「住まいとケアの分離」理論を受け継いでいることが理解できる。

　北欧を中心としたヨーロッパでの高齢者居住に関する今後の方向性を示す書籍に「住まいとケアの分離」理論が取り上げられている事実は、デンマーク生まれのこの概念がヨーロッパにおける高齢者の住まいとケアの未来を考える上でのキー概念となっていることを示している。

　ダータランドはさらに「住まいとケアの分離」の背景にある思想にも触れ、「パーソンセンタード（人中心）」なイデオロギーを指摘している。

　サービスを求めて人が移動しなければならない伝統的な「階段モデル」はサービスを中心に据える「サービスセンタード・モデル」であり、古いイデオロギーである。それらは消失して、サービスは個人に適応すべきであるとする「パーソンセンタード（人中心）」なイデオロギーが各事例の背景に感じられるというのである。

　『Future Housing for the Elderly』に沿って、北欧の先進事例の特徴をまとめ、「住まいとケアの分離」の意義について考えてみよう。

1．ヨーロッパにおける高齢者住宅の潮流

　この書籍では、北欧における高齢者住宅の先進事例がスウェーデン、フィンランド、デンマーク、アイスランド、ノルウェーから集められている。ダータランドは、各国にさまざまなバリエーションがあるので、一般的にまとめてしまうには問題があるとしながらも、各国の事例に共通する点を次のようにまとめている［Daatland（2000）］。

①**好みの多様性**──まず、高齢者の個別性とそれに応えるための柔軟な対応があるという点である。今後、第2次世界大戦後に生まれた高齢者が多くなるなかで個人主義はますます高まり、さまざまに異なる好みなどが高齢者住宅にも反映されるだろう。

②**小規模性**──また、社会性と生活の質を配慮して、大規模な戸数よ

りも小規模な高齢者住宅が主流となるであろう。

③**自立と個別支援**——さらに、サービスが付加された住宅では、過去の伝統的施設（ナーシング・ホーム）に見られた個人の尊厳を踏みにじるような集団ケアではなく、個別支援や自立、プライバシー規範などが当然のこととして高齢者住宅にビルトインされている。

④**不必要な引っ越しの回避**——共通する特徴として、不必要な引っ越しは避けようという試みがなされている。高齢者のニーズが変わった時にも、できるだけそこにとどまれるよう、住宅が人に対応しなければならない。

⑤**住宅としての質**——住まいには、バスとキッチンが設備されている。その基準は初期のものと比べて非常に高くなっており、今後はさらに向上していくだろう。なかには面積の小さいものもあるが、それは共用で使うキッチン・居間・食堂などの部分（コモン・エリア）に面積を供出した結果である。これからの高齢者住宅は、現在の高齢者をイメージして建築するのではなく、未来の高齢者に向けて造っていくという視点が必要である。

各国の先進事例の共通点を以上のようにまとめた上で、データランドはそれらに「新パラダイム」の到来を認め、「伝統的モデル」と比較している。

2.「ステア・モデル」（階段モデル）から「ステイ・モデル」（居住継続モデル）へ

（1）「ステア・モデル」（階段モデル）

「伝統的モデル」は「特別のニーズをもつグループに特別の施設を造る」というもので「階段モデル」と呼ばれる（**図2－3**）。北欧の現実に合わせてホーベンの図に修正を加えたものであるが、一般住宅からの引っ越しの様子が描かれ、リタイアメント住宅が加わっている。

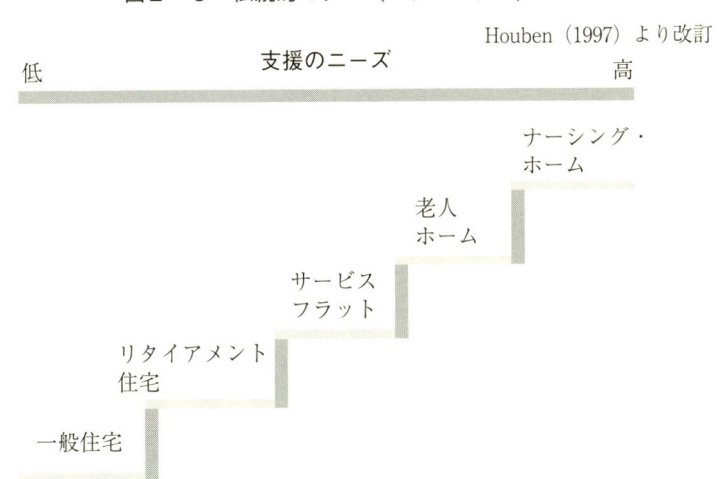

図2-3 伝統的モデル（ステアモデル／階段モデル）

Houben（1997）より改訂

支援のニーズ　低 ← → 高

（階段状に：一般住宅 → リタイアメント住宅 → サービスフラット → 老人ホーム → ナーシング・ホーム）

出所：Daatland（2000）

　リタイアメント住宅とは、引退して年金生活者となってから、元気なうちに早めに住み替える住宅である。ヘルパーステーションや看護ステーション、デイセンター、地域に開放された食堂は併設されておらず、年金生活者専用ということだけで一般住宅と何ら変わりはない。

　サービス・フラットは、ホーベンの図で示されるのと同様のもので、ヘルパーステーションや看護ステーション、デイセンター、地域に開放された食堂が併設されている。

　一般住宅からリタイアメント住宅へ、サービス・フラットから老人ホームへ。そして最期にはナーシング・ホームへという「階段モデル」では、高齢者の介護ニーズが変わるとそのニーズに合うサービスを提供する施設へと移動しなければならない。その様子は、ホーベンが描いたものと同様である。

　人がサービスを求めて移動（引っ越し）しなければならないのは、住まいにサービスが固着しているからである。この背後にあるのは、人間

よりもサービスに重きを置く「サービスセンタード・モデル」であり、次に述べる「新パラダイム」の背景となる「パーソンセンタード・モデル」に対抗するものである。繰り返すが、「サービスセンタード・モデル」では、ニーズが変わるたびに、サービスを求めて人間が移動（引っ越し）しなければならない。

（2）「ステイ・モデル」（居住継続モデル）

これに対して、「新パラダイム」は、変化するニーズにフレキシブルに対応でき施設への引っ越しを避けることのできるもの、つまり、人がサービスを求めて移動（引っ越し）しなくてもよいモデルである。最期までの居住を可能にするモデルともいえるが、図2－4のように描かれている。ちなみに、このモデルを「居住継続モデル」と呼ぶこととしよう。

「居住継続モデル」では、一般住居と施設の間に4タイプの住宅（4レベル）がある。シニア住宅、アダプテッド住宅、アシステッド住宅、ナーシング・フラットの4タイプである。一般住宅と施設（ナーシング・ホーム）は図のなかに描かれていない。

シニア住宅は好みで選ぶことができる住宅であり、他の3住宅は身体面・精神面での虚弱化を配慮しながら必要とする介護や支援のニーズで選ぶ住宅である。しかしながら、いずれも、ケア・ニーズが変化しても住み続けることができる住宅である。つまり、地域居住を支える住宅である。

シニア住宅は、一般住宅と変わらない居住レベルをもつハイ・スタンダードな住宅であり、仲間とともに活動的なライフスタイルを楽しむために、早めに引っ越す住宅である。シニア住宅へは、介護ニーズではなく好みで引っ越すことができる。シニア住宅への入居を考える高齢者は介護ニーズがそれほど発生していないグループであるから、当然のことといえよう。

第2章 「住まいとケアの分離」理論　79

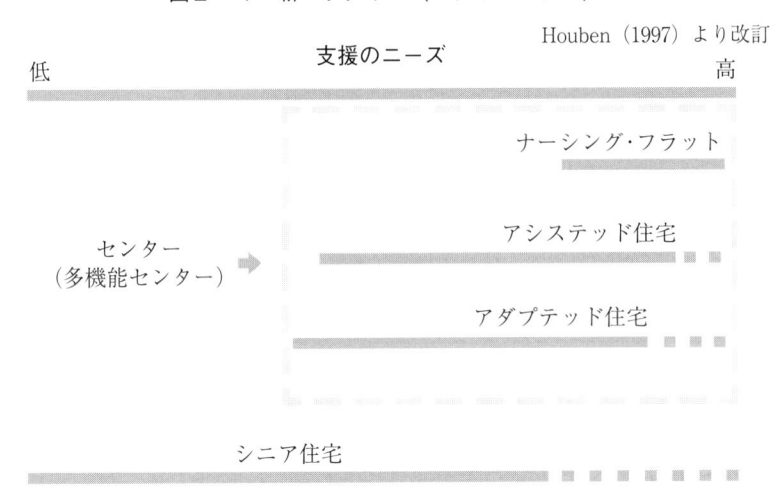

図2−4　新パラダイム（ステイ・モデル）
居住継続モデル

Houben（1997）より改訂

支援のニーズ
低　　　　　　　　　　　　　　　　　　　　　　　　　　　高

ナーシング・フラット

アシステッド住宅

センター
（多機能センター）　→

アダプテッド住宅

シニア住宅

出所：Daatland（2000）

　次に、アダプテッド住宅は近くにサービス提供機能をもつ住宅であり、アシステッド住宅はコモン・エリア（共用で使う台所・食堂・居間）をもち、調理、食事、洗濯などを共有する住宅である。
　最後にナーシング・フラットと呼ばれる第4レベルを想定しているが、これは「『新型ナーシング・ホーム』と呼ばれる」と記述されている。「旧型施設（旧型ナーシング・ホーム）がエイジング・イン・プレイス（地域居住）の洗礼を受けて生まれ変わったもの」と定義できるだろう。「モダーン・ナーシング・ホーム」と表現されることもある。
　旧型ナーシング・ホームが住まいとケアが固定化された施設であり、高齢者を介護の対象と捉え、集団処遇のなかで命の輝きを奪うような大規模ケアを行っていたのに対して、「新型ナーシング・ホーム」では、最重度の高齢者に対しても住宅と呼ぶにふさわしい質を備えた住まいを提供し、ニーズをアセスメントした上で自立して暮らすのに必要なだけのサービスをフレキシブルに提供する。そして、その自立と自己決定を

表2−2　「住まいとケアの分離」視点から見た高齢者住宅と施設の比較

	施設	新パラダイム
モデル	階段モデル (Stair model)	居住継続モデル (Stay model)
視点	サービスセンタード・モデル (Service centered model)	パーソンセンタード・モデル (Person centered model)
ケア機能の特徴	ケアは住宅に付く (care attached with housing)	ケアは人に付く（適応する） (care fitted with person)
住まいとケアの関係	固着　＆　パッケージ (attached & packaged)	アレンジ　＆　柔軟 (arranged & flexible)
住まい機能の特徴	「特殊解」の住宅[*]	一般解の住宅[*]
転居理由	ケア・ニーズ (Care Needs)	好み (Preference)

出所：Daatland（2000）をもとに筆者作成
[*]この表現は［外山（1995）］に拠っている。

支えていこうというものである。

　デンマークの介護型住宅（プライエボーリ）はこのカテゴリーに属するものであり、日本の新型特別養護老人ホーム（個室・ユニットケア）も、住宅法の根拠をもたないが、「新型ナーシング・ホーム」を目指しているといえよう。

　アシステッド住宅やアダプテッド住宅、ナーシング・フラットは、本人の身体的・精神的な状況を配慮して選択する住宅であるが、ケア・ニーズが変化しようとも本人が望めば最期まで住み続けることができる。よって、この３タイプのバリエーションは、居住継続を保障した上での、住み手にとっての選択肢となるのである。

　元気なあいだに早めの住み替えをするタイミングを逸した場合でも、心身の健康に不安を感じ始めた時点でアダプテッド住宅に住み替えてもいいかもしれない。セカンド・チャンスをつかむ可能性がでてくると理解できる。繰り返すが、これら３タイプは最期までの居住（地域居住）を支える住宅である。

図2−4には「センター」の表記があり、上記3タイプの住宅に向けて矢印が出ていることにご注目いただきたい。この「センター」は、多機能センター（multi-function centre）である。多機能センターは、住まいからケアを空間的に分離したものである。ここからさまざまなタイプの住宅に向けてサービスを一元的にフレキシブルに提供できるので、人が移動する必要がないのである。

上記の3タイプ住宅をさまざまに組み合わせて地域内に整備し、多機能センター（multi-function contre）からサービス提供すれば、最期までの居住、つまり地域居住を支えることができる。

3.「パーソン・センタード」という発想

以上を表2−2にまとめてみた。ダータランドはホーベンの「住まいとケアの分離論」を受け、北欧の先進事例から「サービスはどこに住んでいるかによって決定されてはならず、あくまで個人のニーズに応じて一元的にフレキシブルに提供されるべきである」、「サービスを求めて人が居住移動しなければならないようなことがあってはならない」という考え方を導き出し、新しいパラダイムとして「パーソンセンタード・モデル」と名付けた。「新パラダイム」は、多機能センターからケアを受けながら、本人の希望に応じて今いる住まいに最期まで住み続けられるので、「階段モデル」に対して「居住継続モデル」と呼ぶこともできる。

介護ニーズが変化した時、「階段モデル」では人がサービスを求めて移動しなければならない。これが「サービスセンタード・モデル」である。人が移動しなければならないのは、サービスが住まいに固定化＆パッケージ化（内在化、結合）しているからであり、施設がまさにこの状態にある。

「特定ニーズのグループに対する、限定的な特定の住まい」という意味で、「階段モデル」の住まいは、外山がいう「特殊解[★9]」の住まいに相

当する［外山（2003）］。

　これに対して「新パラダイム（居住継続モデル）」では、サービスが住まいから分離され、ニーズに合わせて柔軟に提供できるので、人は引っ越しをする必要がない。例えば、地域の小規模多機能センターや高齢者居住生活支援施設★10などがこれにあたる。また、人が中心にいて、そこへサービスが届けられる「パーソンセンタード・モデル」である。ホーベンがいうところの「テイラーメイド」のサービス提供である。その結果、本人が望む限り住み続けることができるのである。

　ダータランド研究の意義は、以下の点を指摘したことにある。

❶「新パラダイム（居住継続モデル）」においては、施設に固定化されていたケアが分離され、多機能センターから介護ニーズに合わせてフレキシブルに提供される。「ケアは住まいに付く」のではなく、「ケアは人に付」かなければならない。

❷サービスの量は、どこに住んでいるか（特に、ナーシング・ホームであるか否か）ではなく、本人の介護ニーズによって決められなければならない。

❸介護ニーズによって自動的に住む場が決められるのではなく、「新パラダイム（居住継続モデル）」では、「好み」によって選べる選択肢があり、介護度が高くなってタイミングが遅れたとしても、最期まで住める住宅の選択肢がある。

第5節　「住まいとケアの分離」の先にあるもの

　どのような住まいに、どのようなケアの組み合わせ（住まいとケアの統合）をすれば住み慣れた環境で死ぬまで暮らすことができるのか？ホーベンやダータランドは、自宅と施設の間にさまざまな居住形態を配

置して、新しいモデルを提示した。

　しかし、「北欧諸国では政策としてはエイジング・イン・プレイスを採用した。しかし、それはスローガンとしてであって、具体的制度を伴う政策ではない」［Daatland（2000）p.10］といわれるように、具体的ツールは用意されなかった。ダータランドの「居住継続モデル」の図（**図２－４、77ページ**）を見ても、多機能センターはあるものの、「住まいとケアの分離」がどれほどなされているのかは明確でない。

　そんななか、1988年に高齢者施設「プライエム」の新規建設を禁止し、その代替としての高齢者住宅を地域に建築し、さらに既存の多様な高齢者の住まいを一元化し、「ケア」は24時間在宅ケアとして施設と在宅の区別や高齢者と障害者の区別をなくして地域に展開したデンマークは、「住まいとケアの分離」によってエイジング・イン・プレイスを徹底して推し進めた数少ない国であるといえる。そしてスローガンのみではなく、制度として実践した国である。その固有性は、施設と在宅を統合し、高齢者と障害者の区別をなくしたという意味で、徹底して「普遍化」、「一元化」を進めた点にある。

　しかしここに、デンマークとはやや異なった形で「普遍化」を大胆にユニークに進めている国がある。それがオランダである。

　オランダはヨーロッパ諸国のなかでも施設整備率が抜きん出ており、同時に在宅ケア整備率も高い［Daatland（2000）p.11］。そのようなオランダで、1980年代後半より「住まいとケア革新プロジェクト（Innvatieprogramma Wonen en Zorg; IWZ）」によって財政負担の大きい施設依存から自立型住宅への移行が進められた。

★9　外山は、在宅での住み続けができなくなった人々を対象として、ニーズレベルによって特定の住まいを用意するようなモデルを「特殊解対応」と呼び、長年住み続けてきた場所での居住継続を「一般解対応」とした［外山（1995）p.177］。
★10　2010年5月19日より施行された「高齢者の居住の安定確保に関する法律（一部改正）」で登場したもので、高齢者居住生活支援施設と一体となった高齢者向け優良賃貸住宅の提供を促進することが規定された。

このことは後に詳しく説明するが、その延長線上で、「サービス・ゾーン（Woonzorgzonen, Woon Servicezonen）」という革新的なコンセプトを生み、2000年から実行に移している。

「サービス・ゾーン」では、高齢者・障害者などターゲットの限定発想から一般人へ、そして人が生まれてから死ぬまでを対象とした。

住まいとケアの発想からさらに進めてまちづくり、地域開発、そして環境創造の発想など、こうしたオランダの挑戦は、デンマークの「普遍化」、「一元化」をさらに一歩進めて、埋め立て地などの新天地で実践されている。「普遍化」、「一元化」という新しいコンセプトを求めるオランダの取り組みを踏まえながら、「住まいとケアの分離」の先にあるものについて考えてみたい。

1.「サービス・ゾーン」

「サービス・ゾーン（Woonzorgzonen, Woon Servicezonen）」は、2000年にオランダで始められた。

「サービス・ゾーン」とは、住宅や町の環境を整え、保健・医療・福祉サービスを包括的に提供するようなセンターを地域に設けて徒歩圏内でアクセスできるようにし、高齢者のみでなく、年齢や障害の種別を超え、高齢者、障害者、赤ちゃんや子どものいる若いファミリーなどが、「生まれて、育って、老いて、死ぬ」過程を、地域全体のシステムで支えようとするものである。その特徴は、次のようにまとめられる。

❶ターゲットを限定しない。
❷生まれてから死ぬまで住むことができる。
❸住宅は生涯住宅（アダプタブル住宅、アダプテッド住宅）。
❹ケアは24時間介護だけではなく社会サービス全般を含む（社会参加、アクティビティ、余暇、教育、ソーシャルワークなど）。

❺まちづくり発想を含む（バリアフリー、安全で交通の便がより生活環境）。
❻徒歩圏を基本とするゾーン発想である（ケア・センターと小さなサポート・センター）。

「サービス・ゾーン」が革新的であるのは、ターゲットを高齢者や障害者に特定せず、あらゆるターゲット・グループに対して、生涯にわたって安心できる環境づくりを目指そうとする点である。

若い世代も病気をすることがあれば、事故にあって支援が必要になる可能性もある。また、老いていく過程ではさまざまな困難に遭遇する。あらゆるターゲット・グループに対して、住まいとケアはもちろん、福祉サービス、生活環境も含めて地域で包括的に提供し、より普遍的なエイジング・イン・プレイスを進めようとするものである。

しかし、住宅、ケア、環境がよいからという理由で虚弱な高齢者や精神障害のある人、重度の身体障害者、心の病を患う人などがサービス・ゾーンに集まることになれば、特殊な町になってしまうだろう。

「サービス・ゾーン」はターゲットを特定しない新しいまちづくりであるので、オランダの介護保険にあたるAWBZ★11利用者の集住を防ぐために、全住民に対するAWBZ利用者率の上限を設けている。そして、障害がある人もない人も、高齢者も若者もごく普通に住めるまちづくりを目指している［Singelenberg（2000）］。

この計画は2000年からアムステルダムとハーグですでに始まっており、第3章でアムステルダム（アイバーグ）の事例を紹介するが、ここでは、「サービス・ゾーン」の特徴や目指すものについて考えてみたい。

★11　AWBZ（Algemene Wet Bijzondere Ziektekosten: 特別的医療費保障法）は、1967年に創設された長期医療保険制度。世界初介護に関する公的保険で、日本の介護保険に相当する。

(1) アクセスブル住宅・アダプタブル住宅

「サービス・ゾーン」では住宅に重きを置くが、障害があってもなくても、身体状況や家族状況など人生のさまざまな変化に対応するためには、住宅が完全にアクセスブル（アクセス可能）でなくてはならない。また、時系列の変化に対応するためにはアダプタブル（改造可能）でなくてはならない。

「アクセスブル住宅」とは、車椅子ユーザーなどの身体障害者が自立して住める住宅であり、外からも訪ねて行くことができる住宅である。「アダプタブル住宅」は、変化に応じて簡単に、妥当なコストで改造できる住宅である。キッチンの流し台の下側をはずして車椅子対応の構造を造れたり、部屋間の壁を取り払って車椅子での移動をしやすくしたり、ドアを住戸内部からリモコンで開閉できるようにする、などである。

オランダでは、公営賃貸住宅の4％が「アクセスブル住宅」であり、25％が「アダプタブル住宅」である。

(2) 徒歩圏を基本とするゾーン発想

「サービス・ゾーン」には、サービス提供の核としてケア・センターがあり、ケア・センターへは徒歩圏内（200m）からアクセスできることが基準である。小さなサポート・センターをケア・センターのまわりにサテライトのように配置すれば、その圏域をより広く設定することもできる（図2-5）。ケア・センターやサポート・センターからは24時間の在宅サービスが提供され、各住戸からの緊急コールにもここで対応する。

ケア・センターは地域ケアを統括する拠点であり、在宅サービスには、介護・看護サービス、買い物、移動サービス、配食サービスはもちろんのこと、転倒や体調急変時などの緊急コール、火事・窃盗の緊急コール、緊急一時入院や臨時在宅ケア、さらにはアクティビティや文化活動などの社会サービスまで、幅広い内容が含まれる。また、訪問サービスの拠

図2-5 サービス・ゾーン

★ケア・センター
●サポート・センター
実線はサービス・ゾーンの圏域

ひとつのサービス・ゾーン

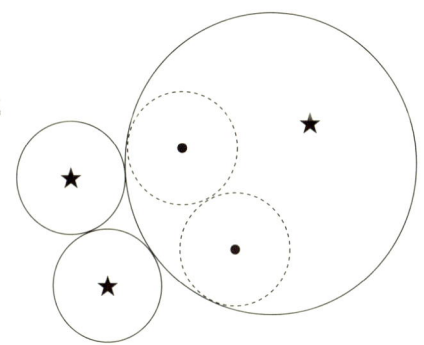

大きな圏域であれば、内部にサポート・センターをサテライトのように配置すれば、どこに住んでも徒歩圏内からアクセスできる。

点であるだけでなく、集まって食事や談話を楽しむ部屋があり、通所リハビリの部屋が用意されていたりもする。

　ここで思い出すのは、人口1万人前後を目安として市内を福祉地区に分割しているデンマークの方式である。利用者が多い家事援助については昼間を中心に各地区で完結させ、介護度が高い利用者が多くなる夜間には、各地区を統合して中規模地区とし、深夜には市内を一つに統合するなどして、柔軟で機能的なサービス提供体制をとっている。これも、柔軟性に満ちたゾーン発想である。

　ちなみに、日本の小規模多機能型居宅介護では「日常生活圏域」でのサービス提供を想定している。主たる対象を認知症の高齢者に絞り込んでいるとはいえ、これも一つのゾーン発想であろう。「地域包括ケア研究会報告書（平成22年3月）」では「（日常生活圏域とは）おおむね30分以内に必要なサービスが提供される圏域（中学校区）」とされている。オランダとデンマークの標準からすると、広い圏域設定ではあるが次の時代を見すえた取り組みである。

（3）安全で便利な生活環境

　ケア・センターまたはサポート・センターは住戸から徒歩圏内にあるので、すぐに行けて、すぐに来てもらえる。また、町がバリアフリーなので、車椅子でも安全に外出ができる。道路設計もよく考えられていて、各住戸から商店や公共交通機関の駅や停留所にアクセスしやすいようになっている。都心部にも出かけやすいということである。

　高齢者や障害者が暮らしやすい町は、赤ちゃんや子どものいる家庭にとっても安全な町なのである。

（4）普通のまちづくり

　「サービス・ゾーン」では、オランダの介護保険であるAWBZ利用者率が全国平均の5％を基準として、25％を超えないように定められている。それは、「サービス・ゾーン」が高齢者、障害者などの特定グループが集まって住む特定地域ではなく、さまざまな人間がともに生活する普通のまちづくりを目指したものだからである。もし、AWBZ利用者率が25％を超えれば、「大規模ケア・コンプレックス」[★12]の再現になってしまう［Singelenberg（2001）］。

　これらを配備したゾーンを市内全体にたくさんつくってモザイクのように広げ、どこに住んでも住宅からの徒歩圏内でサービスを利用できるようにすれば、高齢者も子育て世代も、誰もが安心して最期まで暮らせる町をつくることができる。

　「サービス・ゾーン」については、第3章第3節（120ページ）で事例を紹介する。その様子は、デンマークで市（コムーネ）内を人口1万人を目安とする福祉地区（ディストリクト）に分割し、コムーネ全体での資源配分を考えるやり方に似ている。

2.「生涯住宅」

　ターゲット・グループを特定化せず、どのような地域住人のどのようなニーズにも合わせてフレキシブルにケアを届けるシステムとして「サービス・ゾーン」は存在する。ならばこの時、地域にはどんな住宅が必要であろうか？　これに応えるのが、ヨーロッパで議論されている最新のコンセプト「生涯住宅」である。「生涯住宅」と「サービス・ゾーン」は地域で統合され、一人ひとりの自立生活を最期まで支えていく［Demeyre（2000）p.70;Winter（2000）p.22］。
　では、「生涯住宅（Liferime housing, Lifetime home）」とは、どのようなものなのであろうか。

　「人間の生涯において何が起ころうが、例えば、若者が脚の骨を折ったり、家族が重篤な病気になったり、高齢者が外出できにくくなったり、歩行器を利用するようになった時にも対応できるフレキシビリティを備えた住宅であり、車椅子でも十分に生活できるアクセスビリティをもった住宅である」［Shop et al.（2001）］。

　生涯住宅のコンセプトは、1991年にジョセフ・ラウントリー財団（Joseph Rowntree Foudation）の研究グループによって固められ、設計上の特徴は16のポイントにまとめられている（図2－6）。
　最も大きな特徴は、ターゲットを特定しない点と、家族構成の変化や生活変化、身体機能の変化などに応じて、妥当なコストで簡単に改造で

★12　オランダではナーシング・ホームとケア・ホームの併設が多く、「ケア・コンプレックス」と呼ばれている。ケア形態の異なる施設・住宅の複合体という意味である。しかも大規模なものが多いため、「大規模ケア・コンプレックス」となる。多くの高齢者が集まって住み、ある高齢者はケア・ホームからナーシング・ホームへと引っ越しすることもある。地域との交流が少なく、閉鎖的になると高齢者から活力を奪い、生命力のない老人の町となってしまう可能性がある。

図2−6　生涯住宅の16の特徴

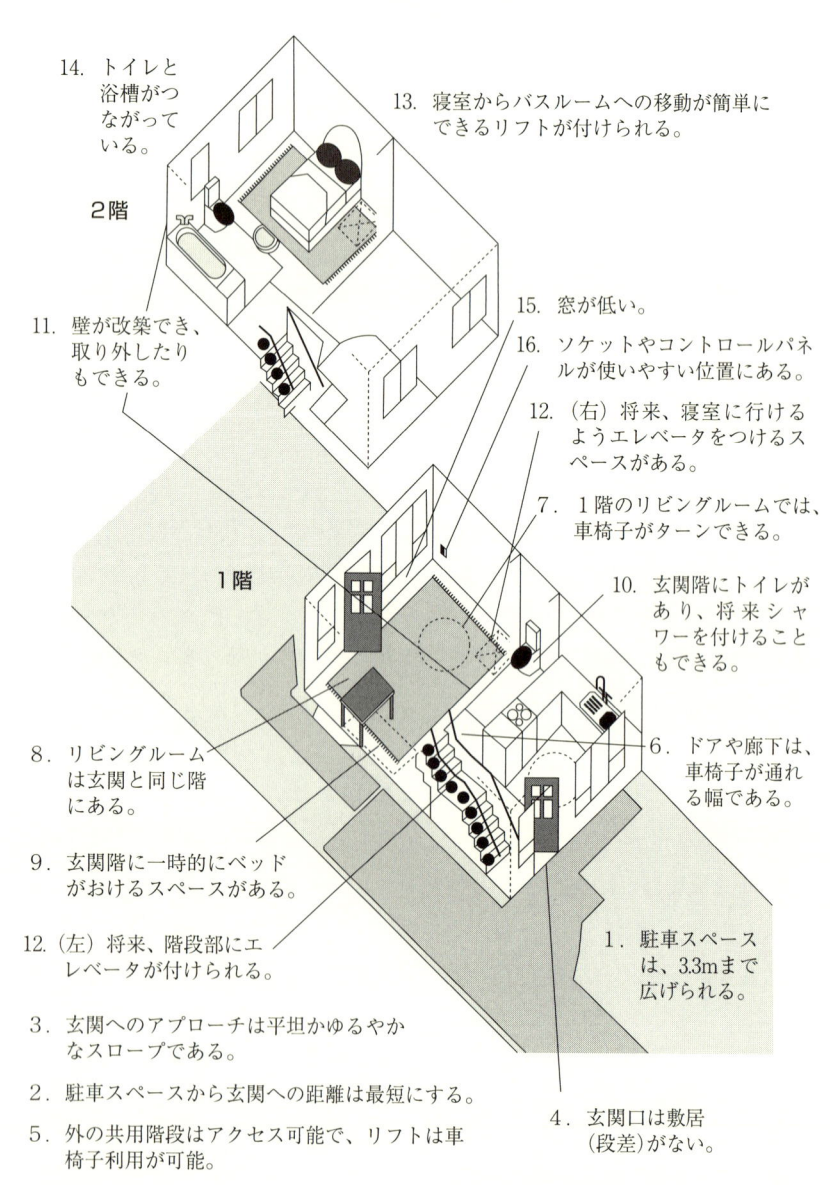

14. トイレと浴槽がつながっている。

13. 寝室からバスルームへの移動が簡単にできるリフトが付けられる。

2階

11. 壁が改築でき、取り外したりもできる。

15. 窓が低い。

16. ソケットやコントロールパネルが使いやすい位置にある。

12.（右）将来、寝室に行けるようエレベータをつけるスペースがある。

7. 1階のリビングルームでは、車椅子がターンできる。

1階

10. 玄関階にトイレがあり、将来シャワーを付けることもできる。

8. リビングルームは玄関と同じ階にある。

6. ドアや廊下は、車椅子が通れる幅である。

9. 玄関階に一時的にベッドがおけるスペースがある。

1. 駐車スペースは、3.3mまで広げられる。

12.（左）将来、階段部にエレベータが付けられる。

3. 玄関へのアプローチは平坦かゆるやかなスロープである。

2. 駐車スペースから玄関への距離は最短にする。

4. 玄関口は敷居（段差）がない。

5. 外の共用階段はアクセス可能で、リフトは車椅子利用が可能。

出所：Sopp, L. & Wood L.（2001）

きるフレキシブル対応の点である。例えば、家族の人数変化については間仕切りを移動することで対応する、身体機能の低下については、あらかじめエレベーターを付けられるような構造を最初から用意する、などである。

実際にオランダでは、高齢者団体や女性団体、障害者団体、警察の安全管理者などが協議して、2000年に「Woon Keur（住宅選択）」のハンドブックをつくっている。ここでは、就寝、掃除、調理などの日常生活に関連して住宅の質をアップさせるためのポイントや、人生の過程で起きる出来事を想定して、その対策を考えるなどのさまざまなポイントを挙げている。これは、強制ではないが、事業者が建築時の参考としたり、一般の人が住宅を購入する際のチェックポイントとして利用するのに価値を発揮している。

人生のさまざまなステージで変化する住まいへのニーズに幅広く対応できるような住宅であれば、高齢者住宅や障害者住宅などの特定ターゲット住宅は意味をなさない、ということになる。住む対象を選ばず、住む人の時系列で変化するニーズにフレキシブルに対応する住宅、それが「生涯住宅」である。

そして、ケアも利用する人の変化に応じてフレキシブルに適応する。こうした住まいとケアが広がり、さらにやさしい生活環境が整っているのが「サービス・ゾーン」である。

3.「特殊」から「一般」へ、「住まいとケア」から「地域＆環境」へ

地域で住み続けること（エイジング・イン・プレイス）を念頭においた時、いまや住宅は、ホーベンが「革新モデル」で、あるいはダータランドが「居住継続モデル」で提示したような高齢者に限定したものではない。

つまり、特定ターゲットに対して特定住宅の提供を狙うのではなく、

広く国民に対して、生涯にわたって地域で住み続けることを可能とするような一般的で普遍的な戦略へと移行している。

デンマークにおいては、「高齢者・障害者住宅法」の主要部分が廃止されて「公営住宅法」へと統合され（1998年）、かつての高齢者住宅は、若者住宅や家族住宅（公営住宅）と等価なものとして公営住宅へと一元化された。いまや、高齢者住宅も若者住宅も家族住宅も、公営住宅として、同じ理念、事業主体、ファイナンス、建築条件のもとに建築・管理・運営されている。

デンマークは、これに先立つ1995年に建築規則を改正し、「中層以上の新築建造物にはエレベーターを付けること、建物1階へのアクセスはバリアフリーであること、新築の家族向け一般住宅はバリアフリーでなければならない」として、家族向け一般住宅のバリアフリー化を義務づけた。これは、公営住宅についての規則ではなく、広く一般住宅についての建築規則である。2007年には、この規定をさらに発展させてバリアフリーの規定についても細かく決めている。

1995年の建築規則の改定、1997年の公営住宅の一元化からいえることは、高齢者あるいは自立生活が困難な人が、特別に高齢者住宅を選んで住まなくても、建物1階の住宅や新築の一般住宅でも十分に自立生活が可能である、ということである。事実、デンマークにおいては、糖尿病で脚を切断した高齢者が、24時間在宅ケアを受けながら、車椅子を活用して不自由なく新築の一般集合住宅に住んでいる。若い世代と共に住むスタイルは、普通のまちづくりの基本となるだろう。

デンマークの様子からは、「高齢者住宅」という住み手を選別する特定化戦略から、住み手を選ばない、どのようなターゲット層のニーズにも応える住宅を提供していこうという一般化戦略への移行が見えてくる。

一方、オランダの「サービス・ゾーン」における「アダプタブル住宅」もまた、年齢や障害の種別で住み手を特定化せず、誰でも、コストをかけず簡単な改造でいつまでも住める住宅を提供しようという一般化戦略

である。

　ゴッシャルクは言う、「いくら優れた高齢者住宅を建築しても、既存のストック住宅において高齢者・障害者の住み続けができない住宅（バリアが多い、エレベーターのない集合住宅）が多ければ、それは意味のない戦略である」［Gottshaclk（2000）］。

　残念ながら日本においては、2006年の時点で、65歳以上の高齢者がいる世帯の約30％が昭和45年以前に建築された住宅に住んでおり、身体機能が低下した時に住み続けられない住宅は全体の70％近くにのぼっている★13。

　また、60歳以上の男女を対象とした調査で、「身体機能が低下した場合の住宅の住みやすさ」のへ回答は、「非常に問題がある　18.9％」、「多少問題がある　47.3％」であった。70％近くがバリアの観点から何らかの問題を感じているのである★14。

　ケアについてもまた、次のようにいえるだろう。高齢者、障害者、急性期病院から退院したばかりの人々、終末期にある人々、怪我をした若者など、さまざまなニーズをもった人々がニーズ特定施設で地域生活を送ることは、制度の複雑化はもとより、いかにも非合理的で、そこから落ちこぼれる人々をつくり出す。

　「このサービスが欲しい人はここへおいで」というニーズを特定して住まいをカテゴリー化する手法は「サービスセンタード・モデル」であり、旧型施設の発想である。本人が住みたい場所に住んで、そこに必要なケアをフレキシブルに届ける。「住まいとケアの分離」の先にあるのは、住む人を選ばない、住む場所を押しつけない、住む時期を決めつけない、そして自己決定によって町中(まちなか)を自由に動きまわれることを可能とする徹底した一般化戦略である。

　デンマーク、オランダ、イギリスの取り組みから、エイジング・イ

★13　総務省「住宅・土地統計調査」（平成15年）より。
★14　内閣府の調査「高齢者の生活と意識に関する国際比較調査（平成18年）」より。

図2－7　エイジング・イン・プレイスの概念図

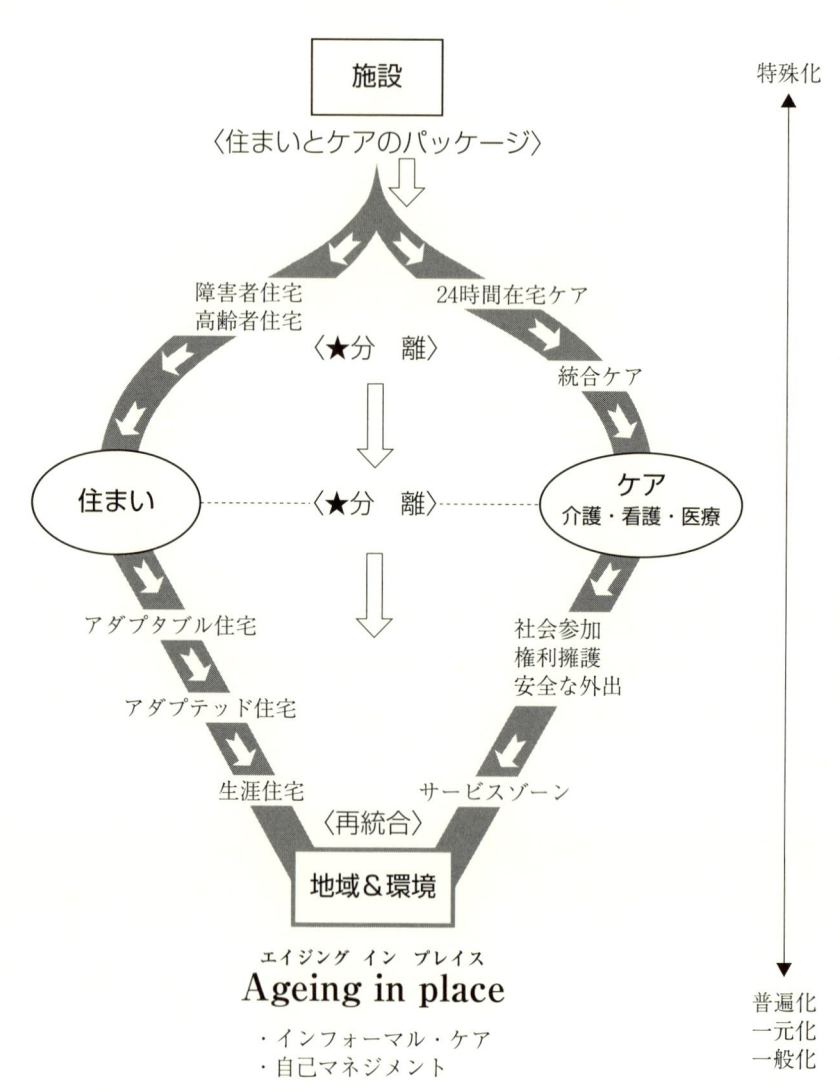

```
                          施設
                   〈住まいとケアのパッケージ〉
                             ↓
              障害者住宅              24時間在宅ケア
              高齢者住宅
                        〈★分　離〉
                                          統合ケア
                             ↓
         住まい ------〈★分　離〉------  ケア
                                         介護・看護・医療
                             ↓
         アダプタブル住宅              社会参加
                                     権利擁護
                                     安全な外出
           アダプテッド住宅
             生涯住宅            サービスゾーン
                        〈再統合〉
                         地域＆環境
```

特殊化 ↑

↓ 普遍化
　　一元化
　　一般化

エイジング　イン　プレイス
Ageing in place
・インフォーマル・ケア
・自己マネジメント

出所：Winters（2000）に筆者加筆訂正

ン・プレイス（地域居住）の未来を描くと、**図2－7**のようになる。ヴィンターの図に発想を得て、大幅に改編したものである［Winters（2000）］。

　縦軸は特殊化（上）と一般化・普遍化（下）の軸（アクシス）であり、横軸は構成要素の軸（アクシス）である。右にケア、左に住宅を配してみた。かつて、「施設」の時代には住まいとケアは固定化されていた。施設には施設のケアが固定化され、保護住宅には保護住宅のケアがパッケージ化されていた。

　ところが、「住まいとケアの分離」によって、高齢者住宅が出現し、24時間在宅ケア・統合ケアが地域において提供されるようになった。施設と高齢者住宅の区別はなくなったものの、この時点では、自宅（一般住宅）と障害者住宅・高齢者住宅には歴然とした違いがあった。

　しかし、エイジング・イン・プレイスにおいては、住まいはアダプタブル住宅、アダプテッド住宅等を経て、生涯住宅へと発展する。ケアは、高齢者、障害者などの対象を区別せず、また介護・看護・医療のみでなく、社会参加や権利擁護、町中での自由で安全な移動を保障されるレベルまで進み、徒歩圏からの提供を可能とするサービス・ゾーンにおいて提供される。

　生涯住宅とサービス・ゾーンが地域で再統合され、新しい地域、あるいは生活環境というものをつくり出す。「住まいとケアの分離」の先にあるのは、「誰もが、どこでも、いつまでも暮らせる町（地域＆生活環境）」である。

第3章 地域居住に向けての各国の取り組み

　第3章では、アメリカ、イギリス、オランダにおける、地域居住への取り組みとその実態を概観する。

　「住まいとケアの分離」がどのように実践されているかという視点で、各国における高齢者住宅の位置づけ、高齢者住宅住人へのケア提供の形態について紹介する。自立環境を守りながら安心を保証していくことの困難さ、苦労がある一方で、オランダの「サービス・ゾーン」展開では、エイジング・イン・プレイスの新しいステージが提示されているのに注目したい。

　（アメリカを除き、イギリス、オランダについては筆者が取材・調査を行っている。）

第1節　アメリカにおける取り組み

1．アメリカにおける高齢者住宅の歴史

（1）アシステッド・リビングの位置づけ
　アメリカの地域居住に関して、ヨーロッパでは「アメリカは、住まい

とケアの結合が主流を占めている」[Daatland (2000)]、「住宅とサービスをパッケージ化する政策にいまだに依存している」[Pacolet et al. (2000) p.18] と評されている。

そのため、住人のニーズにイコールともいえる合同形のケアをコーディネートするために、いかなる苦労があったかは、ロートンの理論紹介（第2章第2節）で示した通りである。

このようなアメリカではあるが、エイジング・イン・プレイス（地域居住）を支える居住形態は、コングリゲート・ハウジング（Congregate housing）、アシステッド・リビング（Assisted living）、CCRC（Continuing Care Retirement Community）、アクセサリー・ハウジング（Accessory Housing）など多様である。なかでも、さまざまな問題を抱えながらも、アシステッド・リビングは数も増え、その重要性を増している [Chapin & Dobbs-Kepper (2001) p.43; Ball et al. (2004) S202]。それぞれの類型については、次項で説明を行う。

アシステッド・リビングは、住まい、食事、24時間の見守りと身体介護を提供する、非医療・地域密着の生活環境である [Ball (2004)]。その誕生については、クルームの論文に詳しいので、引用させていただく。

「アシステッド・リビングは、1970年代後半にメディケイド[★1]のモデル事業としてオレゴン州で始められた。ナーシング・ホーム入居者を対象に、個室のある新しい施設のなかで、生活に根づいた長期ケアを実践したのがオレゴン方式で、入居者のプライバシーの尊重と無駄な経費の節減の両方を目指した。—（略）—

その後、アシステッド・リビング経営は、オランダのグループホームの影響、ホテルチェーンの進出、セクション202住宅[★2]やCCRCへの組み込み、病院やナーシング・ホームとの併設などさまざまな経緯を経て、1990年代に急速に発展した。—（略）—

アシステッド・リビングは、入居者数100人以下の規模のところが多く、設備はバス・トイレ付きの個室を主としたプライベートな部分と、

食堂、居間、活動室などのパブリック・スペースを備えることが基本となっている」［クルーム（2008）］

アシステッド・リビングには、2008年時点で約100万人が入居しているが［クルーム（2008）］、2000年の入居者数は79.5万人であり、約10年で25.8％増加したことになる。またこれは、65歳以上高齢者（3,730万人）の2.7％にあたり相当なボリュームである。

（2）アメリカにおける高齢者住宅の歴史と種類

アメリカでは住宅をもつことが「アメリカン・ドリーム」であり、65歳以上高齢者の81％が自家所有者である。さらに、住み慣れた自宅に住み続けたいという希望は強く、65歳以上の引っ越しはわずか3％にとどまっている［Golant（2008）］。こうしたアメリカにおいて、住宅に対する公的支援は主として低所得者に向けられてきた。

アメリカでは1950年代までは、低所得層への住宅供給は公的機関が提供する公営住宅が唯一の方法であった。1959年に「セクション202（Section 202, Housing Act of 1959）」が制定され、低所得高齢者を対象とした新規住宅建築に対して、政府が低利融資を行う制度がスタートした［平山（1993）p.56］。

★1　1965年にメディケアとともに創設された、アメリカの公的医療保障制度の一つ。アメリカでは個人が民間の医療保険に加入し、医療サービスを利用した時に民間保険会社から給付を受けるのが基本である。メディケイドは、この民間保険に加入できない低所得者・障害者に対して医療扶助を行うものである。病院への外来・入院の費用、ナーシング・ホームの費用などが主な給付内容で、州政府が中心となって制度運営にあたっている。これに対してメディケアは、65歳以上の高齢者・障害者を対象とするもので、連邦政府によって運営されている。「パートA」と「パートB」などがあり、「パートA」は入院サービスを保障する強制加入の病院保険（Hospital fee）であり、「パートB」は医師の診療費、外来など病院以外の医療サービスを給付する補足的医療保険（Doctor fee）で、任意加入である。
★2　1959年の「セクション202住宅法」に根拠をもつ、低所得高齢者向けの公的補助（低金利融資）の入った住宅である。

この制度は公的機関に加えて非営利組織も利用できるものであったため、非営利組織の参入が増えた。セクション202を利用して建築したのがセクション202住宅[★2]といわれるものである（現在25万戸）。1960年代には、政府の補助を受けて、非営利組織によって盛んに建築された［Sheehan & Wisensale（1991）］。

　公営住宅やセクション202住宅など初期の高齢者向け住宅は、「伝統的高齢者住宅（Traditional Elderly Housing）」と呼ばれている［Lawton（1985）］。そのターゲットは健康で自立した比較的若い世代（young old）で、そのニーズはよりよい住宅環境と人との交流という社会的な要因にあったため、高齢化とともに起こる身体の変化とそれに伴うサービスニーズについての配慮がなされなかった［Lawton（1976）p.237;Ivry（1995）］。「地域居住は、老いて変化していく個人と居住環境がともに変わっていく交互作用」［Lawton（1990）］であるのだが、この変化適応への苦悩過程がアメリカの高齢者向け住宅の歴史といえることは、前章で述べた通りである。

　1970年代には財政難のなかで、政府助成による公的な住宅建築が低調となる。しかし、高齢者の虚弱化に応じて、セクション202住宅や公営住宅などの公的住宅に家事援助、介護サービスが付加された住宅が現れるようになり、それらは定義のないままに「コングリゲート・ハウジング」と呼ばれた。直訳すれば「共同生活の住宅」である。

　1970年にはサービス提供のためのスペースが制度化され［Lawton（1976）］、共用食堂での食事、医療・看護、介護サービス、家事支援が提供されるようになった。さらに1978年、政府はセクション202住宅や公営住宅に食事や家事、介護などのサービスをオン・サイトで付加して、コングリゲート・ハウジングとして提供する際に補助を出すこととした［平山（1993）p.193］。

　しかしながら、オイルショックに端を発する経済危機の打撃は大きく、その後建設されなくなっている。ロートンは、公営住宅（Public housing）を介護サービスの付かない高齢者住宅と見なし、コングリゲート・ハウジング（Congregate housing）を介護サービスの付いた（Service-rich housing）高齢者住宅と見なして両者の比較から有用な発見をしている［Lawton（1980, 1981, 1983, 1985)］。

　1980年代にはレーガン大統領が登場し、規制緩和・市場原理・競争重視の経済政策を進めたことはよく知られている。低所得者や高齢者への援助は削減され、富裕層向けに豪華な高齢者住宅が市場ベースで提供され、身体状況や経済状況、好みに合わせて選択できるような、住宅とサービスをセットにした多様な居住形態が現れた。

　そのなかで出現したのが、インディペンデント・リビング（Independent living）で、レストラン、売店、美容室、プール、読書室、アクティビティ室などの共用施設が用意された豪華な住まいである。より虚弱な高齢者を対象として増えていったのが、アシステッド・リビングである。

　さらに、自立型住宅からアシステッド・リビング、ナーシング・ホームまでを広大な敷地に建築して、介護ニーズに合わせた転居によって最期までの敷地内居住を保証するCCRCが、1970年代のなかごろに誕生した。広い敷地に住宅や施設が点在するキャンパス型から市街地に建てられるビル型など、形態はさまざまである［クルーム（2008)］。

　日本でもよく紹介される「サンシティ」は、リゾート地として有名なアリゾナ州フェニックスに計画された10万人の高齢者が住む一大住宅プロジェクトである。フロリダ州は気候温暖で、ここに別荘をもち、老後を過そうという富裕層に人気があった。「サンシティ」は、そうした所の一つである。しかし、年月とともに要介護者が増え、重度者はナーシング・ホームへの入所で対応していた。

　ところが、重度要介護者の増加は町の雰囲気を変えてしまい、大規模な高齢者の集住の問題はマスコミでも取り上げられるようになった。最近では、要介護者向けの「ケア・センター」という中層の建物ができて

いるが、部屋は狭く、人口に対して80居室しかない。しかも、認知症になれば再度他所への転居を余儀なくされるなど、地域居住の実践から遠いものであることが報告されている［浅川（2007b）］。

アメリカにはこのほかにも、郊外住宅にアクセサリー住宅やエコー住宅、シェアード住宅というものがある。

アクセサリー住宅とは、「高齢者が住む一戸建て住宅の一部を改築、増築、改築して独立した賃貸住宅に転換したもので、子ども、血縁者がそこに入居するケースが多い」、エコー住宅の典型は、「若い世帯が住む一戸建て住宅の敷地内に分離して建てた小さな住宅で、そこに高齢の親が入居する」。また、シェアード住宅は非営利組織が高齢者のために開発させてきたもので、「広すぎる持家に住む高齢者がその一部分を賃貸し、他人と同居する形態」［平山（1993）p.197］である。

（3）在宅ケアとの関連

アメリカにおける在宅ケア、地域サービスを根拠づけるのは、1965年に議会を通過したOAA（The Older American Act of 1965、アメリカ高齢者法）である。OAAは、地域生活を支える高齢者向けのソーシャル・サービスの不足を背景として生まれた法律で、地域生活・在宅生活（家族介護者への支援を含む）を目指している。

ソーシャル・サービスの発展を中心に、地域計画、調査、種々のプロジェクト、スタッフ・トレーニングに対する国から州への補助についても言及する幅広い内容を含み、2万を超える事業者がこの法律のもとに、高齢者へのサービス提供を行っている。

しかしながら、自宅・地域での生活を支える訪問介護・看護、配食サービス、移動サービスなどの在宅・地域サービスについての政策がバラバラに運営されており、利用が困難で、かつ不足しており、高価であることが多くの文献に見られる［Ivry（1995）；クルーム（2008）］。

また、最近では、予算不足の折から、「ニア・プア」と呼ばれる低所

得すれすれの所得層が OAA サービスの優先対象となっているようである［クルーム（2008）］。

2.「住まいとケアの分離」から見た近年の動き

　その概念発生は世界同時と思われるが、エイジング・イン・プレイス（地域居住）という文言はアメリカで生まれた［Pastalan（1997）］。
　しかし、その手法としての「住まいとケアの分離」概念は、アメリカでは希薄である。というより、その文言は、私の知る限り、エイジング・イン・プレイス（地域居住）に触れたアメリカのどの論文にも登場していない。
　エイジング・イン・プレイス（地域居住）という用語を生み出し、その重要性を認識して挑戦しながらも、「住まいとケアの分離」という手段によって進めてこなかったのがアメリカであり、「住宅とサービスをパッケージ化する政策にいまだ依存している」［Pacolet et al.（2000）p.18）］国なのである。
　このことは、ロートン以来、ケアを内在化させるのか、地域ケアを活用するのか、高齢者専用住宅へのサービスの付加のあり方に苦渋してきた歴史と重なっている。在宅ケアの不足が指摘されている点も、「住まいとケアの分離」理論が不在である事実と符合する。
　「住まいとケアの分離」の考え方が希薄で、試行錯誤を続けるアメリカの様子を、最近増えているセクション202住宅へのアシステッド・リビング・サービス導入の動きを通して見てみたい。アシステッド・リビングにおける退所の実態は、エイジング・イン・プレイス（地域居住）を実践しているかどうかを如実に示すものである。

（1）セクション202住宅へのサービス付加
　セクション202住宅は、1959年の住宅法（セクション202）に根拠をも

つ、低所得高齢者向けの公的補助（低金利融資）を受けた住宅である。

バス・トイレ、キッチン付きで、寝室と居間が別室のゆとりある住まいであり、現在、25万戸が整備されている。サービスが付加されたコングリゲート・ハウジングとして供給されているものもあるが、50年前から存在する住宅であるため入居期間も長く、近年、この住宅の住人の虚弱化が問題になっている。

この住宅にサービス・コーディネーターを入れ、外部事業者と連携して家事支援や介護サービスを提供するシステムづくりが進められてきたが、現在では、コーディネーターが導入されている住宅はセクション202住宅の20％に及んでいる［クルーム（2008）］。

さらに、コングリゲート・ハウジングに、より虚弱な高齢者にも対応できるアシステッド・リビング・サービスを導入する試みも各州でなされている［Seehan et al.（2003、2006）］。その目的は、包括的なサービス提供によって高齢者の自立生活を支え、施設入所を減らそうというものである。これは、コスト効率もよいことが指摘されている［Seehen et al.（2006）p.66］。

例えば、2001年にコネチカット州では連邦政府の補助を受けて、すべてのコングリゲート・ハウジングにアシステッド・リビング・サービスを導入することを決めた。シーハンは、このうちの一つを対象として調査を行ったが、その結果は次のようであった［Sheehan（2003）］。

45戸の住人のうち15人がアシステッド・リビング・サービスを利用し、一人ひとりについてのサービスプランが作成された。週20時間勤務の看護師スーパーバイザーが住宅に配置され、24時間緊急通報システムも導入された。しかし、食事の準備と片づけで15分などという、15分刻みの忙しいサービス提供は、「やればいい、というように急いでいる」印象を住人に与え、「介護スタッフが住宅を走りまわる」という状況を招いた。結果的には「何のための導入なのか？」という理由が理解されず、「サービス利用に対する無力感」を住人に感じさせるようになった。こ

れは、「住人を優先し、好きなことができるようにする。住人の能力の範囲内で、自分の生活をコントロールできるように支援する」というアシステッド・リビング哲学に反するものである。

シーハンはこの結果を受けて、住まいとサービスの結合をするときには、介護や看護にあたるスタッフが住人の自立や自己決定、プライバシーを尊重する哲学を共有して、住人の好みやニーズに細心の注意を払わなければならないとしている。

シーハンの論文は、コネチカット州の一例について述べたに過ぎないが、その難しさを物語っているといえるだろう。

（2）アシステッド・リビングからの退所実態

エイジング・イン・プレイス（地域居住）を推進することは、アシステッド・リビングの哲学である。

しかし現在、住人はより高齢になって身体機能が低下し、以前に比べてケアニーズは大幅に増加している。そして、多くの住人が完全にエイジング・イン・プレイス（地域居住）できていない。つまり、死ぬまで（最期まで）アシステッド・リビングに居ることができないのである。全国調査では平均居住期間が18ヶ月であると報じている。そして、多くの事業者がアシステッド・リビングを一時的なものと見なし、アシステッド・リビングはナーシング・ホームへのつなぎであって、予防にはならないとしている。[Ball（2004）p.S202]。

＜マンローの調査＞

では、そのようなアシステッド・リビングでの退所基準はどのようなものであろうか。表3-1は、マンローのアシステッド・リビングの退所基準に関する記述をまとめたものであるが、その基準は各住宅によって大きく異なっている［Munroe（2005）］。

まず、共通項目として「家賃を滞納した時」、「移乗に二人介助が必要

表3－1　アシステッド・リビングの退所基準（アメリカ）

	戸数	立地	築年		退所基準の内容
A住宅	125	都市郊外	3.25年	・家賃滞納 ・移乗に二人介助が必要 ・自分や他者への恐怖感がある	・集中的な医療ケア ・1対1介護の必要 ・失禁 ・徘徊 ・食事介助
B住宅	60	地方	2.3年		・ケアプランに沿って安全かつ最適にケアが受けられない ・避難時に移動できない ・失禁 ・複雑な医療管理が必要
C住宅	40	地方	2.9年		・ケアプランに沿って安全かつ最適にケアが受けられない ・排泄時に移動できない ・薬の自己管理ができない
D住宅	125	都市	1年		・薬の自己管理ができない ・ケアプランに沿ってサービスを活用できない
E住宅	14	都市	22年		・緊急アラームが利用できない、積極的にしない ・避難時、指示に従えない ・徘徊 ・薬の自己管理ができない ・地域の施設が活用できない ・再アセスメントができない ・施設の居住者条件に合わない ・3ヶ月以上不在（他のケアを受けるため）

出所：Munroe（2005）より筆者作成

になった時」、「自分や他者への恐怖感をもつようになった時」という点が挙げられている。経済的、身体的、精神的と、要因はさまざまである。

　これに加えて、「徘徊」、「失禁」、「集中的な医療ケア」、「避難時に移動できない」、「薬の自己管理ができない」などが、各住宅で異なる基準として挙げられている。

　マンローはアシステッド・リビング間で退所基準に違いがあることを明らかにした上で、最期までの居住を支えるためには、柔軟にサービス提供できるような政策が必要であると提言している。そして、「（アメリ

表3-2　アシステッド・リビングからの退去理由（64人）

退去者数	退去理由	内容	
64名	死亡7名（10.9%）	アシステッド・リビングで死亡 緊急入院（短い入院の後に死亡）	
	リロケーション　57名 　　　　　　　　（89.1%）	認知症ユニットへ ケア不足（身体的） 経済的理由（資金不足） 社会的理由（ALへの不満） 不明	14名 2名 5名 5名 31名

出所：Ball（2004）より筆者作成

カは）歴史的に施設にはサービスを提供してきたが、個人にはしてこなかった」として、個々人のニーズの違いに対応することの重要性を強調している。「ケアは住宅ではなく、個人に付くべきである」というのは、ダータランドの「居住継続モデル」の文脈に通じる。

＜バルの調査＞

同様の研究を、バル（Ball, Mary M.）も行っている。バルは、地域居住の実態を調査した研究がないことに着目し、アメリカのジョージア州の五つのアシステッド・リビングにおける退去実態を調査した。

最初の段階で、五つのアシステッド・リビングには合計125人がいたが、新しく60人が入居し（期間については不明）、同期間に64人が何らかの形で退去した。バルはその64人の退去理由の内訳について記述しているが、それを分かりやすくまとめると表3-2のようになった。

退去者64人のうち、アシステッド・リビングにいて最期を迎えたのは7名であり、退去者全体の10.9%にあたる。そして、このなかには緊急入院後の死亡も含まれている。「地域居住率＝退去者の中で高齢者住宅で亡くなった人の割合」と仮に設定すれば、「地域居住率10.9%」ということになる。

それに対して、リロケーション率は89.1%と高く、このうち認知症ユ

ニットへの転居は14名（全退去者64名中21.9％）と最も多く、身体的虚弱化を理由とするケアの不足が2人（同3.1％）である。資金不足などの経済的理由、アシステッド・リビングに対する不満などの社会的理由が各5名で合計10名（同15.6％）と、比較的多い。

　ロートンの時代からさまざまな試行錯誤を経て、変化する高齢者のニーズに適応して住まいとケアのフレキシブルな組み合わせを求めるアメリカでは、セクション202住宅、コングリゲート・ハウジングへのサービス・コーディネーター制やアシステッド・リビング・サービスの導入など、さまざまな取り組みがなされている途上にあるといえる。

第2節　イギリスにおける取り組み

1．シェルタード・ハウジング

（1）シェルタード・ハウジングの位置づけ

　イギリスでは、シェルタード・ハウジングがエイジング・イン・プレイス（地域居住）の文脈に沿う類型にあたる。

　シェルタード・ハウジングは、自立して生活することを望む高齢者（主として60歳以上[★3]）を対象に、高齢者向けの設計（単身用で33㎡、夫婦用で48㎡）、高齢者に適切な設備（各戸専用のキッチン、トイレ・バス）、ワーデンの常駐、緊急時の通報システムを備えた住宅である。

　寝室が別室で、キッチン、トイレ・バスが完備しており、住戸としての質が高い。平屋連棟式や集合住宅タイプなど形態もさまざまで、30戸から40戸前後の小規模なものが多く、街並みに溶け込んでいる。

　供給の責任は市にあり、担当部局が設けられている。しかしながら、実際に建築・維持・管理するのは市と契約した住宅協会（Housing Association）である。

平屋連棟式のシェルタード・ハウジング

　住人の援助にあたるワーデンの仕事は、住人と建物の管理、住人への援助、緊急時の対応、住人の相互交流と社会的活動の支援であり［武川（1992）p.70; Butler, Oldman & Breve（1983）pp.35～51］、基本的には家事援助や身体介護は行わない。ワーデンが住宅に住み込んでいるタイプと、通いで定期的に巡回するタイプがあり、前者を「カテゴリー1」、後者を「カテゴリー2」と称している［武川（1992）p.68］。

　身体介護や看護については、コミュニティケアを利用するのが原則となっている。

　1980年代にカテゴリー$2\frac{1}{2}$（Very sheltered housing）が登場する。これは「カテゴリー2」と施設（「国民扶助法第3部」に法的根拠があることから「パート3」と呼称されている）の中間に位置づけられ、虚弱化がかなり進んだ高齢者を対象とするもので食事サービスも提供される。

★3　区（Bourough）や市によって基準が異なるようである。ギルフォード区においては、シェルタード・ハウジングは「55プラス住宅（55歳以上を対象とした住宅）」と位置づけられている。

シェルタード・ハウジングの誕生は、1950年代に遡る［Greve et al. (1981)］。しかし、社会変動の波に乗って増えていくのは、1960年代初頭にタウンゼントが『The Last Refuge（最後の避難所）』(1962) にて施設批判を行い、施設ケアへの反発機運が高まって以降のことである。

タウンゼント自身も「施設に入所している多くの人は、貧困、住宅困窮、社会的孤立、親族・友人からの援助がないなどの理由で入所しているのであって、自分で望んでいるものではない」［Townsend (1962) pp.225～226］と社会に警告を発し、「高齢者に適切な新しい住宅が必要である」と提言したことは第1章で書いた通りである。

ある調査では、75歳以上の高齢者の98％が「施設には入りたくない」と思っていることが明らかにされた［Salvage (1986)］。さらに、施設は高コストであって、高齢者は入所を望んでいないだけでなく、身体的・精神的な理由から入所の必要のない人までが施設で暮らしていることも明らかにされた［Neill et al (1988); Plank (1977)］。

それに伴う財政問題として、イギリスの高齢者福祉制度について調査報告したグリフィス委員会は、1979年には1,000万ポンドであった施設に対する社会保障費からの支出が1989年には10億ポンドへと拡大した、と報じている［所 (2008)］。

タウンゼントは施設に代わる「住宅」を求めたが、シェルタード・ハウジングこそ、施設から地域居住への変革を牽引する、まさにその駆動車であった。ノーコン＆プリースは、シェルタード・ハウジングを「施設（Residential care home）の非人間性を改め、尊厳ある生活を導いて支援を得る住宅」［Nocon & Pleace (1999)］と位置づけ「介護・看護サービスはコミュニティケアを利用することが原則である」としている。

しかしながら、住人の介護ニーズが高まるなかで、施設への引っ越しが行われてその限界が指摘されるようになり、重度介護者を対象としたカテゴリー$2\frac{1}{2}$が登場して施設化されるようにもなった。

1990年代には、コミュニティケア改革において地域ケアの充実が図ら

れるなかで、「住まい」機能を提供するシェルタード・ハウジングの意義が再確認されるのであるが、その位置づけは常に揺れ動いてきたといえる。

(2) シェルタード・ハウジングの歴史

施設批判のなかでシェルタード・ハウジングの建築が加速し、1970年代には高齢者人口700万人に対して50万戸（7.1％に相当）が供給され（1970年イギリスの人口は5,500万人、高齢化率12.9％）［Butler, Oldman & Breve（1983）pp.59～62］、シェルタード・ハウジングの一大ブーム期を迎えた。

1970年代末から1980年代初頭にかけては、シェルタード・ハウジング供給が需要に追いつかないことが明らかとなり、経済の停滞・財政の逼迫を背景に、自宅に住み続ける「Staying Put（虚弱になっても、住宅を改造して自宅にとどまる）」が見直された。

これは「Care and Repair projects（手入れと修理プロジェクト）」とも呼ばれ、自宅の修繕や維持、改造、改善を必要とする虚弱な高齢者に対して、地域で自立して快適に住み続けることを可能にするために、自宅改造に関する援助とアドバイスを提供するものであった［Leather（1993）p.14］。

しかし、住宅のみに焦点を当てたものであったため、やがて介護と支援サービスの不足が問題化した。同時に、自宅を改造したとしても、大きな家に暮らすことの不便さ、手入れの手間、煩雑な管理の問題、暖房費の負担などが問題となり、「Staying Put（自宅での居住継続）」から「Moving on（住み替え）」へと方向転換され、より小規模で管理の行き届いた住宅への住み替え、つまりシェルタード・ハウジングの再見直しが行われた［Leather（1993）］。

1980年代に入ると、建設が継続される一方で、虚弱化や寝たきりの問題に関しては、ワーデンの負担が大き過ぎて対応が困難になり、住人は

十分なケアが受けられなくなっていった。そうしてシェルタード・ハウジングの限界が明らかになりつつあったが、住人の虚弱化に対しては施設への引越しによって対応がなされていた。

このようななかで、1980年代に、カテゴリー2と施設の中間タイプともいえるカテゴリー$2\frac{1}{2}$が登場したのである。

(3) コミュニティケアとの関連

1990年代に入ると、「国民保健サービス法（NHS：National Health Service Law）[★4]」の実践として、1990年に「コミュニティケア法（Community Care Act）」、1993年には「新コミュニティケア法」が導入され、コミュニティケア[★5]に改革が加えられた。

改革の主眼はケアマネジメントの導入であり、「多様なサービス利用者に対するサービスをいかに利用者主体で供給するかがその要」［田端（2003）p.185］といわれるようになった。

ケアマネジメントの導入によって、一人ひとりについて「ニーズアセスメント→ケアプラン→実施→モニタリング→評価」というステップがとられ、ニーズに合わせた家事援助、身体介護、デイサービス、レスパイトケア（ショートステイ）、食事サービスなどが在宅の高齢者へと提供されるようになった。これらのサービスはソーシャル・サービス[★6]と呼ばれ、県（County）の管轄である。また、保険ではなく税方式で賄われている。

コミュニティケア改革によって個人のニーズにフィットしたケアが提供されれば、自宅での居住継続の可能性が高まる。シェルタード・ハウジングにとっても、地域からの柔軟なケア提供は、「住まい」機能への重点化を推進する要因となったはずである。

しかしながら、シェルタード・ハウジングは「住まい」機能に重点を置くのか、カテゴリー$2\frac{1}{2}$に見られるような「ケア」機能に期待を寄せるものなのか、自宅改修政策やコミュニティケア政策の影響を受けて、

その存在意義を問われ続けている。

2．ギルフォード区のシェルタード・ハウジング

（1）ギルフォード区（サリー市）の概要

　2008年夏、ロンドン郊外のサリー市ギルフォード区を訪ねた。ロンドンから電車で40分の行政区（人口約13万人）である。この行政区には、七つのシェルタード・ハウジングがあり、合計約300戸を供給している。この区の65歳以上高齢者の約1.3％に相当する。

　7住宅の特徴をまとめたのが、**表3-3**である。

　シェルタード・ハウジングの「住まい」部分はギルフォード区の管轄であるが、実際には住宅協会（Housing Association）が建築・管理・運営にあたっている。住宅協会は家族向けの公営住宅も提供しており、ギルフォード区の場合7社が委託を受けている。

　この区ではワーデンは「スタッフ」と呼ばれており、「ワーデン」という用語を使っていなかった。月曜日から金曜日の午前8時30分から午後4時30分までの時間帯で勤務している。各戸と共用部に設置された緊急コールに応えることが重要な仕事の一つであるが、スタッフの勤務時

★4　NHSの呼称で知られており「National Health Service Law」が正式名称である。1946年に制定されたもので、すべての年齢層を対象に、支払い能力の有無にかかわらず普遍的な保健・医療サービスを提供する制度である。1946年のスタート時点で、ホームヘルプ・サービスがNHSの一環として取り入れられた［田端（2003）p.33］。

★5　その発想が、1950年代にイギリスで精神障害者の処遇領域から始まったとされており、1957年の勧告で、長期療養病院に収容されてきた精神障害者の社会復帰を目指して「施設・病院からコミュニティへ」と提言されたのが、コミュニティケアという用語使用の最初とされている。社会サービスを担当する自治体の各部局が利用者の視点に立って連携し、ケースワーク重視のソーシャルワークに代わってジェネリックなソーシャルワークの視点をもち、在宅生活を支援するサービスの包括的供給を目指すものであった［田端（2003）p.10］。

★6　イギリスでは、家事支援、身体介護、デイサービス、配食サービスなどは「ソーシャル・サービス（Social Service）」と呼ばれている。

表３－３　ギルフォード市のシェルタード・ハウジング

	ヴィクトリア・コート	タラゴン・コート	セント・マーチン・コート★	セント・マルサコート	ミルミード・コート	ドレイ・コート★	ジャボニカ・コート
特徴	都心立地で商店や各種サービスに近い。	都心から離れているがバス停に近く商店や病院がある。	エキストラ・ケアあり。バス停に近い。	バス停に近い。	ギルフォード市庁舎横に立地。小川の散策が楽しめる。	エキストラ・ケアあり（3階建て）。	エキストラ・ケアに近く、電車駅に車で5分。
住戸数	21戸（単身用）8戸（1寝室）	37戸（単身用）2戸（2寝室）	30戸	37戸（1寝室）	25戸（単身用）1戸（1寝室）	60戸（1寝室）10戸（2寝室）	60戸（1寝室）10戸（2寝室）
住戸設備	寝室、居間、独立台所、バス、トイレ	広い寝室、居間、独立台所、バス、トイレ	寝室、居間、独立台所、バス、トイレ	寝室、居間、独立台所、バス、トイレ	広い寝室、居間、独立台所、バス、シャワー	寝室、居間、独立台所、バス、トイレ	寝室、居間、独立台所、バス、トイレ
共用設備	洗濯室、ゲストルーム、エレベーター、美容室（2週に1回）、昼食配食あり	洗濯室、ゲストルーム、エレベーター、美容室（常設）	洗濯室、ゲストルーム、エレベーター6室、美容室（週に1回）特殊浴槽、医務室（家庭医訪問2週に1回）		洗濯室、ゲストルーム、エレベーター	洗濯室、ゲストルーム、美容室（週2回）、図書館、医務室（週1で医師訪問）、特殊浴槽、特殊シャワー、食事サービス（月〜金）、牛乳配達（週3回）、新聞配達	洗濯室、ゲストルーム、美容室（週3回）、図書館、医務室（週1で医師訪問）、特殊浴槽、特殊シャワー、食事（近くのセンター）、牛乳配達（週2回）、新聞配達
アクティビティ	1階中央に住人活動のためのラウンジ。	コーヒー・モーニング、ビンゴ、昼食あり	コーヒー・モーニング、ビンゴ、食（週に5日）、ドレスメーカーの会、月に1回の礼拝。	昼食会、夜のビンゴ大会、ブリッジ＆チェスの夕食。	リバーサイドの共用ラウンジ、コーヒー・モーニング、室内体操クラブ、タイス大会。	ビンゴ、体操クラブ、体験クラブ、デイセンター併設）	ビンゴ、ダーツの集い、（デイセンター併設）
近隣施設	デイセンター	スーパーマーケット	郵便局、商店	商店、郵便局、訪問図書館	商店、バス停、劇場、教会、電車駅、診療所	郵便局、商店	郵便局、商店、教会
サポート・サービス（ワーデン業務）	月〜金（8時30分〜17時00分）。緊急時はアラームで市のケアセンターにつながる。	左に同じ。	左に同じ。	左に同じ。	左に同じ。	左に同じ。	左に同じ。

出所：ギルフォード市資料より著者作成

＊独立台所 (separate fitted kitchen) とは、台所として1室独立している形状を指す。
★印は、エキストラ・ケアのある住宅である。

間以外には、ハウス長への直接連絡や区内にある「ケア・センター」への連絡に切り替えられる。

　また緊急時対応や住人同士の交流、アクティビティ企画など、スタッフの業務は住まいに固定化されており、一体的に提供される。住まいにワーデン業務を加えて「シェルタード・ハウジング・サービス」と呼び、ギルフォード区のサービスとして位置づけられている。

　一方、「ケア」部分については、「ソーシャル・サービス（家事支援や身体介護など）」と「医療・保健サービス」に分けて捉え、「ソーシャル・サービス」はコミュニティケアとして地理的に離れた地域の拠点から提供される。ちなみに「医療・保健サービス」はNHS法（国民保健サービス法）によって規定されている。ともに県（County）の管轄である。

　エキストラ・ケアは、コミュニティケアが住宅に内在化されたものである。ギルフォード区では、七つのシェルタード・ハウジングのうち三つの住宅がエキストラ・ケアを導入している（2011年4月時点）。そのうちの一つである「ドレイ・コート」をのぞいてみよう。

ドレイ・コート

（2）ドレイ・コート

　ドレイ・コートはギルフォード区のなかで最も大きいシェルタード・ハウジングで70戸からなる。とはいえ、2階建てで威圧感がなく、街並みに溶け込む温かみのある風情であった。町の中心部から約4kmに位置し、

住戸

住戸の浴室

バス停はすぐ横にあって、電車の駅にも数分でいける絶好のロケーションである。郵便局や商店も徒歩圏内にある。

ドレイ・コートには、2部屋タイプ（約45㎡、60戸）と3部屋タイプ（10戸、寝室が二つ）の住戸がある。台所は独立型でシンクも十分な大きさがあり、冷蔵庫も置けるようになっている。バスにも浴槽がついており、自立生活を想定しつつ虚弱化にも対応できる質の高い住戸である。昔は浴槽浴が一般的であったので、イギリスの高齢者は浴槽浴を好むのだそうだ。

建物玄関の横には「ギルフォード・ルーム」と名付けられた食堂があり、ここで「ランチョン・クラブ」の名称で昼食が良心的な価格で提供される。各戸に台所がついており、配食サービスも利用できるので、食堂を利用しているのは住人の40％前後である。「カフェ・モーニング」や「ビンゴ大会」、「午後のクイズ」などのイベントも、「ギルフォード・ルーム」で行われる。ほかにも、住人たちが資金を出し合い、教会やライオンズクラブからの支援を受けて造ったサンルームがあり、壁の絵は住人の手で描かれていた。住人の活動や日々の楽しみづくりにさまざまな工夫が見られる。

共用設備には、共同洗濯室、美容室（週2回）、家族や友人が訪問した時に利用できるゲストルームなどがある。また、各戸にバス（浴槽付き）は付いているが、重度の介護を必要とす

「ギルフォード・ルーム」

る住人のために特別浴（座位浴）の部屋も用意されている。

　エキストラ・ケアを受けているのは70戸中20名（利用率28.6％）であり、1人が入院中で、1人がショートステイ利用中であった（2008年7月時点）。28.6％の利用率からは、介護が必要な住人の比率が高いことがうかがえる。エキストラ・ケアは24時間体制のケアである。玄関横の1部屋が「ソーシャルケア・チーム」の詰め所であり、日中は10人、夜間は3人、深夜には2人のワーカーが勤務している。緊急時には、地域のNHSに連絡をとれば5分で駆けつけてくれる。

ドレイ・コートのサンルーム

　ドレイ・コートの立地、質の高い居住環境やさまざまなアクティビティ・メニュー、エキストラ・ケアの配置から、シェルタード・ハウジングが自立して生活することを望む高齢者を対象としながらも、最期まで

詰所でのソーシャル・ケア・チーム 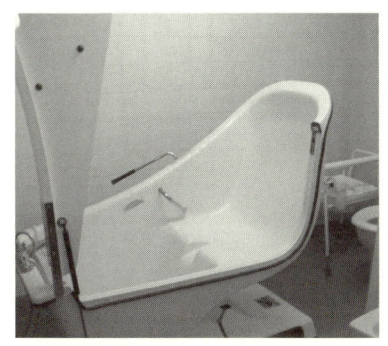　　要介護者のための特別座位浴

の生活を支える住宅であることが理解できる。

3.「住まいとケアの分離」から見たシェルタード・ハウジング

シェルタード・ハウジングの本来の意義は、自宅にない支援的で近代的な住宅環境を提供し、ワーデンや友人の存在によって孤独や不安から逃れ、安心を提供することを趣旨とするものである。そして、身体介護や看護サービスはコミュニティケアを利用することが原則である［Nocon & Pleace（1999）］。この文脈により、「住まいとケアの分離」を基本とする住宅であることが明らかである。

ノーコン&プリースの調査でも、シェルタード・ハウジングへ引っ越す理由は以下のようなものであった。

- 従来の家が大きすぎて、維持・管理が大変である。
- 家の老朽化（漏電、水回りの劣化など）がひどい。
- 階段を上りづらい、家の中で移動しづらい。
- （配偶者の死後なので）親戚・友人の近くに住みたい。
- これから起こる問題に対処したい。
- 自立を続けて、自分の生活を自分でコントロールしていきたい。

［Nocon & Pleace（1999）］

以上の引っ越し理由から分かることは、主に住宅維持や、より良い機能の住宅、社会的孤立を回避して安心を求める社会的ニーズなどが中心で、決して介護・看護サービスを期待しての移動ではない、という点である。シェルタード・ハウジングという、より支援的で安心の「住まい」に、「コミュニティケア法」で規定された「ケア」を組み合わせて（外から入れて）地域居住を継続していこうというのが、シェルタード・ハウジング本来の趣旨なのである。

そのような基盤に立ちながらも、住人の介護ニーズが高まるなかで、

1980年代にはカテゴリー$2\frac{1}{2}$が登場した。ワーデンに加えて食事サービスが提供される、より虚弱な高齢者向けに造られた住まいである。

カテゴリー$2\frac{1}{2}$においても、コミュニティケアを利用して施設と同様のケアサービスを提供することを目指したが、ワーデンの業務があまりにも複雑化しすぎて負担が大きくなり、同時に在宅の高齢者が施設の代わりにカテゴリー$2\frac{1}{2}$に引っ越してくる傾向が高まったため、シェルタード・ハウジングがまるで施設機能を代替するようになってきた［Nocon & Pleace（1999）］。

さらに、1990年代に始まったコミュニティケア改革による在宅ケアの充実は、自宅により長くとどまる高齢者の増加を後押しし、カテゴリー$2\frac{1}{2}$の施設化を助長した。

このような現状のシェルタード・ハウジングに対して、ノーコン＆プリースは、加齢に伴う身体の虚弱化や生活支援が必要な高齢者に対して、「孤独や不安を癒し、安心を提供しながら、虚弱化の進行に対しては、コミュニティケアから身体介護が受けられる質の高い住宅」として機能すべきであると主張している。

シェルタード・ハウジングは、コミュニティケアを住まいの側面から補完・完結（complete）すべきものであって、施設に代わる別の手段としてコミュニティケアに統合（integrate）されるべきものではないのである［Nocon & Pleace（1999）p.178］。

さらに、コミュニティケアを完結するための高齢者住宅であるためには、ワーデンの業務が「よき隣人」としての緊急時支援レベルのものから、今後は最期までの居住を支援するための多様な付加的サポート、モニタリング、サービスコーディネーションなど、より専門性を高めていくことが必要である、とも指摘している［Nocon & Pleace（1999）pp.170〜174］。

いずれにせよ、シェルタード・ハウジングはより支援的で安心できる「住まい」としてスタートしながらも、コミュニティケアを補完する「住

まい」なのか、コミュニティケアに統合される「新施設」なのか、揺れ動いている。

第3節 オランダにおける取り組み

1.「住まいとケア革新プロジェクト」

(1) オランダにおけるエイジング・イン・プレイス (地域居住)

オランダは、ヨーロッパでも施設整備率が高い国である。同時に、在宅ケアが北欧レベルに整ったまれな国でもある［Daatland（2000）p.11］。

2006年より何度かオランダを調査しているが、「規模の大きい施設が多い」という印象を受けている。また、干拓によって国土を造り出してきた国なので、施設か高齢者住宅かを問わず、その建物は高層タイプで高密度のものが多い。

高層高密度の建物に住むことは地域との交流がつくりにくいとされている。しかし、オランダは地域に目を向け、「住まいとケアの分離」によってエイジング・イン・プレイスを推進している数少ない国でもある［Houben（1993）p.303; Houben（1997）p.358］。

オランダにおけるエイジング・イン・プレイス（地域居住）の特徴は、「住まい」と「ケア」に「福祉」の要素を加えていること、「サービス・ゾーン」構想によって「住まいとケアの分離」を超える次元に挑戦しようとしていることの2点にあるだろう。特に「福祉」については、「Well-being（幸せ）」という一般的な意味合いを超え、社会交流や役割づくりのための各種サービスにインフォーマル・ケアも含めた独特のニュアンスがある。順次、説明していこう。

「住まい」についての特徴は、一般住宅と変わらない機能と質をもつ

高齢者向け住宅の整備を、競争原理を働かせながら進めている点にある。一般住宅において公営住宅の比率が高いのはオランダの特徴であるが、高齢者向け住宅においても同様である。[★7]

その整備を民間非営利事業者に競わせ、公共性をもたせながら質の向上を図っている。公営住宅のほかにも民間賃貸住宅や民間分譲住宅などもあり、エイジング・イン・プレイス（地域居住）を支える住宅所有形態は多様である。

「ケア」については、地域ケアを利用して外在化・外付け（extramurale）することで個人のニーズに合わせたテイラーメイドのケアを目指している。フレキシブルな対応でより幅広いニーズに対応できる体制をつくり、引っ越し回数を少なくして施設への入居を予防しようとしている。

次項で触れるが、家事援助についてはWMO（Wet Maatschappelijke Ondersteuning：社会支援法）で、身体介護についてはAWBZ（アーベーベゼット）（Algemene Wet Bijzondere Ziektekosten：特別医療費保障法）という介護保険に似た長期医療保険で保障しており、民間非営利事業者に競わせて質の向上を目指している点は「住まい」におけるやり方と同様である。

また、ここでいう「福祉」とは、さまざまな支援事業を通じて、地域での高齢者の交流と役割を活性化させ、いつでも相談できるような窓口を設けるなど、安心ながらも活力にあふれる地域生活を進めていこうというものである。ビリヤード、ダンス、音楽鑑賞、ブリッジなどオランダでは、デンマークに負けず劣らず高齢者が集まって賑やかな時間を楽しむ場面が多く見受けられる。

そして、この変革の底辺には「老いを喪失・欠陥として捉えるのではなく、ポジティブな側面に目を向ける」、「高齢者の自立を支援する」と

★7 持家―公営住宅の比率は、EU平均（56―18％）、イギリス（22―24％）、オランダ（47―36％）、デンマーク（53―20％）となっている（OECD Ecomomic Surveys, 1999）。

いう高齢者観に基づく哲学が流れている［Houben（1993）p.303］。

また、分化した機能をどのような法律と行政機関のもとに置き、どのような組織に運営させるかという点についても機能分離を徹底し、競争原理を取り入れてユニークな政策展開を行っている。

さらに、最近では「サービス・ゾーン」というコンセプトを打ち出し、すべての人間が生まれて、育ち、老いて、死ぬという人生の過程全体を支える地域開発を推進している。対象を特定した「住まい」、「ケア」、「福祉」ではなく、「誰でも、どこでも、いつまでも」安心して暮らせる「サービス・ゾーン」コンセプトには、もはや対象を特定した高齢者住宅という概念すら存在しない。「サービス・ゾーン」についても、次項で事例を紹介する。

（2）オランダにおける高齢者住宅の歴史

オランダの高齢者住宅について書く前に、オランダの住宅政策について触れておきたい。オランダは公営住宅の比率が36％と、ヨーロッパのなかでも抜きん出て高い国である。そして、公営住宅は非営利民間組織である住宅協会によって、地方自治体との協定によって提供されている。

また、その比率は大都市ほど高く、アムステルダムでは14の住宅協会が市内全ストックの55％を所有し、新築住宅の80％を占めている［Van der Veer et al.（2005）p. 167］。

非営利民間組織が多く、施設サービスや在宅サービスもこうした組織から提供されている。非営利民間組織は、その昔、宗教団体をバックグランドとして生まれたものである。しかし、現在では宗教団体との関係をもつものは少なくなり、女性の権利を守る団体や高齢者を支援する団体、同性愛者の団体など多様な構成となっている。[★8]

高齢者の住まいについては、オランダはヨーロッパで最も施設整備率の高い国であり、北欧のそれを上回っている。1980年代初頭まで、他の欧米諸国と同様に、オランダでも特定のニーズをもつ高齢者に特定の住

まいを提供するという伝統的「階段モデル」に沿った政策が展開されていた。こうした伝統的モデルによる高齢者施設は、オランダではナーシング・ホーム（verpleeghuis）とケア・ホーム（verzorgingshuis）である。

ケア・ホームは、簡易キッチンとバス・トイレ付きの15㎡ほどの住まいで、ナーシング・ホームに併設されるケースが多い。「階段モデル」では、在宅で暮らしていて介護ニーズが高まるとケア・ホームへと転居し、さらに介護ニーズが重度になるとナーシング・ホームへ転居することとなる。[★9]

しかしながら、1980年代に行われた調査によってケアニーズが変わるたびに引っ越しを強いる「階段モデル」への不満が高いことが明らかにされ、「自立して生きたい」という高齢者の願いを実現するために、施設ケアのオルタナティブが模索されるようになった［Coolen（1993）p.26; Houben（1997）］。

そして1980年代後半、莫大な費用を必要とする施設ケアに代わって、財政負担の少ない自立型住宅へのシフトが始まった。特筆すべきは、1983年よりスタートした「住まいとケア革新プロジェクト（Innovatieprogramma Wonen en Zorg; IWZ）」である。さまざまな組織が政府のプロジェクトに参加して助成を受け、新しい住まいとケアのあり方を模索した。1984年には15であったプロジェクトが1987年には150に増えたというから、すさまじい勢いである。

公営住宅の比率が高いオランダでは、高齢者の住まいも公営住宅であることが多く、「住まいとケア革新プロジェクト」における住まいの大改革は公営住宅の建て替えという課題もはらんで、予算編成で困難を極

★8　オランダはデンマークと並び、同性による結婚を認めている国である。8月初旬には、アムステルダムの運河で盛大なゲイ・パレードが行われる。

★9　1997年時点で、65歳以上高齢者の2.6％がナーシング・ホーム（verpleeghuis）に住み、7.5％がケア・ホーム（versorginghuis）に居住していた［van Egdom（1997）］。ナーシング・ホームは330施設・58,000床であり、ケア・ホームは1,400施設・11万床であった［Voordt（1998）］。

オランダの高齢者たち　　　　　　　オランダの高齢者たち

めたようである。しかし、さまざまな財源構成で、民間非営利団体を中心とする多様な組織編成によってプロジェクトが進められた。

　ホーベンは、これらのプロジェクト推進によって得られた結果に共通する点は、一にも二にも、住まいとしての「質」と「機能」の顕著な向上であったと言っている［Houben（1993）p.306］。

　その一例を次項で紹介するが、これまでの施設の三つの部屋を一つの住宅に改造するなど、それは人間が自立した生活を営むのにふさわしい「住宅」への改造であった。

　ケアについては、オン・サイトで（建物内で）提供するのは生活支援のみとし、介護あるいは看護のみを外在化させて地域との連携を図るなど、さまざまな工夫があった。

　ケアや費用は、住む場（施設）によって基準が決められるのでなく、一人ひとりのニーズに応じて洋服を採寸してつくるようにテイラーメイドされる。よって、新しい高齢者住宅では、町中の一般住宅と区別なく同じスキームを通してケアが提供されるのである。

　この取り組みは、施設において堅固に結合された「住まい」機能と「ケア」機能を分離させ、その後地域で再統合し、地域で住み続けることを支えるための試行錯誤であったといえよう［Houben（1993）p.305］。

　この時、「住まい」と「ケア」は分離されたのだから、管轄する組織や制度、規則も分離されたものでなければならないと考えられた。これ

が、徹底した「機能志向アプローチ」である。

「施設」では「住まいとケア」が結合しているので、一体的に一つの非営利組織から提供されて何ら問題ない。しかし両者が分離された新しいやり方では、「住まい」は公営住宅として住宅協会を中心に、「ケア」はAWBZに登録している事業者から提供されている。

1990年代初頭、高齢者介護近代化委員会が政府内に結成され、「高齢者介護の未来」が報告された。この報告では、先の「住まいとケア革新プロジェクト」の成果を受けて、「住まい」と「ケア」の革新によって高齢者福祉に新しい道を開く提案がなされた。アドバイスのポイントは、施設の削減と、その代替としての「住まい」と「ケア」を地域でいかに整備していくか、この変革をいかに民間活力の導入で推進していくか、というものであった。

「高齢者介護の未来」の内容は、1994年5月に組閣された新内閣によって実行に移された。今後20年間の人口動向を踏まえ、施設の削減、高齢者のための新しい住宅の提供、高齢者ケアについて、その目標が数値で示された。

オランダで進められた1990年代の改革（エイジング・イン・プレイス）は、以下のような特徴をもっている。

❶施設数を削減し、施設に閉じ込められた「住まい」機能と「ケア」機能を分離して地域展開させる方向を示した。この結果、住まい提供の担い手とケアの担い手が分離され、金銭的な面でも家賃とケア費用が分離された。住人は2枚の請求書を受け取ることとなる。
❷底辺を流れる哲学は「高齢者のポジティブな側面に光を当てる」、「高齢者の自立」である。
❸住まいについては、一般住宅と同様の品質を求めた。
❹ケアについては、より幅広いケアニーズに対応できるフレキシブルなケア提供体制を構築することで、引っ越し回数を少なくしようとした。

❺幅広いケア提供を可能とするため、地域資源の活用に着目した。
❻制度・法律・財政・組織も機能ごとに分離する「機能志向アプローチ」を主張し、変革を阻む官僚主義の問題を指摘した。

(3) コミュニティケアとの関連 (AWBZ)

オランダは、他のヨーロッパ諸国と比べて地域ケアが整っていることは再三書いたが [Daatland (2000) p.11]、現在、地域ケアはＡＷＢＺ（アーベーベーゼット）(Algemene Wet Bijzondere Ziektekosten：特別医療費保障法) という長期医療保険によって運営されている。

AWBZ は、1967年に創設された世界で初めての介護保険であり、分離されたケア部分を支えるのがこの AWBZ である。国民の約５％が利用している。

AWBZ 利用者には長期療養者や障害者も含まれているので単純に比較することはできないが、日本の介護保険受給者は2010年９月時点で408万人となっており（介護給付実態調査月報　平成22年９月審査分）、全国民の3.2％にあたる。

オランダでは「医療 vs 介護」というよりも、「短期医療 vs 長期医療」という捉え方をしたほうが理解しやすい [井原 (2006)] とされており、それらを利用者視点で整理すると、図３−１のようになる。

このなかで、高齢者、障害者、精神面での治療ケアが必要な患者、慢性病患者をターゲットとして、介護、精神保健、長期医療の保障を行っているのが AWBZ である。

AWBZ には在宅給付と施設給付も含まれており、その全体は図３−１（中央の AWBZ）に示すとおりである。「住まい関連」というのが施設給付にあたる。施設とはナーシング・ホームとケア・ホームであるが、１日あたりの給付が包括方式でそれぞれ160ユーロ（24,000円）、75ユーロ（11,250円）[★10] である [松岡 (2008)]。

これとは別に家事援助、補助器具、住宅改修については、WMO（Wet

図3-1　オランダの医療・保健・福祉制度と法律

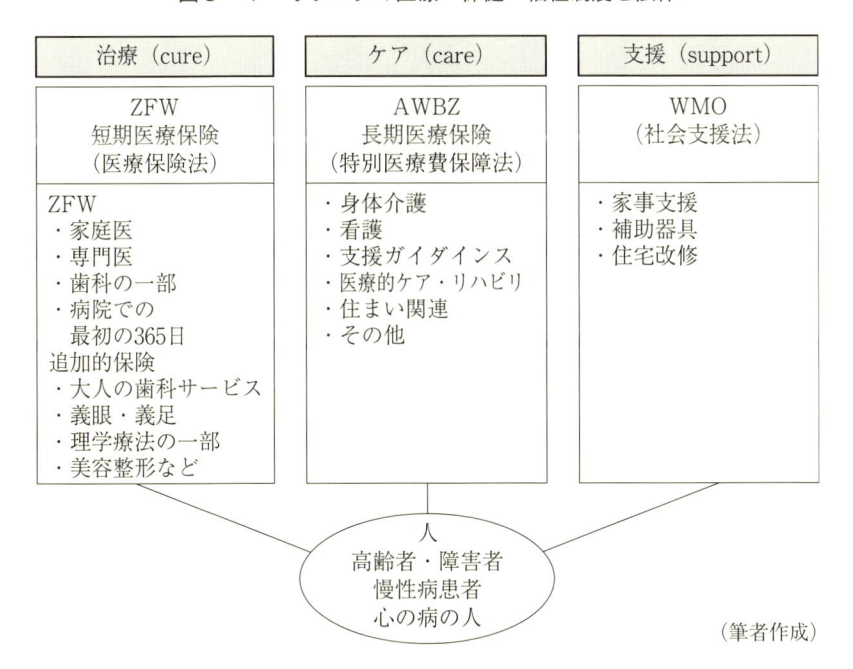

治療（cure）	ケア（care）	支援（support）
ZFW 短期医療保険 （医療保険法）	AWBZ 長期医療保険 （特別医療費保障法）	WMO （社会支援法）
ZFW ・家庭医 ・専門医 ・歯科の一部 ・病院での 　最初の365日 追加的保険 ・大人の歯科サービス ・義眼・義足 ・理学療法の一部 ・美容整形など	・身体介護 ・看護 ・支援ガイダンス ・医療的ケア・リハビリ ・住まい関連 ・その他	・家事支援 ・補助器具 ・住宅改修

人
高齢者・障害者
慢性病患者
心の病の人

（筆者作成）

Maatschappelijke Ondersteuning：社会支援法）によってサービス提供が行われる。家事援助は、2007年よりAWBZからWMOに移行された。

サービス利用にいたるまでのプロセスを説明しよう。まず利用希望者は、CIZ（Centrum Indicatiestelling Zorg：中央ケア認定機関）でニーズアセスメントによる要介護認定を受ける。その後、住宅サービスか施設サービスかを選択する（図3-2）。在宅ケアにはサービス給付と現金給付の個人介護予算（ｐｇｂ）ペーゲーベーがあって、選ぶことができる。それぞれ1時間あたり40ユーロ（約6,000円）、32ユーロ（約4,800円）であり［松岡（2008）］、利用者負担はサービス給付の場合、1時間あたり11.8ユーロ（約1,770円）で、個人介護予算（pgb）では予算に定率をかけたもの

★10　1ユーロ＝150円で換算。

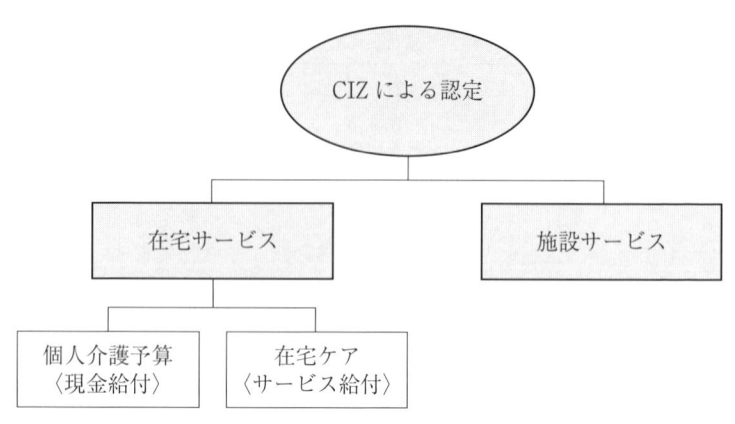

図3-2　CIZによる認定後のサービス提供

```
            ┌─────────────────┐
            │  CIZによる認定   │
            └─────────────────┘
               │           │
        ┌──────┴────┐  ┌───┴──────┐
        │ 在宅サービス │  │ 施設サービス │
        └──────────┘  └──────────┘
         │        │
   ┌─────┴──┐ ┌───┴──────┐
   │個人介護予算│ │ 在宅ケア  │
   │〈現金給付〉│ │〈サービス給付〉│
   └────────┘ └──────────┘
```

(筆者作成)

で負担には上限が設けられている［井原（2006）p.31］。

　介護と看護の連携はAWBZスキームのなかでシステムとして組み込まれているが、医療的ケアが必要である場合には家庭医（ホームドクター）[11]と連携することとなっている。

2．ヒューマニタスの事例から（ロッテルダム市）

（1）「ヤン・メルテンス」の「住まいとケアプロジェクト」(1984年)

　1983年にスタートした「住まいとケア革新プロジェクト」の一つである「ヤン・メルテンス（Jan Meertens）」の事例を紹介しよう。

　「ヤン・メルテンス」はロッテルダム市に本拠をもつNPO法人ヒューマニタス（humanitas）が運営するケア・ホームである。これが「住まいとケア革新プロジェクト」によって、総戸数を半分に減らしながら、旧型施設から高齢者住宅へと生まれ変わった。

<非営利組織　ヒューマニタス>

　まずは、NPO法人ヒューマニタスについて紹介しよう。

　オランダの高齢者福祉サービスはそのほとんどが民間非営利団体によって提供されているが、ヒューマニタスは最も大きな組織の一つである。ロッテルダムを中心に19の施設と高齢者住宅を運営し、両者合わせて6,000戸の住まいを提供している。もちろん、在宅ケアサービスも提供している。

NPO法人ヒューマニタス理事長
ベッカー教授

　15年前には破産寸前だったこの組織を、大学で経済学を教えていた教授が立て直しに乗り出した。今では6,000戸の住まいに対して3,000人もの待機者が列をなしている。

　大学教授ながらNPO法人理事長となり、150億ユーロの蓄えをもつ健全経営の組織へと育て上げたベッカー氏は、「高齢者施設ベスト所長賞」を受けたり、オランダ女王から勲章をもらってもいる。

　ヒューマニタス成功の秘訣は、ベッカー理事長のユニークな理念にある。その理念とは、「高齢者は自分の人生のボス」であるから、施設や住宅の規則によってパトロナイズ（ルールを決めて押しつける）してはいけないという「人生のボス」論、また、高齢者の希望には、それがどんな困難な内容であっても「まず『イエス！』と答えて実現可能性を探ってみる」という「イエスカルチャー」、そして「使わなければ、なく

★11　オランダでも家庭医制度が取られており、すべての市民は家庭医に登録している。病院での最初の365日の治療と同様に、ZFW（短期医療保険、医療保険法）によって賄われている。

してしまう（Use it, or lose it）」というアクティブ・ライフの推進などである。ハンサムな男性職員に心ときめかすのもよし、お酒もセックスもよし、「自分の人生のボス」として前向きな生活を求める高齢者の生き方を支え、提供者側の発想ではなく徹底した利用者主義をとっている。

＜「ヤン・メルテンス」の改築＞

アムステルダムから南西方向へ電車で約１時間、キュービックハウスなど斬新なデザインの近代建築物で知られるオランダ第二の都市ロッテルダムを訪ねた（2007年７月）。

「ヤン・メルテンス」は、スーパーや専門店が立ち並ぶ幹線道路から少し入ったゆとりある敷地内にあった。10階建ての大きな建物がケア・ホームであり、1964年に建てられたその建築物はさすがに古さを感じさせた。

オランダは国土の大半が海抜以下であり、干拓によって国土を造り出してきた国である。九州と同等の広さの国土に1,600万人が住む人口密度の高い国でもあり、高齢者の住まいも高層タイプや高密度のものが多い。「ヤン・メルテンス」の巨大さには正直いって圧倒された。

1964年当時は、268室のケア・ホームと、建物のコーナーには約２倍の広さのある74戸の住宅があった。その様子は図３－３の通りであり、中央に廊下が走り、その両側に13.5㎡の部屋が並んでいる。13.5㎡の部屋は、小さな玄関ホールとクローゼット、トイレ、簡易キッチン付きであった（図３－６）。

「住まいとケア革新プロジェクト」において大改築が行われたのは、1988年である。ケア・ホームの三つの部屋を一つの住戸にするという手法がとられ、13.5㎡のワンルームが、トイレ・シャワー、キッチン付きで、居間と寝室が別室の34㎡の広さがある「住宅」へと生まれ変わった（図３－７）。各住戸に居間があるため、かつての共同の居間は多目的室(29)となり、外からの看護師を受け入れるためにナース・ステーショ

第3章 地域居住に向けての各国の取り組み　131

図3-3　改築前のヤン・メルテンス（2階）1964年

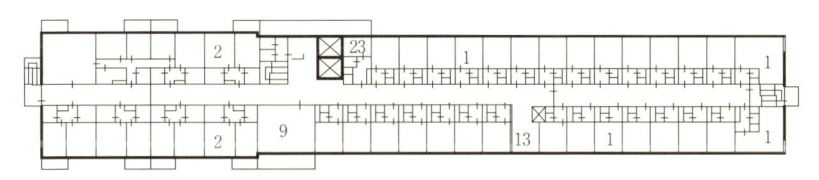

図3-4　改築後のヤン・メルテンス（2階）1988年

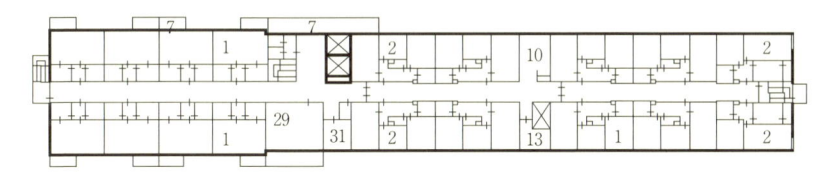

図3-5　改築後のヤン・メルテンス（1階）1988年

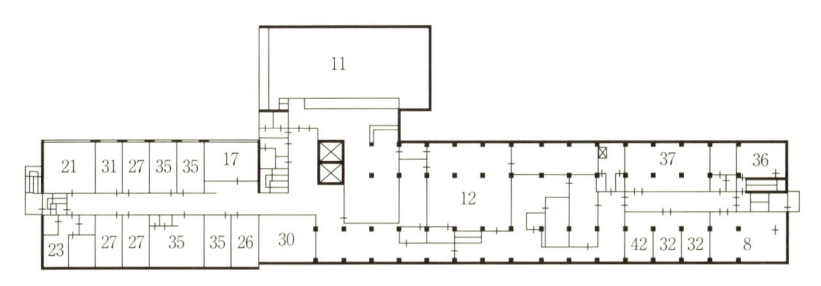

出所：Houben（1993）

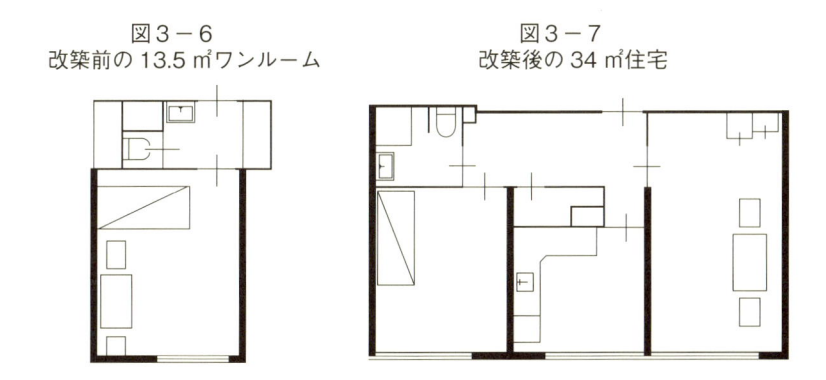

図3-6
改築前の13.5㎡ワンルーム

図3-7
改築後の34㎡住宅

出所：Houben（1997）

ヤン・メルテンス

ン（31）が造られた（カッコ内の数字は図3-4中のもの）。改築後の様子は図3-4に示される通りで、広いアパートとなったことで住戸は176戸と以前（268室）の約65％に減った。

また建物の1階は図3-5のように改築され、厨房（12）、レストラン（11）が造られ、住人はここで食事をとり、入浴ができなくなると特別浴室（23）で入浴介助を受けることとなった（カッコ内の数字は図3-5中のもの）。

新しい住まいにおけるケアは、介護が常駐スタッフによって提供され（内在化され）、看護のみ地域の訪問看護サービスを利用することとなった。内在化されたケアと外在化されたケアが個人レベルでカスタマイズ（個人のニーズに合わせて統合）されて、「内部ケア・外部ケアの境界が消失した」[Houben（1993）p.314]。

ケア・ホームでは介護サービスは内在化されており、画一的・標準的なケア提供のもとで介護度が高くなるとナーシング・ホームへの転居を余儀なくされていた。しかしながら、住宅内資源、地域資源など、複数

の拠点からニーズに合わせてケアをコーディネートしてもらえるので、転居の必要がなくなった。

ホーベンは、「住まいとケア革新プロジェクト」の成果を次のようにまとめている。

- 質のよい独立住宅は自立して生きたいという高齢者の願いにかなうものである。
- 使いやすい設備のある住宅は、忙しく家事をこなしながらアクティブで意味ある生活を送るための舞台となって、高齢者の健康と幸福の基盤となる。
- 自分の能力を活用して生活することは高齢者の生活の質を向上させると同時にケアコストの削減にもつながる。
- 自分の住まいを自分流のインテリアで整えることはアイデンティティの表出につながって、認知機能が衰えても安心できる。
- 自分のアパートに住み、自分の家のドアをもち、住所をもつということは、まさしく「患者」ではなく「住人」である。そして、スタッフはプライバシーを尊重する。

[Houben（1993）p.310]

住宅の長（左）と
ケアの長（右）

独立した質のよい住宅は自立を促し、身体と心の幸福を促進する。ケアニーズの変化に対応できる体制をつくれば、引っ越し回数が少なくなる。しかし、実際に「住まい」と「ケア」を分離することは困難であり、特に官僚主義との戦いに挑まなければならない、とホーベンは付け加えている［Houben（1993）p.307］。

2007年7月にここを訪問した時、「長」と付く人間が2人いて「住まいの長」と「ケアの長」が別々だったことに驚いたものである。これは、

機能志向アプローチのもとで、それぞれの機能を担当する部門が分割されている証拠である。

「住まいの長」は住宅の維持・管理・家賃徴収を担当し、「ケアの長」は家事援助、介護を担当し、地域の訪問看護師との連携を図るのである。

2人の所属組織は異なる。しかし、あとで分かったことであるが、ヒューマニタスでは住宅開発部門をもっており、「住まいの長」はこの部門に属していた。

（2）高齢者住宅「アクロポリス」

現在ヒューマニタスでは、「生涯住宅（Lifetime Apartment）」というコンセプトで75㎡を標準とする高齢者住宅を整備し、そこに施設と同様のケア（在宅24時間ケア）を保証している。その典型である「アクロポリス（Akropolis）」（ロッテルダム市）を訪ねた。

この敷地には、高齢者住宅約200戸とナーシング・ホーム約260戸がある。ナーシング・ホームは10階建てのビルに入っていて上層階からの眺望が素晴らしい。各フロアには13人のユニットが二つあり、住戸の広さは13～20㎡で、バス・トイレ付きである。高齢者住宅棟は6階建てでナーシング・ホームの横にある。

＜高齢者住宅＞

高齢者住宅（約200戸）は、アトリウムを囲みながら楕円形に住戸がレイアウトされており、そのアトリウムの1階部分がレストラン＆喫茶、アクティビティ・ハウスになっている。6階建ての、2階以上が住宅である。各住戸は75㎡の広さがあり、寝室と居間は別室で、フル装備のキッチン、バス・トイレが付いている。玄関からトイレ、寝室がつながっており、車椅子生活に便利なレイアウトが工夫されている。一般住宅と何ら変わらないクオリティを備えた高齢者住宅である。

家賃は約8万円（500ユーロ、2007年）で、アフォーダビリティ（家

第3章 地域居住に向けての各国の取り組み 135

ヒューマニタスの高齢者住宅（生涯住宅、75㎡）

一般住宅と同レベルの台所

賃支払い可能性）を十分に考慮した値段設定である。オランダでは国民年金は平均約15万円で、家賃補助を受けることもできる。よって、全国民に開かれた高齢者住宅ということができる。

　アトリウムを囲む各階の住戸のドアを出て下を見ると、レストランの様子が一望できる。このレストランは地域の人々、住人、家族で常に驚くほど賑わっており、その喧騒ぶりが生命力あふれる活気を生み出している。

　歌手を招いてのコンサート、スタッフによる音楽会、住人の食事会、クイズ大会など、常にイベントが用意され、「（能力は）使わなければなくなってしまう（Use it, or lose it.）」とばかりに、地域や住宅から人が集まり、家族も加わって食べたり飲んだり話したり、いつも何かが起こり、人でにぎわっている。

　逆ににぎやかな1階から住戸部分を見上げると、6階まではかなりの高さがあるので、首が痛くなってし

アトリウムを高齢者住宅が囲む

レストランの賑わい

まうほどである。

　アトリウムの構造は優れており、各住戸は完全独立でありながらも雨の日も濡れずにレストランに行って、このにぎやかさに参加できる。家のドアを開けて外に出れば、下ににぎやかな1階の様子が目に入り、その雰囲気を身体で感じることができる。気分がすぐれず、1人でいたいけれど少し人恋しい時などは、この様子を見ているだけで社会に通じる自分を感じて元気になれそうである。

　住戸数の規模の大きさは住人が集団として扱われがちになるため、個人を埋没させる可能性がある。しかし、その反面、匿名性や自由度を高めて、居心地のよい空間をつくってくれることもある。

毎日のカンファレンス

オランダでは現在、小規模ケアのよさが見直され、虚弱な高齢者向けの「小規模住宅」が増えている。しかし、地価の高いこの国では、経営効率を高めるための規模の競争も盛んである。

ヒューマニタスは介護度の高い高齢者のケアでは小規模ユニットを取り入れながらも、それらを多く集中させることで事業の方向性としては今後も大規模性を追求していくとの方針であった。人の流れをオープンにし、アトリウムのなかに地域を創造することは、この規模だからこそ自然にできるのであろう。

＜外在化ケア＞

「アクロポリス」では、住戸の一つを在宅ケアスタッフの詰め所である「ケア・センター」として使っている。詰め所はアクロポリス内にあっても、提供対象は近隣の集合住宅も含んでいる。施設に見られる「閉鎖回路（Closed circuit）」ではなく、地域のケア拠点がたまたまアクロポリスに立地している「外在化ケア・外付けケア（extramurale zorg）」といってよいだろう。

在宅ケア利用者は約110人である（全200戸）。週の利用時間によるおおまかな内訳は、週2時間利用レベル（45.5％）、週5時間利用レベル（27.3％）、週10時間利用レベル（18.2％）、週20時間以上（9.1％）で、**表3－5**の通りである。例えば、週20時間の利用者は、1日8回の訪問（**表3－6**）を毎日受ける最重度グループである。日本の要介護4〜5に相当する。

そうした利用者が9.1％いるということから、最期までの居住を十分支えていると推察できる。ターミナルケアも行っており、その場合は住人の家庭医（ホームドクター）と連携してその指示のもとに動くこととなる。いずれにせよ、エイジング・イン・プレイス（地域居住）を支える高齢者住宅である。

スタッフの体制は、1日を7時〜15時、15時〜23時、23時〜翌7時に

表3-5　アクロポリスにおける在宅ケア利用

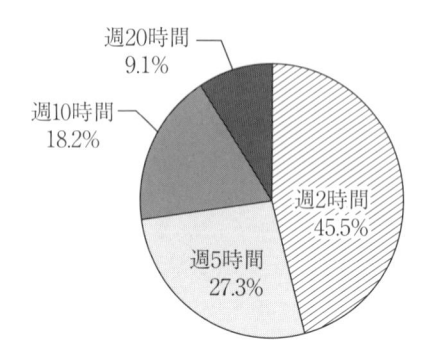

- 週20時間　9.1%
- 週10時間　18.2%
- 週5時間　27.3%
- 週2時間　45.5%

表3-6　重度要介護者に対する1日8回訪問の様子

時間	内容
10時	モーニングケア
12時	昼食
13時	お茶
17時	夕食
20時	夜のお茶
22時	就寝
深夜	見守り
	見守り

3分割していて、日勤帯（7時～15時）には9人、夜勤帯（15時～23時）には3人、深夜帯（23時～翌7時）には1人が配置されアクロポリスの住宅と周辺の集合住宅を対象として訪問介護を行っている。

この体制を支えるために35人が雇用されている。ワークシェアリングが発達しているため各人の週当りの労働時間は明確ではないが、常勤換算（週37時間労働）では25人前後となるのではないだろうか。ざっと計算して7：1の配置である。

巡回訪問の様子は、次のようである。夜勤帯で勤務するスタッフは、1人で夕方4時から夜の11時までに24人に対してのべ30回の訪問が計画されていたが、実際には臨時訪問を含めてのべ33回訪問を行った。夜勤帯の休憩時間は6時30分～7時の30分間のみである。24人のうちの3人には2回訪問を、1人には3回訪問を行った。滞在時間は5分から

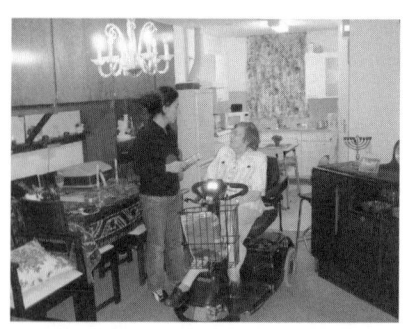

高齢者住宅「アクロポリス」での在宅ケア（コミュニケーション）

第3章 地域居住に向けての各国の取り組み　139

10分で、デンマークと同様にオランダでも在宅生活者を対象に分刻みの短時間巡回サービスが提供されていた。就寝介助の訪問では、着替え、トイレ介助、ベッドの移乗、軟膏の塗布、皿洗い、目薬の点眼、記録の作業を10分でこなすほどの仕事ぶりである。

　各スタッフは特殊な鍵を携帯し、訪問時と退所時に、住宅のドアに取り付けられたカード型の装置に鍵をかざして訪問時間の記録をしていた。1日の仕事を終了した時にその日の労働時間がカウントされ、計画された仕事をどれくらいの時間で処理できたのか計算される仕組みである。より正確で効率のよい訪問を行うためのシステムであり、オランダで広がっているとのことであった。

　「管理されているようでイヤではないか」との問いに、「お年寄りとの会話は十分できるし、

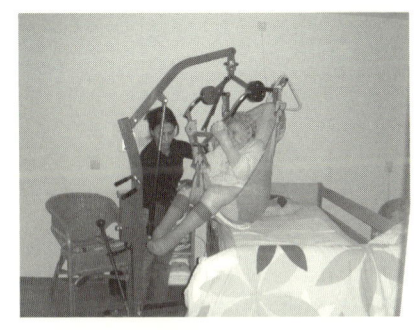

リフトを使ったトイレ介助

医療ストッキング脱衣

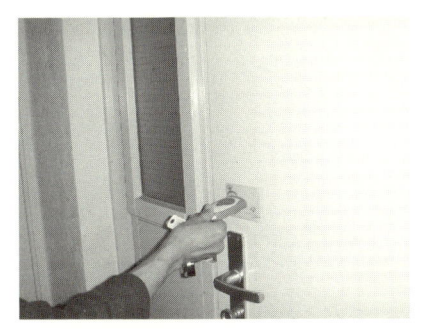

訪問介護のカードシステム

てきぱきと仕事をすれば、早く帰れるわ」と、Ⅲレベルの看護師資格を
もつ若い女性が答えてくれた。彼女は利用者との関係をしっかりと構築
できており、孫娘のような親密さで支援を行っていた。お年寄りの方も

いかにも「待っていました」とばかりに彼女を迎えていた。時間の長さではなく、仕事の内容であり、関係の深さが重要だということである。

3．「住まいとケアの分離」から見たオランダ

エイジング・イン・プレイスに関連するオランダの最も新しい挑戦は、2000年に始まった「サービス・ゾーン（Woonzorgzonen, Woon Servicezonen）」である。

ケア・センター、小さなサポート・センター、アダプタブル住宅など安全な生活環境を配備したゾーンをつくり、住宅からの徒歩圏内（200m）でサービスを利用できるようにすれば、高齢者も子育て世代も、誰もが安心して最期まで暮らせる町をつくることができる［Singelenberg（2000）］というサービス・ゾーンについては、第2章第5節で記述した。その事例を、アイバーグ（Ijberg）に見てみよう。

アイバーグは、アムステルダム北部の海岸埋め立て地である。オランダは、今も埋め立てによって都市部の土地を拡大している。

アイバーグの住宅はすべてが新築であるが、そのうちの5％が車椅子生活を想定したアダプテッド住宅（完全バリアフリーの適応住宅）で、60％がアダプタブル住宅（これからの改築可能住宅）となっている。

障害者施設に30年暮らしていたが、ここに引っ越して来たという電動車椅子利用の女性ボアさん（60歳）の住宅を訪問させていただいた。車椅子ダンスの名手であったボアさんの住宅には、多くのトロフィーが飾られていた。住宅は約70㎡の広さがあり広々としていて、居間と寝室が別室で、廊下・ドアの幅が広く、電

アイバーグは海に浮かぶ人口島

動車椅子でゆとりをもって自走できる広さであった。

　訪問者がインターホンを押すと、住宅内のどこにいてもリモコンでドアを開けて訪問者を迎えることができる。住宅は5階建てであったが、エレベーター付きなので外出も問題なくできる。ボアさんは、徒歩圏内（200m）のケア・センターからサービスを受けていた。

　ケア・センターは幹線道路沿いにあるビルの1階にあり、そこから訪問看護師、訪問介護士が地域を巡回して、買い物、食事、移動サービス、看護・介護を提供している。16人の利用者に対して、日中5人、夜間3人、深夜2人で24時間の在宅ケアにあたっている。今後は利用者もスタッフも増えるだろう。担当の家庭医が参加するカンファレンスが開かれるのもこのセンターである。

　必要がある人は緊急コールをもち、24時間にわたってこのセンターとつながっている。ソーシャルワーカーがいて、利用できる制度などさまざまな生活上の相談にも乗ってくれる。こじんまりとした食堂は、集まって食事をしたり、交流の場となったりしている。

　また、この支援センターはアクティビティに参加する機会などもつくりだしている。3室のショートステイもある。保育園も併設されている

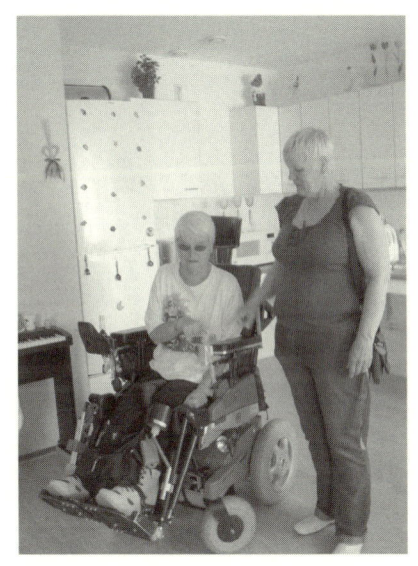

車椅子がとり回せる広さ（右はワーカー）

★12　オランダの看護師にはⅠ～Ⅳの4レベルがあり、レベルⅠとレベルⅡは介護士に、レベルⅢとレベルⅣは病棟看護師に相当する。

ケア・センターの内部

ことから、この支援センターが障害者や高齢者だけのものではなく、人が生まれて、老いていく全過程を支えるための拠点であることが分かる。

アイバーグにはケア・センターが3ヶ所あり、小さなサポート・センターも含め、徒歩圏内 (200m) の設置を目指してこれから増えていく予定であるという。

「サービス・ゾーン」では、ケア・センターや商店、公共交通機関の停留所への接続を考えた道路設計もなされている。

アイバーグでは、碁盤の目のように道路が造られていて、幹線道路には、アムステルダム名物ともいえるトラム（路面電車）が走り、市の中心部へと約15分で運んでくれる。基幹道路を中心に碁盤の目のように広がった道路の構造はシンプルなので、どこに住んでいても停留所へのアクセスがよい。

「サービス・ゾーン」では、AWBZ利用率の全国平均値である5％を目安として、利用者率が25％を超えてはいけない、という規則がある。子どもも高齢者も、障害のある人もない人も、病気とともに生きる人もそうでない人も、みんなで一緒に住む生活環境が整ったユニバーサルな町なのである。

サービス・ゾーンに関連して、ヨーロッパで議論されている最新のコンセプト「生涯住宅 (Lifetime housing)」に、再度触れたい。「生涯住宅」は、人生のさまざまなステージで変化する住まいへのニーズや、高齢期におけるニーズの変化に柔軟に対応する「一生涯住める住宅」である。

家族の人数変化については間仕切りを移動することで対応する、身体機能の低下については、あらかじめエレベーターを付けられるような構造を最初から用意する工夫がなされている（90ページ）。こうすれば、

第3章 地域居住に向けての各国の取り組み　143

高齢者住宅や障害者住宅などの特定ターゲット住宅を整備する必要がなくなる。住む対象を選ばず、時とともに変化するニーズに柔軟に対応する住宅、それが「生涯住宅」である。ケアも利用する人の変化に応じて柔軟に対応する。こうした住まいとケアが広がり、さらに優しい生活環境が整っているのが「サービス・ゾーン」である。

「住まいとケアの分離」理論を発展させたサービス・ゾーン構想によって、住宅個体ではなく、地域のあり方そのものを変えていこうとしているのがオランダである。オランダは、ターゲット・グループを特定することなく、より普遍的なシステムでエイジング・イン・プレイスの新たなるステージへと進んでいる。

ケア・センターの居間スペース

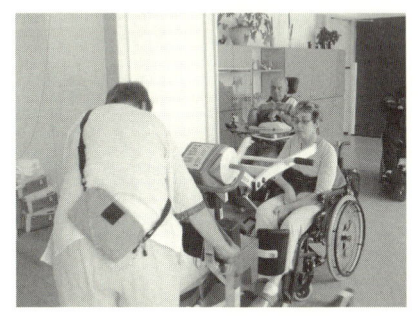

ケア・センターは交流の場

幹線道路をトラム（路面電車）が走る

第4章 デンマークにおける地域居住と高齢者住宅

　第4章では、1988年に施設の新規建設をストップし、地域に高齢者住宅と在宅24時間ケアを整備することで、エイジング・イン・プレイス（地域居住）を成功させているデンマークに焦点を当てる。

　まず、歴史的経緯を紹介する。その背景にあるものは「高齢者は介護の対象ではなく、生活の主体である」という高齢者観であり、「住まいとケアの分離」が政策立案の根底にあることを明らかにする。

第1節　デンマークにおける地域居住

1. デンマークの社会福祉政策

　ヨーロッパでは「住宅政策は福祉国家の基盤である」［Torgenrsen（1987）p.116; Harloe（1995）p.2; 外山（1990）pp.107～108］とされており、第2次世界大戦後のヨーロッパ諸国は、国民に対して高品質でアフォーダビリティ（家賃の支払い可能性）のある住宅を供給することを国家の最大目標とした［OECD（2000）］。

　こうした北欧・ヨーロッパにあって、デンマークでも住宅政策が福祉

政策の中心に位置づけられている［松岡（2001）pp.104〜108］。

　本研究の対象である自立型高齢者住宅は、デンマークではエルダーボーリ（Ældrebolig：高齢者住宅）がこれにあたる。1987年の「高齢者・障害者住宅法」に法的根拠をもつ公営賃貸住宅であり、1998年からは「公営住宅法」のもとに組み込まれた。65歳以上人口の5.5％にあたる割合で整備されており、家賃補助制度（Boligstøtte）も整っている。

　これらを支えるのが国民の支払う税金であり、課税方法は超過累進課税制をとっている。平均税率は53.8％で、消費税が品目にかかわらず一律25％となっている。国民から集めた税金の総額はGDPの52％にあたり、社会保障に使われている費用は同30％にあたる［松岡（2001）pp.55〜61］。文字通りの高福祉・高負担国である。高税率を基盤とする社会のあり方には国民的コンセンサスが得られており、政治への信頼が根底にある［浅野（2006）pp.128〜129］。

　また、デンマークの国民性を語るのに「デモクラシー（民主主義）」を見逃すことができない。そして、民主主義を勝ち取って育てていく過程で欠かすことができないポイントは、1848年の平和的で穏健な絶対王政の終わり、グルントヴィの農民教育と国民学校の創設、1864年のドイツに対する敗戦を契機とする草の根運動、1860年代の協同組合運動などが挙げられる［井上（2006）pp.114〜120］。

　国民が自らを政治の主体と考える態度はこうした民主主義の成果であろうし、さりげない助け合いは行うが個人生活への必要以上の干渉はしない様子や、アクティビティ・ハウスでの活動（ビリヤード、外国語学習、コンピュータ教室など）を主体的に企画して運営していく様子などは、デンマークの民主主義そのものである。

　地方自治が徹底しており、広域保健圏域（regioner; レギオナ）が医療を、市（コムーネ）が福祉を管轄している。以前は県（アムト）が医療を担当していたが、2007年1月1日より行政改革が行われ、271市が98市に統廃合されて1市が5万人規模に整えられ、13県（アムト）は廃

止されて五つの広域保健圏域（regioner; レギオナ）となった。

　いずれにせよ地方自治体の規模が小さく、「顔のみえる関係」が福祉を支えている［松岡（2005）pp.277～280］。国は枠組み法をつくるのみで、地域住民のニーズと社会・経済状況の実態に合わせて自治体ごとに柔軟に運用できるよう設計されている。

　目的達成のためには大胆な改革を行う合理精神にも富み、国民・市民の実質的な幸せに向けて制度改革が頻繁に行われる［松岡（2001）］。

　福祉に関する問題は社会省が管轄しており（現在は福祉省となっている）、2006年より高齢者住宅を含む公営住宅を管轄する住宅庁が経済建設省から社会省へと移管された。こうした改革も、これから述べる「住まいとケアの分離」を成功裡に推進させたことも、国民主体のデモクラシーや合理精神があってのことではないだろうか。

　現在デンマークでは、人口555万人に対して65歳以上の高齢者は92万人で高齢化率は16.7％である（2010年10月、デンマーク統計局）。2006年には、人口542万人に対して高齢者が82万人で、高齢化率は15.2％であった。

　高齢化率は日本ほど高くなく、進展の速度も急激ではないが、確実に高齢化が進み、75歳以上の後期高齢者が増えている。1925年に高齢化社会となり、1960年代に高齢化が急速に進展した。1983年には少子化が底をうち、その後は適切な政策によって1995年には、第２次世界大戦後初めてのベビーブームを経験している。よって、1980年代は高齢化率が14％台から上昇せず、1990年代には15％台を前後していた。

　平均寿命も、男性75.6歳、女性78.2歳と、日本が男性79.19歳、女性85.99歳（2007年）であるのに比べると、男性は約3.6歳、女性は約7.8歳平均寿命が短かい。国民年金については65歳から支給される[1]。

2. 地域居住への道のりと高齢者住宅

（1）大規模施設の時代と社会的入院

　デンマークにおける施設から地域居住への移行の背景要因としては、第1章で述べた欧米諸国と同様に、社会的入院の増加、高齢化の進展、財政の逼迫が挙げられる。

　しかしその前に、戦後の経済成長を背景とする大規模な施設の時代があった［Fich et al（1995）］ことに触れないわけにはいかないだろう。デンマークにおける高齢者居住の歴史年表は、前著をご覧いただきたい［松岡（2005）p.22］。

　長らくデンマークの高齢者施設は、コムーネ（市）が提供する「プライエム（Plejhjem）」であり、法的根拠は「社会支援法 Social bistant loven」にあった。デンマークでは1960年に高齢化率が10％を超えたが、高齢化の進展と経済発展を背景に、1960年代、1970年代は大規模なプライエムが増設されていった。

　しかし、「プライエムで暮らす高齢者は深く椅子に腰掛けて待つ人であり、職員は『召使症候群』にかかっていた」［Wagner（1997）p.150］、「プライエムの多くが孤立していて、不毛で、活力がなく、人間の権威を失わせるようなミニ病院、人間の最期の最後を迎える前の待合室へと化していった。プライエムに住む人々にとって、イキイキとした生活はプライエムに引っ越したその日を境に幕を閉じた」［Andersen（1999）p.203；松岡（2001）p.127］と批判されるようになったのである。

　しかもその頃、各施設での1日あたりの費用は、病院で2,000クローナ（40,000円、1クローナ＝20円）、プライエムで600クローナ（12,000円）、在宅にいると100～300クローナ（2,000円～6,000円）だとされており、プライエムは大きな財政負担を強いるものであった［伊藤（1985）］。

　それでも、プライエムへの入所を希望する高齢者は増え続け、1982年当時、首都コペンハーゲンには5,800床のプライエムがあったが2,200人

が待機者として入所できず、そのうち半数は社会的入院をしており［伊藤（1985）］、高齢者を幸せにしない制度が社会に大きな財政負担を強いていた。

　高まる施設批判と、財政の逼迫、高齢化の波のなかで、施設に代わる体系が求められるようになったのである。

（2）高齢者三原則（高齢者政策委員会の報告）

　これからの時代に向けての高齢者福祉の指針を模索するために、1979年、政府内に高齢者政策委員会（Ældre Kommissionnen）が召集され、1980年から1982年まで3回にわたって高齢者福祉の政策指針に関する報告がなされた。

　第1回目の報告書（1980年5月）では新しい指針の中核概念が提示された。それは「高齢者は介護の対象ではなく生きる主体である」という考えである。「今後の高齢者政策の主眼は高齢者の身体的虚弱化をカバーするケアに置かれるのではなく、社会的役割と交流の創出に置かれるべきである」［Kåhler（1992）］ことが確認された。

　日本でも福祉の現場で援用されている「自己決定（selvbestemmelse）：高齢者の自己決定を尊重する」、「自己資源の活性化（udnytte disse resource）：今ある能力に着目して自立を支援する」、「継続性の維持（kontinuiteten）：これまでの生活と断絶せず、継続性をもって暮らせるよう支援する」からなる「高齢者三原則」は、この第1回報告書で提言されたものである。

　中核概念も三原則も、自立的環境を重視している点で、地域居住の概念と目指すものは同様である。

　第2回報告（1981年4月）では、「社会のなかでの高齢者の状態」と

★1　国民年金（Folkepension）は、65歳以上の高齢者に支給され、単身者の年間基礎額は55,776クローナ（111万円）で、これに加算がつき月額は満額で18万円前後となる［Laursen（2004）］。

題して、高齢者が置かれている社会的状況が明らかにされた。人生三分割論のなかでの労働と年金の問題、住宅と施設の問題、活動と福祉・保健に関する問題が指摘された。

人生三分割論とは、児童期（0歳～14歳）は教育を受けて学ぶ時期であり、成人期（15歳～64歳）は働いて税金を納め、家族・社会に貢献する時期である。そして年金生活者となる時期を「第三の人生」として積極的に捉え、自ら人生を楽しむと同時に、年金を受けるだけでなく地域での主体的な活動の中核となるような位置づけで捉えている［Kåhler（1992）］。

第2回報告書で特に注目すべきは、施設批判が高まるなかでの施設が抱える問題について、その解決策の一つとして、「住まいとケアの分離」の必要性が強調された点である［Ældrekommissionnen(1981)；Gottschalk（1993）pp.47～48］。

施設にはケアがパッケージされているから、24時間ケアが必要になるとケアを求めて自宅を離れて入所しなければならない。しかし、施設に入所すると大規模集団処遇のなかで「生のある生活が幕を閉じることになってしまう」［Andersen（1999）p.203］。これを克服するには、住まいとケアを分離して、施設に固定化されたケアを地域全体で共有できるようにして、個人のニーズに応じてケアを受けられるようにする必要がある、というわけである。

サービスは高齢者のニーズに応じて提供されるべきであって、どこに住んでいるか（特に施設か施設でないか）によって決められるべきではない［Hansen（1998）p.90］、という報告がなされた。「住まいとケアの分離」は、ヨーロッパにおける高齢者居住研究の新しい概念の一つとなっている［Daatland（2000）pp.24～28］ことは、第2章で述べた通りである。

最後の第3回報告書（1982年5月）のタイトルは「高齢者政策」であり、2回の報告をふまえて、年金、住宅、高齢者の活動、ケアのあり方、

さらにスタッフ教育について具体的な政策提言がなされた。

住まいについては、第2回報告書の「住まいとケアの分離の必要性」を受けて、「すべての高齢者は独立住宅に住む権利をもつ」こと、「施設と住宅の区別をなくして、住まいを一元化する」こと、「住まいとケアに関するキーワードはフレキシビリティである。（住まいとケアがパッケージ化された）施設は、適切な高齢者のための住宅と高齢者のニーズに合わせて柔軟に届けられるサービスによって置き換えられるべきである」ことが提言された［Kåhler（1992）］。

この報告書を受けて、デンマークではプライエム（施設）の建設が中止されたのである［Gattshcalk（1993）；松岡（2005）］。

（3）高齢者住宅の建設

高齢者政策委員会の第3回報告書が出された（1982年）6年後、デンマークでは1988年1月1日以降をもってプライエムの新規建設を禁止する法律が施行された。

法的根拠は「社会支援法改正法391号第81条（Social Bistant loven）」にあるが、この法案は1987年6月に国会を通過して承認されている［松岡（2005）p.52］。そして、プライエムに代わる住まいの形態としては、高齢者住宅（Ældrebolig；エルダーボーリ）が登場した。

高齢者住宅は、「高齢者・障害者住宅法（lov om boliger for ældre og persioner med handicap）」に法的根拠をもつ公営賃貸住宅である。計画・建築・維持管理の責任は市にあるが、実際には非営利住宅協会が市と協定して建築・管理を行っている［松岡（2005）pp.108〜128］。

そしてこれが、デンマークにおける地域居住の基盤をなす住宅にあたる。その後、「高齢者・障害者住宅法」は徐々に廃止され、1997年「公営住宅法（almene bolig loven）」に組み込まれた［松岡（2005）pp.130〜138］。

「高齢者・障害者住宅法」では、高齢者住宅の供給主体や建設資金、

住民デモクラシーなどについて取り決めているが、高齢者住宅のハード要件については次の箇条書きのように規定されているのみで、高齢者の自立を支援する住宅としての質を確保しながら、地方自治体のニーズと実態にあわせて運用しやすい内容となっている［松岡（2005）pp.53～54］。

❶67㎡以下で建てること(この規定は、公営住宅法では110㎡となった)。
❷高齢者や障害者などの車椅子利用者に配慮して造られていること。
❸24時間にわたって援助が呼べること。
❹キッチンやトイレを備えた独立住宅(self-contained housing)であること。
❺アクセスビリティ(歩行障害があってもアクセスできる)があること。

　家賃設定は各コムーネに任されており、立地、広さ、築年数によって決められるために市によってバラツキがある。高齢者住宅の面積は法律で上限しか決められていないが、どのコムーネでも平均的に自立型で60㎡、介護型で40㎡の広さがある［松岡（2005）p.131］。
　家賃は、おおむね6,000クローナ（12万円）前後である。収入が十分ではない高齢者には、家賃補助（Boligydelse）によってコムーネから補助が交付される。
　また、入居に際しては入居金（Beboerindskud）を支払わなければならない。入居金の額は1万クローナ（20万円）から2万クローナ（40万円）の範囲内であり、家賃の約3ヶ月分が目安となっている（2006年ホースホルム市取材）。ちなみにまとまった資金のない高齢者には融資制度（Lån til betaling af beboerindskud）も整っている。退去時に住宅の傷みがなければ全額返還されるものである。
　1988年にプライエムの建設が禁止され、高齢者住宅の建設が始められたが、年間3,000戸の建築ペースで進められた。これは日本の高齢者人口規模で置き換えると、年間8万戸に相当する［松岡（2005）p.52～

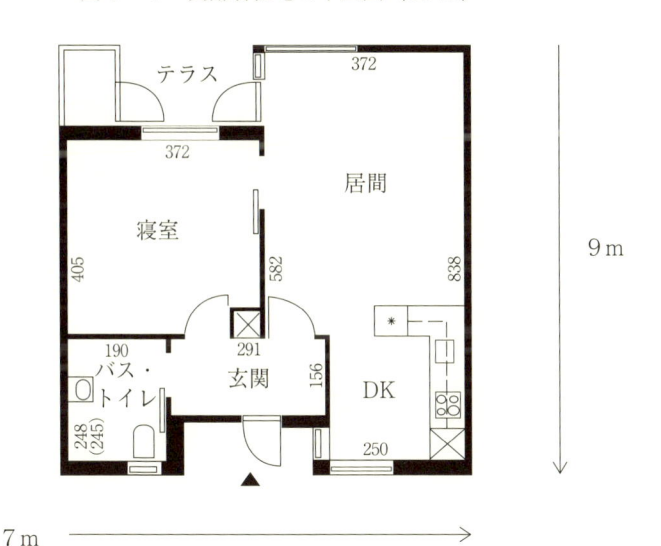

図4-1　高齢者住宅の平面図（60㎡）

53］。その結果、1987年時点で49,000床あったプライエムは2009年には約9,400戸まで減少し、3,300戸しかなかった高齢者住宅は75,600戸まで増加している[★2]。

　こうした動きのなかで、プライエムはどうなったのであろうか。本研究の対象ではないので詳述することは避けるが、デンマークにおける住宅政策の全容を把握して高齢者住宅を位置づけることは重要と思われるので簡潔に述べる。

　1988年の時点で新規建設が禁止されたプライエムではあるが、既存プライエム（49,000床）の存続は認められた。とはいえ、新規建設の禁止から7年が経った1995年に行われた調査で、17％が面積15㎡以下、22％がバス・トイレなし、9％が車椅子でアクセスできないなど、その劣悪な居住環境が明らかとなった［松岡（2005）pp.55〜56；Gottscalk（1995）］。

★2　http://www.statistikbanken.dk

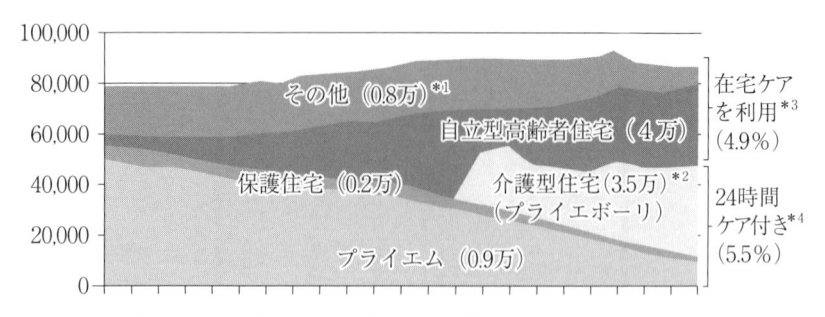

図4−2　デンマークにおける高齢者の住まいの時系列変化

　　その他（0.8万）[*1]
　　自立型高齢者住宅（4万）
　　保護住宅（0.2万）
　　介護型住宅（3.5万）[*2]（プライエボーリ）
　　プライエム（0.9万）

　　在宅ケアを利用[*3]（4.9％）
　　24時間ケア付き[*4]（5.5％）

出所：デンマーク統計局資料より筆者作成
[*1]「その他」とは1987年以前に建設された年金受給者住宅、高齢者向け集合住宅。
[*2]「介護型住宅」は1996年から建築が始まったが、統計局資料は2006年のものしかない。1999年〜2005年は不明であったが、これまでの調査資料からデータをつなぎ合わせた。
[*3]「その他」と「自立型高齢者住宅」が「在宅ケアを利用して暮らす住宅（50,000戸）」である。
[*4]「介護型住宅（プライエボーリ）」「プライエム」は「24時間ケア付き住宅（45,000戸）」である。

　そこで政府は1996年に「高齢者・障害者住宅法」を改正し、「高齢者住宅にサービスエリアをつけて介護型住宅を造ってもよい」こととした。サービスエリアとは、共同のキッチン、食堂、居間、ランドリー室などである。

　この改正によって造られていったものが、「プライエボーリ（Plejebolig、介護型住宅）」であり、高齢者住宅でありながら、近くにいる職員から提供されるケアによって施設と同様の介護が受けられる住宅である。もちろん、デンマークにおいてはケアの側面でも、施設と在宅（地域）の垣根は取り払われているため、介護型住宅においても、深夜帯には地域の訪問看護師が外からやってきて施設サービスにあたるコムーネがほとんどである。エイジング・イン・プレイスの文脈でいえば、モダーン・ナーシング・ホーム（新型ナーシング・ホーム）のカテゴリーに相当する。

　高齢者住宅の枠組みのなかでプライエムに代わる介護型住宅の建設を促進して、その居住環境の向上を図ったわけであるが、プライエボーリ

表4-1　デンマークにおける高齢者向け公的賃貸住宅2009年（2006年）

在宅ケアを利用して暮らす住宅		24時間介護の付いた高齢者住宅	
高齢者住宅（自立型）	40,085（26,276）	高齢者住宅（介護型）（プライエボーリ）	35,575（32,016）
その他の住宅（*）	8,349（14,846）	旧プライエム	9,436（15,424）
保護住宅（**）	1,824（2,870）		
小計	50,258 5.6%（43,992 5.5%）	小計	45,011 5.0%（47,440 5.9%）
合計　95,263（10.6%）			

出所：デンマーク統計局　http://www.dst.dk/
（*）その他の住宅　：「Other dwelling for the elderly persons」と表記されるものであり、1930年代に建設された年金受給者住宅、1970年代に建築された高齢者向け集合住宅などがこれに当たる［松岡（2005）］。
（**）保護住宅：プライエムと同様に「社会支援法」に法的根拠を持つ住宅である。虚弱ではあるが自立生活が可能な高齢者の住まいである。プライエムに併設して建てられることが多く、昼間は在宅ケアを利用して生活するが、夜間は緊急アラームがプライエムに通じるようになっている［松岡（2005）］。

は2009年時点で34,000（ショートステイを含めると35,500戸）戸が整備されている。プライエムは1995年をもって全面廃止が決定されたが、2009年現在で9,400床が残っている[★3]。これは、中央政府の規則を順守できない財政的にゆとりのない市の怠慢である、とされている。

1987年からの高齢者の住まいの数量的変遷を、**図4－2**に示した。プライエムが減少して高齢者住宅が増え、1996年くらいからはプライエボーリ（介護型住宅）が出現している様子が確認できる。

現在デンマークにおいては、公的資金が注がれた高齢者向け住宅は、すべて公営住宅法のもとに一元化され、その内訳は**表4－1**の通りである[★4]。ここで注意を要するのは、一般の公営住宅もアクセス可能でバリアフリ

★3　2010年時点で8,761床である。
★4　保護住宅はヨーロッパの文献では施設に分類される。しかし、デンマークの保護住宅は、居住の質という点から高齢者住宅と同等のレベルであり、在宅24時間ケアを利用するものであるため高齢者住宅に入れた。

ーであるので、車椅子利用の高齢者や介護が必要な高齢者が多く住んでいるという点である。つまり、さらに多く（10.6％以上）の高齢者が一般の公営住宅に若い世代とともに住んでいるということである。

（4）「早めの住み替え」と高齢者住宅

　高齢者住宅が増えていくなかで、1990年代なかばから「（高齢者住宅への）早めの住み替え」というスローガンが宣伝されるようになった［Jensen（1997）pp.6〜7；Andersen（1999）pp.201〜212；Winter（2000）p.20；松岡（2001）pp.150〜151；松岡（2005）pp.61〜62］。それを行なう主体は、55歳〜65歳の高齢者である［Gottschalk（2000）p.150］。

　1989年当時、自宅に暮らす高齢者の居住状況はどのようなものであったのだろうか。

　「145,000人の高齢者が、エレベーターのない集合住宅や階段のある戸建て住宅に閉じ込められている。これは、70歳以上高齢者の33％にあたる（1989年の高齢者人口は54万人）」［Platz（1990）p.100］という研究結果が発表され、住み続けている自宅が自立した生活の障害になっていることが世間に知らしめられた。

　自宅に住む高齢者がさらに高齢となり、自分で車を運転できなくなると、病院、商店、郵便局へ行くにも困難を生じるにようになり、生活が不便になるだけでなく、自宅への閉じこもりを誘発して自分がしたいこともできなくなり、重大な自己実現の障害となる［Andersen（1999）pp.206〜207］。これを放置すると、不適切な住宅に住み続けたがために、虚弱化が進んで住み続けられない状況になってしまう。しかし、こうした障害（狭いこと、段差、階段、買物の不便など）は高齢期にふさわしい住宅（高齢者住宅）に早めに引っ越すことで回避できるはずである。

　しかしながら、1988年以降高齢者住宅が建築されているにもかかわらず、約10年後の1999年の調査では、いまだに57,000人もの高齢者が外出不能の状況にあることが明らかにされた［Andersen（1999）pp.207〜

208〕。

　1990年代なかばから唱えられるようになった「(高齢者住宅への) 早めの住み替え」は、障害が重くならないうちに、高齢期に向けての新しい生活を、自主的に、早めにスタートすることであり、第三の人生の「新しい自宅」を自分の決断で、自力で引っ越しできるうちに、早めに準備することを勧めるものである〔Andersen (1999) p.209〕。

　夫婦2人揃っているあいだに引っ越しをする方がよいともいわれている〔Hansen (1997)〕。夫婦2人の方が、新しい環境に適応したり、友人関係をつくりやすいし、1人が亡くなった場合でも残された1人は慣れ親しんだ環境でその後の人生を過ごすことができるからである。

　ここで注意を要するのは、「早めの住み替え」の概念はデンマークにおける自立型高齢者住宅やその他の民間事業者から供給される高齢者向けの住宅への居住移動を対象にしたものであって、プライエボーリ (介護型住宅) への居住移動を対象としたものではない、という点である。

　公営賃貸住宅への引っ越しは、身体状況、住宅状況などを中心に市の判定を必要とするので、住みたいと思っても住めるものではない。よって、現在デンマークでは、引退 (retirement) の前後で引っ越しを検討し、公共には頼らず協同組合をつくって気の合う仲間と老いの住宅 (Old Kollectiv: オレコレ) をつくる動きなども活発である〔Gottschalk (2000) ; 松岡 (2005) pp.147〜152〕。

　また、「都心のこじんまりとした住宅に早く移り住みたい」という高齢者は増えており、民間のデベロッパーもこの分野に進出している。あくまでも、コムーネとの協議を重ねながら独自の物件を供給しているのであるが、高齢者も豊かになり、自宅を売却してこじんまりとした都心型集合住宅に引っ越す人が増えているようである。公共に頼らない老いの住まいについては、拙著『デンマークの高齢者福祉と地域居住』(新評論、pp.281〜291) に詳しいので参照していただきたい。

　「早めの住み替え」の概念は日本でも援用され、2003年6月に厚生労

働省から改正介護保険の中長期的なあり方を示すものとして発表された「2015年の高齢者介護」にも「元気なうちの住替え」として登場している。

筆者は高齢者住宅への引っ越しのタイミングが早いほど幸福感が高いことを実証した［Matsuoka（2006）］。

3．地域居住と巡回型在宅24時間ケア

デンマークにおける地域居住推進の過程には、高齢者住宅だけでなく、在宅ケアの整備が重要な意味をもっている。

高齢者政策委員会の第三報告書（1982年）において、「施設は適切な高齢者のための住宅と高齢者のニーズに合わせて柔軟に届けられるサービスによって置き換えられるべきである」という提言がなされたわけであるが、この時から、在宅ケアの整備に力が入れられた。

1984年には22％の市でしか整備されていなかった24時間ケアが、1980年代の取り組みで85％以上の市で提供できるようになった［松岡（2005）p.47］。このような状況を整えてから、プライエムの新規建設禁止に踏み切ったのである［松岡（2005）p.47］。現在では、すべての市で24時間ケアを提供している。

1984年には、施設と在宅の区別なく、地域全体にケアを届ける「統合ケア」の試みが始められ、1990年代に広がって、1997年には90％を超える市で実践されるまでになった。

デンマークでは、在宅24時間ケアを「Hjemplejen（イェムプライエン）」と呼んでおり、市の判定を受ければ無料で利用することができる。

判定（要介護認定）や全体のしくみについては、前著を参照していただきたい［松岡（2005）pp.155～232］。ここでは、実際の様子について述べる。

（1）巡回型在宅24時間ケアの概要・特徴

その特徴は、以下のようにまとめることができる。

①社会サービス法84条で規定し、市（コムーネ）が責任をもって運営している。

②施設・高齢者住宅・自宅など住宅の類型を問わず、あるいは市内のどこに住んでいようが全域で施設と同等のケアを受ける事ができる体制である。

③在宅24時間ケアを利用している高齢者は14万人（2007年）で、65歳以上人口の16.8％にあたる[★5]。このうち12.5万人が家事援助を、8万人が身体介護を利用している。そして、6.3万人が両方を利用している。家事援助の面でも、身体介護の面においてもしっかりと生活を支えている（2007年）。しかしながら年齢分布で見ると、75歳を過ぎて利用が本格化する（**図4－1**）。

④そのために、市内を人口1～2万人を目安にして地区（福祉地区、ディストリクト）に分割し、基盤整備している。深夜に利用者が少なくなると、境界をなくして市内全域を一括するなど設定は柔軟である。しかし、近年、財政削減に伴う合理化のために地区数を減らし、そのサイズはどんどん大きくなっている。

⑤定期巡回を基本として、緊急コールに対して臨時訪問（随時訪問）を行う。オペレーションセンターは市内に一つであるが、近年では、合理化のために複数市が共同でセンターをもつようになっている。

⑥介護（家事援助含む）・看護スタッフはチームの中で協働している。家庭医（GP、総合医）とも常に連携して、指示を仰いでいる。家庭医がスポットで訪問診療することはあっても、巡回診察すること

★5　デンマークでは24時間ケアの提供において、在宅と施設系（プライエボーリやプライエム）を区別していないので、統計においても統合して数値を発表している。また、年齢や障害の種別による区別もしていない。長らく、在宅ケア利用者は20万人と発表されてきたが、これは施設系で暮らす人々や、若年層も含めた数値である。

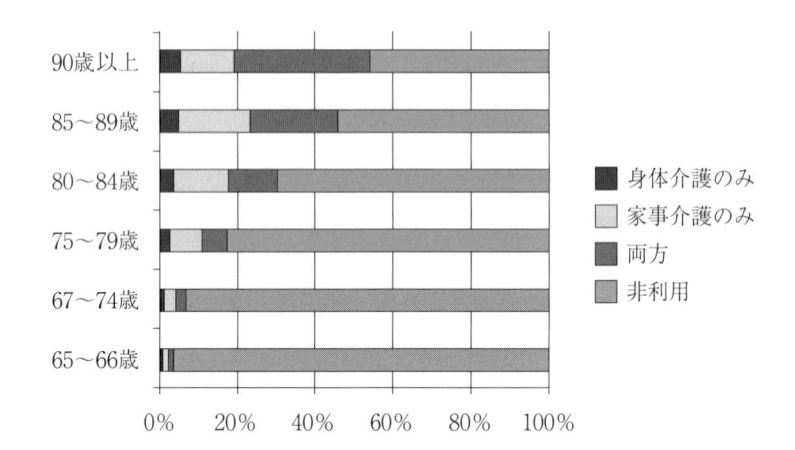

図4−1　年齢別・内容別在宅24時間ケアの利用

凡例：身体介護のみ／家事介護のみ／両方／非利用

出所：http://www.statistikbanken.dk/

は少ない。

⑦オペレーション・システム
- 1日を3分割し、日中（Dag Vagt、7時〜15時）、夜間（Aften Vagt、15時〜23時）、深夜（Nat Vagt、23時〜翌7時）に分けて、専属スタッフを配置している。
- 夜勤、深夜勤は激務なので「5日ルール」があり、5日働けば5日休むなど、働きやすい環境を保障している。
- 日中帯では掃除・洗濯などの家事援助が入るため滞留時間が長く、週1〜2回の利用者も多い。しかし、夜間帯では重度者が多く、ほとんどが毎日の利用者でケア内容や訪問時間も決まっている。よって、スタッフも毎日同じルートで同じ利用者を訪問することとなる。そこで、家族のようななじみの関係が築かれることとなる。

⑧市の判定員のニーズ・アセスメントによって、必要なケアが確定される。各ケアには必要時間が分数で決められているので、アセスメ

図4-2　在宅ケア利用者の週利用時間別分布（2007年、全国）

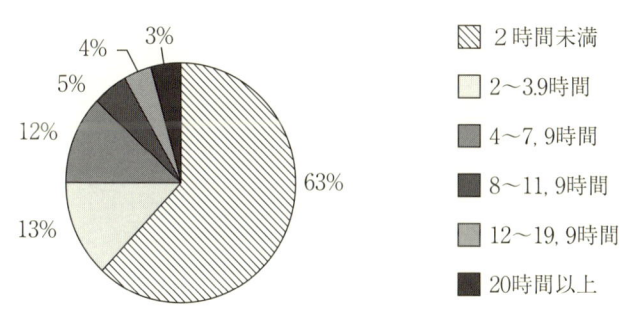

凡例：
- 2時間未満
- 2～3.9時間
- 4～7.9時間
- 8～11.9時間
- 12～19.9時間
- 20時間以上

（63%、13%、12%、5%、4%、3%）

出所：http://www.statistikbanken.dk/

ントによって、ケア内容と利用時間が決定される。その分布は**図4-2**のようであり、週2時間未満のライト・ユーザーが60％以上を占めている。しかし同時に、12時間以上のヘビー・ユーザー（4％＋3％）にもしっかりとケアが提供されている。

⑨ CPR（国民社会保障番号）、電子医療カルテと結びついており、市によって異なるがIT化が進んでいる。スマートフォンの利用も始まっている。

（2）分刻みの巡回訪問、日中・夜間・深夜のメリハリ

在宅ケアスタッフがどのような動き方をするのかを、スタッフに同行観察してまとめたのが**表4-2①②③**である。これは、ある高齢者住宅（自立型147戸、在宅ケア利用者123名）における在宅ケア提供の様子である。60㎡以上の広さがあり、バス、トイレ、キッチンが付いて、一般住宅と同様の居住環境である。

高齢者住宅内の巡回は移動距離が短いので、地域に点在する自宅への巡回とは同等に比べられないだろう、と思われるかもしれない。しかし、地域に点在する自宅への巡回訪問にも同行して観察したが、システムや内容は変わらない。地域に点在する自宅への訪問の移動時間を計測した

表4-2　①高齢者住宅における日中ケアの様子（7：00～15：00）

順序	訪問時刻	滞留時間	性別	年齢	週の利用時間	何回目か	内容	既応症
1	8:05	60分	女性	80	31:00		下半身洗浄、整容、着替え、移動、朝食準備、ベッドメイク	歩行困難、腎臓透析
2	9:08	37分	男性	78	4:20		移動、シャワー浴、カテーテル処理	ポリオ（高齢になってから）
3	9:45	35分	女性	90	10:20		目薬、整容、着替え、皿洗い、朝食準備	高齢（90歳）、歩行困難
	10:20	25分	ミーティング（17人）　10：20～10：45					
4	10:50	5分	女性	80	31:00	2	食事終了確認、コーヒー用意	歩行困難、腎臓透析
5	10:55	55分	女性	94	14:50		そうじ	高齢（94歳）
6	11:50	90分	女性	90	10:20	2	車椅子でレストランへ（補助）	高齢（90歳）、歩行困難

出所：同行訪問をもとに筆者作成

　が、夜間帯（8時間）の最も訪問が多い場合でも合計45分前後で、1時間を超えることはなかった。

　まず、日中帯では、モーニングケア（起床、清拭、整容、着替え、移動、朝食準備）が中心で、これにそうじや洗濯などの家事援助が加わり会話などの時間も生まれる。食事づくりを一緒にすることもある。SSH[6]やSSA[7]が少人数に対して比較的長い時間の訪問を行う。表4-2①（日中）では、4人に対してのべ6回の訪問をしている。2人には2回の訪問をしている。

家事支援の合間の会話（日中）　　食事づくりを一緒にすることも（日中）

表4－2　②高齢者住宅における夜間ケアの様子（15：00～23：00）

順序	訪問時刻	滞留時間	性別	年齢	週の利用時間	何回目か	内容	既応症
1	17:30	2分	女性	75	1:40		投薬確認	
2	17:32	3分	男性	60	6:00		食事準備、投薬	脳卒中（右マヒ）
3	17:45	5分	女性	58	11:00		安否確認	ぜんそく
4	17:35	10分	女性	89	8:50		食事、投薬	高齢（89歳）
5	18:50	10分	女性	98	10:20		食事、投薬	高齢（98歳）
6	18:00	5分	女性	83	14:10		投薬（ヨーグルト）	高齢（83歳）、骨折しやすい
7	18:40	5分	女性	101	14:20		食事、投薬	高齢（101歳）
8	17:25	5分	女性	78	5:30		食事（スープ）、投薬（朝・昼・夜）	聴覚障害、虚弱
9	18:05	20分	女性	82	2:40		投薬	夫が死亡、電動スクーター使用。
10	17:20	5分		73	31:00		食事	糖尿病、両脚切断（電動車椅子）
11	17:55	5分		61	7:50		投薬	脳卒中（片マヒ）
12	18:25	25分	女性	85	19:30		食事、投薬	高齢（85歳）、糖尿病、腎臓、虚弱
13	17:50	5分	女性	81	3:30		食事準備、投薬	膝手術
14	17:00	20分	女性	78	12:10		カテーテル処理、オムツ交換、シーツ交換、食事準備	糖尿病、片脚切断、カテーテル
15	18:45	5分	男性	77	13:30		食事、投薬	脳卒中（片マヒ）
16			女性	80	31:30		（同僚が代わりに訪問）	歩行困難、腎臓透析
	19:00	休憩						
17			女性		12:30		（同僚が代わりに訪問）	
18	20:30	20分	女性	101	14:20	2	食事片づけ、着替え、就寝準備	高齢（101歳）
19	22:05	25分	女性	98	10:20	2	移動、投薬、着替え（22:30同僚から電話あり）	高齢（98歳）
20	20:55	5分	女性	78	12:10	2	カテーテル処理・付け替え、食事片づけ、薬整理	糖尿病、片脚切断、カテーテル
21			男性	77	13:30	2	（同僚が代わりに訪問）	脳卒中（片マヒ）
22			女性	80	31:30	2	（同僚が代わりに訪問）	歩行困難、腎臓透析
23	22:00	5分	女性	78	5:30	2	着替え、投薬	聴覚障害、虚弱
24	20:50	5分	女性	85	19:30	2	オムツ交換、着替え	高齢（85歳）、糖尿病、腎臓、虚弱
25	22:30	20分	女性	83	14:10	2	トイレ介助（ポータブル・トイレ）、着替え、投薬（ヨーグルト）	ぜんそく
26	22:50	5分	女性	58	11:00	2	投薬確認	ぜんそく
	23:20～23:30	終了						

出所：同行訪問をもとに筆者作成　・記入のない部分は同行できなかった所である。

表4-2　③高齢者住宅における深夜ケアの様子（23：00～翌7：00）

順序	訪問時刻	滞留時間	性別	年齢	週の利用時間	何回目か	内容	既応症
1	0:40	5分	女性		16:20		見守り訪問	認知症始まり
2	0:45	5分	男性		6:30		見守り訪問。寝巻でベッドの外。夫は隣の部屋で寝ていた。	ご夫婦
3	0:50	5分	男性		23:50		安否確認	
4	1:15	25分	女性	81	3:30		トイレ介助（ポータブル・トイレ）、着替え、就寝準備	膝手術
待機	1:40	介護型住宅のスタッフとともに待機。市のナースが来る。						
5	3:35	20分	女性	85	19:30		トイレ介助、オムツ交換（大便）	高齢（85歳）、糖尿病、腎臓、虚弱
臨時コール	3:55	10分	女性	98			トイレ介助	高齢（98歳）
6	4:05	15分	女性	80	31:30		オムツ交換（大便）ジュース（1日1ℓまで）	歩行困難、腎臓透析
臨時	4:20	5分	女性		16:20	2	安否確認（まだ起きている）	認知症始まり
7	4:25	10分	女性		23:50		オムツ交換	
待機	4:35	介護型住宅スタッフとともに待機						
8	5:50	5分	女性		16:20	3	安否確認	認知症始まり
臨時	5:55	5分	男性		6:30	2	夫の安否確認	ご夫婦
9	6:00	10分	女性	78	12:10		服薬。カテーテルの交換	糖尿病、片脚切断、カテーテル
10	6:10	5分	男性	73	31:00	2	安否確認（よく眠っている）	糖尿病、両脚切断（電動車椅子）
臨時	6:15						認知症で夜間徘徊の女性宅へ安否確認	認知症

出所：同行訪問をもとに筆者作成

　次に、夜間帯になると、分刻みで巡回訪問していく。毎日ほぼ同じルートで巡回するので、利用者との関係もより深いものとなる。スタッフは休みの日もあるので、毎日来ることはできない。中心的にかかわるコンタクト・パーソンを決めた上、2～3人でシフトを組み、巡回スケジュールがつくられる。投薬確認だけのために2分、食事準備のために3分、安否確認に2分の訪問が続くが、慣れ親しんだ関係のなかで利用者はスタッフに家族以上の信頼を寄せており、やってくることをとても楽しみにしている。夜間帯では、1人のスタッフが16人前後を対象に複数回訪問を含めて、のべ25回前後の訪問を行う。この高齢者住宅で

は夜間帯に3人のスタッフが同様のサービス提供を行うので、146戸の高齢者住宅で利用者は50人前後ということになる。

深夜帯には利用者がぐっと減って7人となる。寝静まってからの訪問ばかりである。夜間帯ほどの訪問件数はなく、1人のSSAが担当している。集中的

なじみの関係が心のきずなを生む

に巡回訪問を行った後には待機して、緊急コールに備える。この高齢者住宅は介護型住宅を併設しているので、介護型住宅のスタッフと一緒に待機していた。深夜1時40分には、市の訪問看護師が巡回してきて、「異常がないか」と声をかけた。市の在宅ケアの一環として組み込まれ、機能しているのである。

利用者像であるが、利用時間を見るとその多くが週に10時間を超え、20時間を超える利用者もいる。年齢も高齢である。高齢で虚弱でありながらも、在宅24時間ケアを柔軟に使って最期まで住み続けることができる住宅なのである。

★6　1991年の社会福祉保健教育改革で生まれた資格。国民学校の9年・10年（日本の中学3年）に相当する1年間の基礎教育のあと、さらに1年2ヶ月の専門教育を受ける。領域としては在宅、施設、病院があるが、実際は在宅が多い。高齢者領域で働くSSHは46,000人（2009年）。

★7　社会福祉保健アシスタント（Social-og Sundhedsassistent）のこと。在宅、施設、病院で働く介護・看護の専門職。1991年の社会福祉保健教育改革で生まれ、その職務内容は介護・看護・リーダー業務、リハビリのアシスタントなど、介護と看護にまたがるものである。社会福祉保健ヘルパー教育のあと、さらに1年8ヶ月の教育を受けることで資格がとれる。このあと追加教育を受ければ、OT・PT・ソーシャルワーカー、看護師になることもできる。2009年現在、高齢者領域で働く看護師は9,000人、同SSAは23,600人いる。ちなみに、同PTは約3,600人。

（3）利用者から見た巡回型在宅24時間ケア

こうした分刻みの巡回型在宅ケアを、利用者の視点から見るとどのようになるのであろうか。ニーズの異なる3人の例を、**表4-3①②③**にまとめた。

〈ペダーセンさん〉

ペダーセンさん（仮称、80歳、女性）はこの住宅に7年住んでおり、週の利用時間が31時間で最重度に属する。立ち上がりと歩行が困難で、通院して透析を受けている。しかし、意識レベルが明確であり、食事も自分でとれるので、十分に1人暮らしできる。

モーニングケアでは、シャワー浴が困難なためベッドの上で清拭を行い、着替えを手伝って身なりを整える。その後電動リフトで立たせて、そのままリフトに乗ってヘルパーが押して移動する。もたれれば立位保持が可能という能力を最大限活用しているのであるが、移動にやや時間がかかる。食事を用意すれば、1人で食べることができる。

利用時間からは、日本の要介護5レベルに相当するのだが、週1回隣接のアクティビティ・ハウスでビンゴ大会に参加し、市内からやってくる高齢者とも交流する。

3ヶ月前には体調を崩し、立位はもちろん、座ることすらできなかった。電動リフトを利用して、生活しながらリハビリすることを作業療法士が提案し、徐々に回復して立位を保てるようになった。ペダーセンさんは、朝3回、夜3回、深夜1回の訪問を受けている。

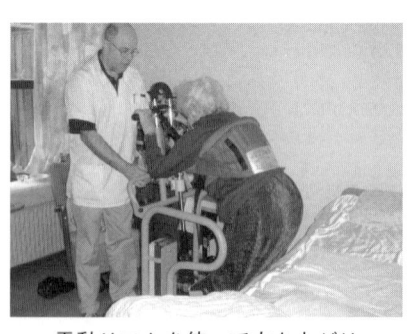

電動リフトを使って立ち上がり

第4章 デンマークにおける地域居住と高齢者住宅　167

表4-3 ① ペダーセンさん（80歳、31時間30分利用）のサービス状況

時刻	日々（身体介護）	週間（家事支援等）
		■ そうじ（60分・2週に2回） ■ 洗濯（30分） ■ 買物（30分） （ビンゴ参加） （通院送迎）
7:00		
8:00	■ 8:00〜9:00 モーニングケア（60分） （整容・着替え・清拭・朝食）	
9:00		
10:00		
11:00	― 10:50〜10:55 朝食確認（5分）　130分	
12:00		
13:00	■ 13:00　安否確認 13:20〜14:00 昼食・トイレ介助・移動（40分）	
14:00		
15:00		
16:00		95分
17:00		
18:00	■ 17:50〜18:30 夕食・トイレ介助・着替え・服薬（40分）　105分	
19:00	■ 19:05〜19:35 着替え・トイレ介助・移動（30分）	
20:00		
21:00		
22:00	■ 21:45〜22:00 トイレ介助・移動（15分）	
23:00		
0:00		
1:00		
2:00		
3:00		
4:00	■ 4:05〜4:20 オムツ交換（15分）	
5:00		
6:00		

表4-3 ② タイソンさん（85歳、19時間利用）のサービス状況

時刻	日々（身体介護）	週間（家事支援等）
		■ そうじ（60分） ■ 洗濯（30分） ■ 買物（30分）　120分
7:00		
8:00	■ 8:00〜8:30 モーニングケア（30分） （整容・着替え・朝食）	
9:00	― 安否確認（10分）　30分 30分	
10:00		
11:00		
12:00		
13:00	■ 13:00〜13:20 昼食・トイレ介助・移動（20分）	
14:00		
15:00		
16:00		
17:00		
18:00	■ 18:00〜18:25 夕食・トイレ介助・清拭・服薬（25分）　55分	
19:00		
20:00		
21:00		
22:00	■ 22:15〜22:45 トイレ介助・清拭・着替え（30分）	
23:00		
0:00		
1:00		
2:00		10分
3:00	■ 3:35〜3:45 トイレ介助（10分）	
4:00		
5:00		
6:00		

表4-3 ③ スタンベアさん（78歳、12時間10分利用）のサービス状況

時刻	日々（身体介護）	週間（家事支援等）
		■ そうじ（60分） ■ 洗濯（30分） ■ 買物（30分）　120分
7:00		
8:00		
9:00	■ 9:00〜9:30 モーニングケア（30分） （整容・着替え・朝食）　15分	
10:00		
11:00		
12:00		
13:00	■ 13:00〜13:20 昼食・トイレ介助（20分）	
14:00		
15:00		
16:00		
17:00		
18:00	■ 18:45〜19:00 夕食・トイレ介助（15分）　20分	
19:00		
20:00		
21:00	■ 21:05〜21:10 移動・トイレ介助（5分）	
22:00		
23:00		
0:00		
1:00		
2:00		15分
3:00		
4:00		
5:00		
6:00	■ 6:00〜6:15 カテーテル交換・服薬（15分）	

〈タイソンさん（週19時間利用）〉

　タイソンさん（仮称、85歳）は、重複疾患（糖尿病や腎臓病）がある。歩行が困難なのでトイレ介助が必要であり、着替えなども手伝ってもらっている。

　タイソンさんは、朝３回、夜２回、深夜１回の訪問を受けている。

〈スタンベアさん（週12時間利用）〉

　スタンベアさんは（仮称、78歳、女性）、女性警官として働いていた人で身体が大きい。退職時にもらった勲章をうれしそうに見せてくれた。

　糖尿病のために片脚を切断している彼女はカテーテルで導尿もしており、定期的に尿処理をする必要がある。片足で立つことができるので、ベッドの脇に車椅子があれば車椅子への移乗は１人でできる。

　しかし転倒の可能性もあるので、移乗はスタッフ訪問時にするようにしている。着替えなどは自分でできるが、食事はつくってもらっている。人と交流するのが大好きで、隣接のアクティビティ・ハウスの常連でもある。スタンベアさんは、朝３回、夜３回、深夜１回の訪問を受けている。

　表４－３からは、複数回の訪問によって起床、朝食、昼食、夕食、トイレ介助などの生活の骨格を支えていることが分かる。そして、もてる能力を最大限活用して、普通の生活リズムをつくり出している。在宅生活においても、決して、ベッドの上で横たわる人の療養介護をしているわけではない。自立生活の支援をしているのである。

　そのためには、身体が動くかどうかの身体機能のみを問うのではなく、補助器具の利用も含めて、実際の行為・活動ができるかできないかに着目することが重要である。例えば、ペダーセンさんの場合だと、「立ち上がり不可、立位保持不可、歩行不可」ではなく、「もたれれば立位保持できるので、（補助器具利用によって）移動可能」なのである。スタ

ンベアさんは、「切断により片足がない」ではなく、「片足があるので、車椅子がベッドの脇にあれば自分で移乗できる」のである。

デンマークのアセスメントの手法は身体機能のみではなく、「今ある身体機能を使って、実際に生活することができるかどうか。活動や参加はどうか」など、「生きることの全体像」を問う視点で総合的な評価を行う。[★8] 一人ひとりがそれぞれの能力を活かしながら、その人の願いや希望に合わせて生活できるかどうか、総合的な視点でのアセスメントを行い、必要なケアを提供して、在宅（高齢者住宅）での普通の暮らしを支えているのである。

4．本当に最期までの居住なのか？

デンマークでは、このような自立支援の巡回型在宅24時間ケアを受けて、施設へリロケーションすることなく、本当に高齢者住宅で「最期まで居住継続」しているのだろうか。

高齢者住宅からの退去実態とその理由について、デンマークの全国平均と特定の高齢者住宅（H市、146名）に絞り込んだ調査結果[★9]、文献より読み込んだアメリカのアシステッド・リビング（ジョージア州の5住宅、125名）の実態［Ball（2004）］（表3－2、107ページ）を比較してみた。その結果が表4－4である。

アシステッド・リビングでは64人の退去者の内訳を調べた結果、死亡

[★8] これは、ICF（国際生活機能分類、International Classification of Functioning, Disability and Health）の考え方である。ICFでは、身体機能障害だけではなく、心身機能、活動、参加を含めた「生きることの全体像」を、環境因子、個人因子も含めて捉えようとする。

[★9] 2008年11月から12月にかけて行った調査である。デンマークの98市に対して、高齢者住宅（自立型）からの年間退去率と、退去者のうち何名がプライエボーリへ引っ越したかを尋ねた。98市中、回答が得られたのは14市（回収率14.3％）である。また、各市では高齢者住宅からの退去人数は把握していないことが明らかであったので、新規入居者を尋ねた。

表4−4　高齢者住宅からの年間退去者とその理由

		デンマーク全国平均	ホースホルム市の高齢者住宅	アシステッド・リビング（ジョージア州の5住宅）
高齢者住宅からの年間退去率		15.6%	15.8%	—
退去の理由	死亡退去	退去者全体の77.6%	退去者全体の87.0%	退去者全体の10.9%
	施設へのリロケーション	退去者全体の22.4%	退去者全体の13.0%	退去者全体の89.0%

出所：Matsuoka（2009）、Ball（2004）より筆者作成

退去は全体の10.9％であり、あとの89.1％は認知症やケア不足などが理由で施設へとリロケーションをしていた［Ball（2004）］。

これに対してデンマークでは、全国平均・特定住宅のそれぞれについて、死亡退去が77.6％・86.0％であり、施設へのリロケーションは22.4％・13.0％という低さであった［Matsuoka（2009）］。

次に、その調査対象の高齢者住宅から退去した一人ひとりの事例についてインタビュー調査（訪問看護師対象）を行い、その退去の理由と死に至る過程について、絶えざる比較法［メリアム（2004）pp.221〜288］によって分類した。その結果が、表4−5である［Matsuoka（2009）］。

死亡退去については、「突然死」、「朝の死亡発見」、「栄養・治療拒否」、「緊急入院」に分類することができた。緊急入院11名については、そのケースの多さに驚きを禁じえなかった。が、肺炎などによる緊急入院であり、病院に滞留した時間・日にちが極めて短いので死亡退去に分類してよいと判断した。この点については、ENHR2009で発表して参加者の意見を求めたが、異論を唱える人はいなかった。具体的には、その理由は肺炎（5名）、心筋梗塞（3名）、ガン（2名）、脳卒中（1名）であり、緊急入院後の経過として、2〜3時間後の死亡2名、2日後の死亡6名、5〜7日後の死亡3名であった。

「突然死」については、数日前まで元気にビリヤードを楽しんでいた

表4-5　デンマークの高齢者住宅における退去実態

デンマーク（146ユニット/2008）23名＝15.6%		
死亡退去20名（86.9%）		リロケーション3名（13.0%）
突然死（4名） -心筋梗塞 　（2名：80歳女、75歳男） -肺炎 　（94歳男） -脳卒中 　（90歳男）	朝の死亡発見（2名） -骨折、虚弱 　（91歳女） -肺がん、虚弱 　（87歳男）	認知症（1名） -生活が組み立てられない
栄養・治療拒否（3名） -足骨折 　（93歳女） -肺炎 　（2名：78歳女、82歳女）	緊急入院（11名） -がん 　（2名：82歳男、89歳男） -脳卒中 　（1名：90歳男） -心疾患 　（3名：75歳男、92歳男、94歳男） -肺炎 　（5名：89歳女、97歳女、86歳女、83歳女、83歳女）	精神的理由（2名） -ケアが使えない 　（84歳女） -恐怖・混乱 　（88歳女）

出所：Matsuoka（2009）

が、肺炎のために入院して体力が落ち、その後心臓病のために亡くなった人、妻の死後、急速に肺気腫が悪化して呼吸困難に陥って救急車も間に合わずに亡くなった人などがいる。

　朝、亡くなった状態で発見されたケースも2例ある。いずれも女性で、91歳の人は糖尿病で、頻繁に転倒して骨折していた。回復中であり元気に回復することが期待されていたにもかかわらず、徐々に意欲をなくし食事の量も減って睡眠中に亡くなった。87歳の女性は「たばこの肺」といわれるほどのヘビースモーカーで肺ガンから体に水がたまるようになり、毎日起床してゆっくりとしたリズムで生活していたが、ある朝、目覚めなかった。いずれも、週の在宅ケア利用が25時間、16時間で、スタッフが毎日訪問していた人である。91歳の女性については、回復しつつあっただけに、スタッフにはショックな出来事であったという。いずれも、毎日数回訪問しているので、発見が早かった。

　治療拒否をしたケースは3名である。ある女性（78歳）は肺炎で入院したが3日で退院し、経管栄養を拒否した。家族もそれを理解し、家族に囲まれて静かに亡くなった。

82歳の女性は身寄りのない人であったが、肺炎になって2〜3週間で治療を断り、緊急コールで在宅ケアスタッフを呼んでは話をして安心し、衰弱の末に亡くなった。

93歳の女性は、亡くなる1年前に転んで骨折し、徐々に生きる意欲を喪失していった。家庭医の治療も望まず、ベッドで過ごす時間が長くなっていった。在宅ケアの職員は、励まし、ベッドから起きてレストランで食事することなどを勧めたが、徐々に弱っていき、最期は流動食をとることも拒否し、水やスープだけを飲んで、1週間後、家族に囲まれて亡くなった。

また、介護型住宅へのリロケーションは3名と少ない。1名が認知症のために、他人の指示を受けなければ生活行為ができなくなった女性である。あと2人は認知症の診断は受けていないが、1人は記憶障害と実行力障害によって食事のコントロールができず、痩せ細ってしまい、在宅ケアを活用できない状況となった。あとの1人は、恐怖による混乱などのために1人で時間を過ごせなくなり、24時間にわたる精神的ケアが必要となった人である。

調査対象の高齢者住宅では身体障害については、ほとんどの場合において最期までの暮らしを支えることに成功していた。そして、プライエボーリへのリロケーションは認知症や精神的混乱が主たる原因であった。

ここで、ひとつのエピソードを紹介して「デンマークにおける在宅24時間ケアは、認知症高齢者（自宅や自立型高齢者住宅など）の地域生活をもしっかりと支えている」ということを確認しておきたい。

自立型高齢者住宅でも、長く住んでいると認知症高齢者が徐々に増えてくる。自宅でも同様である。このような場合、軽度の認知症なら在宅24時間ケアで十分支えている。しかしながら限界があり、重度になって昼夜を問わず徘徊が続いたり、食事をするという行為が理解できなくなったりして、自分の生活を自分でコントロールできなくなると、在宅24時間ケアだけで支え切ることが困難となる。

実際に、徘徊によって深夜2時に外で発見された女性（自立型高齢者住宅在住）がいた。彼女は「ここに住み続けたい」と言い、家族も母親の意向を尊重したいとのことであった。この場合でも、在宅24時間ケアによって自立型高齢者住宅での居住継続を支えるのである。しかし、深夜の徘徊は生命の危険があるので、夜間のみ、高齢者住宅の住戸に特別の見守り員を配置することとした。この費用は市の負担である。そして彼女は昼間の時間帯、併設のレストランやデイセンター内を散歩するようにして歩き、職員に温かい声をかけてもらっていた。

夜間の住戸への職員配置は特別な配慮であり、基本は在宅24時間ケアで支える。残念ながら、やがてその女性は介護型住宅へ引っ越しをした。

また、死に至る過程での在宅ケアの利用時間について、多くが20時間を超えていた。リーダーに聞くと「週25時間の利用は最大限に近い時間です。これ以上はサービスを提供できないとか、介護型住宅への転居を考えるということではなく、最期の時期が近いことを念頭に入れてケアにあたり、スタッフ間の連絡を密にして注意を払いながらお世話をします」とのことであった。

以上、デンマークの全国調査と特定の高齢者住宅を対象とした調査より「身体能力が落ちても在宅介護・看護を受けながら高齢者住宅で生活を送り、そこで最期の時を迎える」という地域居住がデンマークの高齢者住宅では実践されていると考えてよいであろう。

第2節 地域資源の実態

このような形で、地域居住を推進しているデンマークでは、実際にどのような形で地域に資源を配分しているのだろうか。高齢者住宅や在宅ケア、地区割りはもとより、医療・保健・リハビリも含めて、人口規模が異なる3市（コムーネ）を比べてみたい。

1.3 市の概要

筆者が比較的よく訪れているシェラン島（コペンハーゲンのある島）の市のなかから、人口規模の異なる3市を選んでみた。フレデリクスベア市、ホースホルム市、ファクセ市である。まず、その概要を紹介しよう。

フレデリクスベア市は、首都コペンハーゲン市に取り囲まれるようにして存在している。人口95,000人の首都圏コムーネである。高齢化率は16.5％でデンマークの平均（16.7％、2010年）に近い。東西4km、南北3.5kmの大きくない地域に95,000人が住んでおり、市内全域において人口集積が進んでいる。

ホースホルム市は、コペンハーゲン北方のウアソン海峡に面する郊外都市（人口24,000人）である。住宅地として古くから人気が高く、市としても裕福であり、2007年の行政改革でも他市と合併しなかった。高齢化率は、22.0％と高い。市の中心地に人口集積が見られ、西部には森が広がっている。

ファクセ市は、首都から約100kmほど南にある小さな市であり、グミで有名なハリボ社の工場がある。行政改革で近隣市と合併して、現在では人口35,000人の「ファクセ市（Faxe Kommune）」となっている。資料が2007年の合併以前の旧ファクセ市（Fakse Kommune）のものであるが、人口規模1万人強ということで選んだ市であるので、そのまま使うこととする。旧ファクセ市には、ファクセ、ファクセレアプレス、カリーセという比較的大きな集落があり、人口集積が分散している。

これら3市について、地域居住に関係する資源を比較したのが**表4－6**である。

後で詳細に見ていくが、どの市においても、高齢者住宅は自立型が4.5％～7.4％、介護型が3.3％～6.0％と、それぞれ5％を基準に整備されている。

表4－6　地域居住を支える資源（3市比較）

		フレデリクスベア市 （2007年）	ホースホルム市 （2007年）	ファクセ市* （2005年）
人口 高齢者人口 （高齢化率）		95,000人 15,000人 （15.8%）2009年	24,310 5,314 （22.0%）	12,200 2,000 （16.4%）
高齢者住宅		1,110戸（7.4%）28団地 907戸（6.0%）15団地	329戸（6.2%）6団地 176戸（3.3%）4団地	89戸（4.5%）4団地 89戸（4.5%）4団地
在宅ケア	概要**	利用者　3,359人（22.4%） 2007年 [円グラフ：67%, 13%, 12%, 4%, 3%, 1%]	利用者　1,029人（19.0%） 2005年 [円グラフ：71%, 10%, 9%, 5%, 3%, 2%]	利用者　446（33.3%） [円グラフ：47%, 14%, 12%, 11%, 9%, 7%]
		6地区に分割	2地区に分割（北・南）	3地区（ファクセ、ファクセレアプラス、カリーセ）に分割
	日中	〈利用者3,430人〉6地区*** 全17チーム×25人 ＝425スタッフ （6人／スタッフ）	〈利用者　約700人〉2地区 全4チーム×6人 ＝25スタッフ （6人／スタッフ）	〈利用者　約300人〉3地区 全6チーム×8人 ＝48スタッフ （6人／スタッフ）
	夜間	〈利用者548人〉6地区 全6チーム×6人 ＝36スタッフ （15人／スタッフ）	〈利用者　約180人〉 14スタッフ （うち2名看護師） （15人／スタッフ）	〈利用者　約100人〉 6スタッフ （16人／スタッフ）
	深夜	〈32人〉1地区 4スタッフ（うち2名看護師）	〈10人〉1地区 2スタッフ（うち1名看護師）	〈6人〉1地区 1-2スタッフ（うち1名看護師）
アクティビティ・ハウスなど		アクティビティ・ハウス 不明 デイホーム　不明 トレーニング　不明	アクティビティ・ハウス 3ケ所 デイホーム 20席／日 トレーニング　3ケ所	アクティビティ・ハウス 2ケ所 デイホーム 20席／日 トレーニング　2ケ所
病院		病院　1	総合病院　1	なし
家庭医		60ドクター	16ドクター	8ドクター
看護師		看護師　不明	看護師　18名	看護師　5名
OT/PT		不明	8名＋リーダー	3名
活動指導員		不明	8名	4名

*ファクセ市は2007年より市町村合併を行って、人口35,000人のファクセ（Faxe）市となった。
**在宅ケアの時間別利用率は、数値の高い方から順に、2時間未満、2～3.9時間、4～7.9時間、8～11.9時間、12～19.9時間、20時間以上である。
***フレデリクスベア市の巡回の資源配分は最新資料がないので、［松岡（2005）］によった。

また、在宅ケアの整備については、人口1万人〜2万人前後を基準に地区（ディストリクト、福祉地区）に分け、綿密な巡回システムを構築している。例えば、フレデリクスベア市では、人口9万人を6地区に分けており、ホースホルム市では2地区に分けている。これとやや異なるのは、ファクセ市である。この市は首都への通勤圏ではあるが、郊外都市というよりは田園都市に近い。東西13km、南北10kmと、他の2市と比べて地理的に大きく、1万強の人口が3つの集落に分散しているため、3地区に分けて基盤づくりをしている。

2．高齢者住宅（自立型・介護型）の整備

　デンマークにおける高齢者の住いの整備状況は65歳以上高齢者に対して10.6％であり（2009年）、どの市においても、自立型・介護型のそれぞれがよく整備されている。

　3市の地図に、高齢者住宅（自立型、介護型）の配置をプロットしてみた（**図4−3①②③**）。**表4−7**にはホースホルム市の住宅名・戸数、**表4−8**にはファクセ市の住宅名・戸数を記載している。

　まず、東西4km、南北3.5kmの市内に9.5万人が住むフレデリクスベア市では、市内全域に高齢者住宅が均等に分散配置されている。これなら、住み慣れた生活圏域での引っ越しができ、なじみの人間関係や生活習慣などを維持できやすそうである。

　ホースホルム市では、東西10km、南北6kmの市の中央部に人口が集まっており、高齢者住宅も中央部に集まっている。8ヶ所にあり、高齢者住宅（自立型）と介護型住宅を併設したものが2ヶ所あり、他は40戸以下の小規模住宅である。アクティビティ・ハウスやトレーニング・センターもあり、地域に開放されている。

　ファクセ市では、ファクセ、ファクセレアプレス、カリーセの各集落にプライエボーリと高齢者住宅、アクティビティ・ハウス、トレーニン

ホースホルム市

高齢者住宅「ソフィルン」

高齢者住宅「セルマスボ」

ファクセ市

高齢者住宅「エイブルヘウン」
（左がアクティビティ・ハウス）

高齢者住宅「ヒュルホルテ・センター」

グ・センターを置き、住み慣れた地域で住み続けることができるように配慮している。

　ファクセ市の「エイブルヘウン」という高齢者住宅とアクティビティ・ハウスのコンプレックス（複合）は、筆者が初めて「デンマークではもうプライエムを建築してはいない」ということを知った思い出深い場所である。ヒュルホルテ・センターは鉄道の終着駅のすぐ近くにあり、広い敷地に平屋の建物がゆったりと建てられている。

図4-3 ①フレデリクスベア市

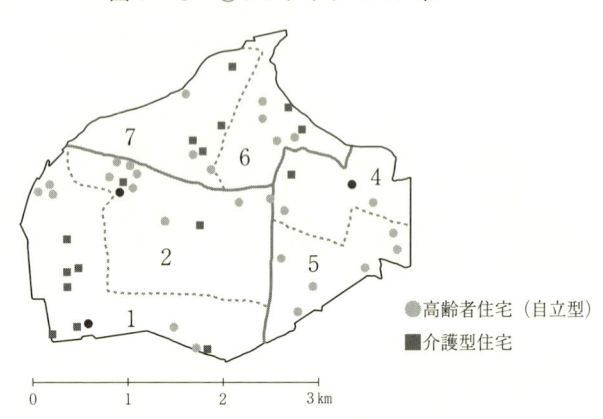

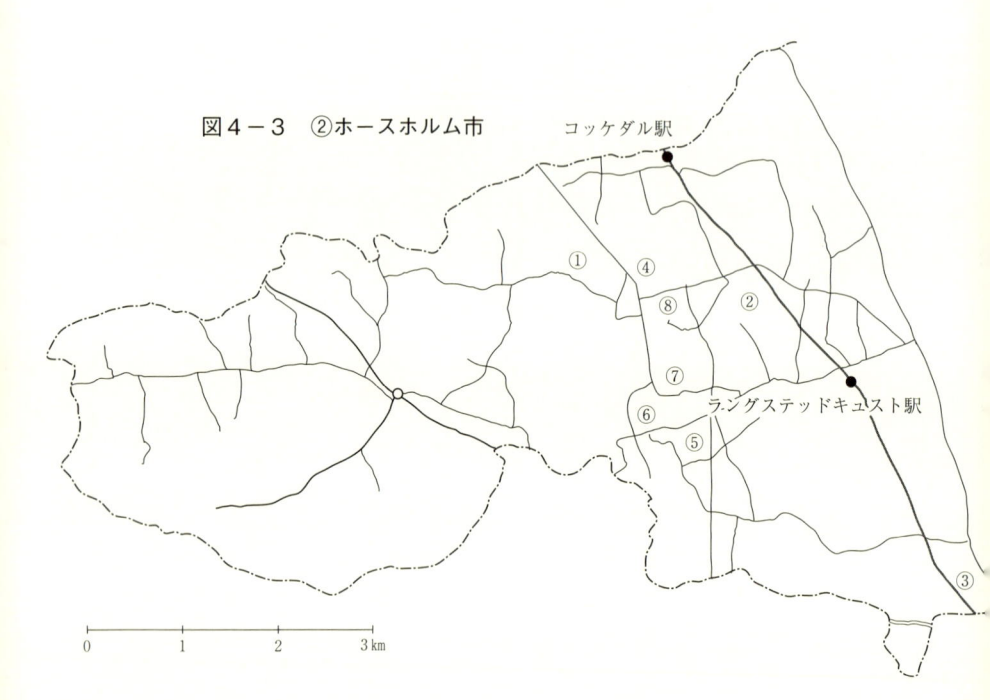

● 高齢者住宅（自立型）
■ 介護型住宅

図4-3 ②ホースホルム市

コッケダル駅
ラングステッドキュスト駅

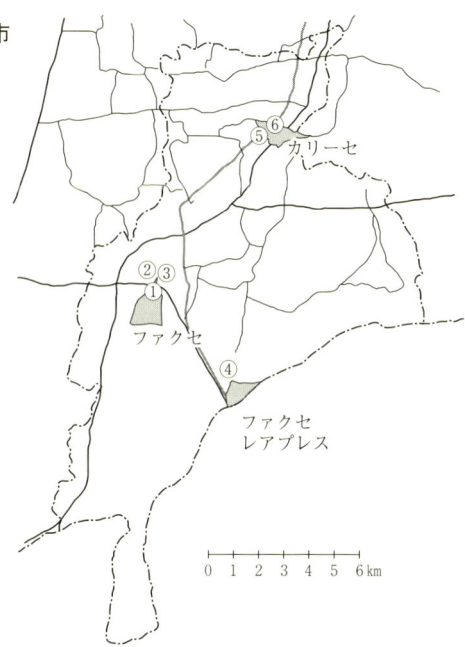

第4章　デンマークにおける地域居住と高齢者住宅　179

図4-3　③ファクセ市

表4-7　ホースホルム市の高齢者住宅

	高齢者住宅	自立型	介護型	アクティビティ・ハウス	トレーニング・センター
①	ブエルテパルケン	146	50	○	
②	ハネビア		40		
③	マルガレーテルン		35		
④	ソフィルン（1991&1995）	127	51	○	○
⑤	セルマスボ（1982&1998）	23		○	○
⑥	カマーフース			☆	
⑦	リネバンゲ（1984）	14			
⑧	エイブルパルケン（1989）	16			
	ロベリアバイ	3			
	小計	329	176		
	合計	505			

☆デイホーム＝デイセンターより介護が重く、判定を受けて利用する通所介護施設。

表4-8　ファクセ市の高齢者住宅

地区	高齢者住宅	自立型	介護型	アクティビティ・ハウス	トレーニング・センター
ファクセ	①リネバイセンター(1999)		41		
ファクセ	②エイブルヘウン（1986）	30		○	○
ファクセ	③ベーベストレーデ	14			
ファクセレアプレス	④ヒュルホルテセンター(1997)	17	66	○	○
カリーセ	⑤ソルヘウセンター（ショート4）				
カリーセ	⑥バデスバイ	10			
	小計	71	107		
	合計	178			

3. デンマーク流地域包括ケア

　デンマークの巡回型在宅24時間ケアについては説明をしたが、市内のどこに住もうが施設と同様の24時間ケアが受けられる制度は、それぞれのコムーネでどのように資源配分されシステム展開されているのだろうか。

　もう一度、3市の地域居住に関係する資源を比較した**表4－6**（175ページ）を見ていただきたい。

　フレデリクスベア市（人口9.5万人）では、1.5万人の高齢者の22.4％にあたる3,358人が在宅ケアを利用している。デンマーク全体の利用率16.8％を上回る率である。

　この市では市内を6地区（人口1.5万人）に分割し、日中は25人のスタッフからなるチームを各地区に3チーム配置し、これに全市を見る看護師チームが加わって、それぞれのエリアで自転車を中心にサービス提供する。稼働しているスタッフは全市で400名を超える。夜間は、548人の利用者が対象である。6人のスタッフからなるチームを各地区に1チーム置き、1人のスタッフが15人前後の利用者宅を定期巡回する。

　ホースホルム市（人口2.4万人）では、日中帯は2地区に分けている。各地区を2チーム、全体を4チームで巡回している。1チームは5～6名からなり、1人のスタッフが6人の利用者にサービス提供するので、1チームで40人前後に提供できる。2地区4チームとして、全体で160人前後に提供することとなる。日中の利用者は700人であるが毎日利用するわけではないので、順次サービス提供していく。

　夜間帯では、約180人の利用者に毎日のサービス提供が必要であるため、12人のスタッフが各自15人を担当して、約180人にサービスを届ける。看護師が2人いるが、定期訪問を行なう対象は2～3人であり、SSAやSSHの相談に応じたり、緊急時に備えている。深夜帯では、利用者は10名に減る。2名（看護師、SSA）で市内全域を担当する。

表4－9　デンマークにおける地域居住を支える資源（1地区あたり）

人口			15,000人
高齢者			2,500人（16.7%）
在宅ケア	日中帯	利用者	1日あたり300人 （利用者総数は420人）
		スタッフ	6人/スタッフ
	夜間帯	利用者	90人前後（毎日利用）
		スタッフ	6人＋看護師1名 15人/スタッフ
	深夜帯	利用者	5人前後（毎日利用）
		スタッフ	0.7～1名
高齢者住宅	高齢者住宅（自立型）		125戸
	プライエボーリ(介護型)		125戸
アクティビティ・ハウス			1～2ヶ所
家庭医			8～10人
OT／PT			4名

筆者調査より作成

　ファクセ市においても、ほぼ同様である。日中は、各集落に2チームが入り、全体として300人に提供する。夜間帯では、15名の利用者を担当するスタッフが6人いて各自のルートを巡回し、全体として約90名にサービスを届ける。深夜は、利用者が6人に減るので、1人で対応する。あと1人は緊急コールを受ける部署にいて、必要とあれば出動する。

（2）共通して見えてくること

　それぞれの市の様子から、デンマークにおける巡回型在宅24時間ケアのオペレーションの共通点が見えてくる。地域資源の共通性をまとめたのが表4－9である。
　①各市ともに、福祉地区を人口1万人前後で整えている（ファクセ市は集落が小さいので例外である）。
　②看護師は各スタッフのスーパーバイザーであり、家庭医やOT・PT

と連携する際のキーパーソンである。定期訪問の担当は少なく、各スタッフからの情報をもとに全体を把握し、相談に応じて的確に指示を出していく。精神疾患のある利用者や退院して間もない人、ターミナル期にある利用者に対しては、家庭医と連携を取りながら自ら訪問して細心の注意を払う。

③日中帯では、1スタッフは利用者6人前後を対象として定期巡回を行う。内容は、モーニングケアを中心に、そうじ・洗濯・昼食づくりなどの家事援助も行なう。

④夜間帯では、利用率が65歳以上高齢者の3％〜5％となる。施設利用者とほぼ同数の高齢者が、最重度でありながらも、24時間ケアを受けながら在宅で暮らしている、と理解することもできよう。

⑤夜間帯では、1スタッフは15人前後を対象に、のべ25回前後の訪問を行う。毎日利用、1日に複数回利用の利用者が中心であるため、各スタッフは毎日同じルートを定期巡回する。ここで、人間的な信頼関係が生まれる。

⑥深夜帯での利用率は1％を切っており、スタッフは5人〜8人の利用者に対して1人のスタッフ配置である。他地区との兼任を含め、必ず看護師が配置されている。

　市内のどこに住もうが、在宅（高齢者住宅）においても施設と同様のケアを受けられるシステムを構築するには、市内を面として捉え、地区に分け、各地区に適切に資源配分してオペレーション・システムを構築することが必要である。

　人口1万人〜1.5万人を単位とした福祉地区に、どのような資源が配置されているかを表4−9にまとめてみた。日本と比較してどうであろうか。

第5章

日本における地域居住と高齢者住宅

　第5章では、日本における地域居住への取り組みの現状について述べる。

　日本においても、高齢者福祉施設に対する国庫補助が2005年より打ち切られて地方自治体の交付金のみとなり、2006年には都道府県交付金が廃止された。都市部を除いて公的資金を投入した施設建設は収束の方向に向っている。また、高齢者専用賃貸住宅の制度などが登場し、有料老人ホームなどと共に「サービス付き高齢者向け住宅」として再編されようとしている。

　ケアの側面では、2006年の介護保険改正法によって「新たなサービス体系」として「生活圏域内での365日・24時間切れ目のないサービスによって住み慣れた地域に最期まで住むことを支援」する具体的制度がスタートした。次期介護保険改正に向けて、地域包括ケアについての報告書が出され、「24時間地域巡回型訪問サービス」も2012年4月の創設に向けて準備され始めている。日本でも明らかに地域居住の時代を迎えている。

　本章では、こうした日本の地域居住に向う制度改正と、抱える問題についてまとめる。

第1節 地域居住に向けて——高齢者ケアの動向

1．日本の方向

　2000年4月、「介護の社会化」、「措置から契約への移行」、「選択と権利の保障」、「保健・医療・福祉サービスの一体的提供」を目指す介護保険が、国民の共同連帯を掲げスタートした。その後今日に至るまで、高齢者の居住（住まい）と介護（ケア）を取り巻く環境は、めまぐるしい勢いで変化を遂げてきた。その様子を表にしたものが表5−1である。

　高齢者施設についていえば、2005年には高齢者福祉施設（特別養護老人ホーム）に対する国庫補助が廃止され、制度上は施設建設収束の方向が打ち出された[★1]。さらに、2006年の医療制度改革のもとで介護療養病床の2012年3月までの廃止が決められた[★2]。これらによって、介護度の高い高齢者も長期療養を必要とする高齢者も、施設入所・院内療養ではなく、住み慣れた地域で住み続けることを支援する方向へと政策変更の舵が切られた[★3]。

　また、介護保険については、2003年6月、厚生労働省老健局長の私的研究会である「高齢者介護研究会」によってまとめられた報告書「2015年の高齢者介護」が発表され、これを踏まえた「2005年度介護保険法改正（2006年4月施行）」では「地域密着型サービス」が創設されるなどして、住み慣れた地域で最期まで暮らすことを支えるための制度の基本が整えられた。

　「2005年度介護保険法改正」では有料老人ホームの定義変更などが行われ、これと並行して、「施設でも在宅でもない新しい『住まい』」を実現する制度として高齢者専用賃貸住宅の登録制度が始まった（2005年12月）。その後、総量規制の導入、高齢者専用賃貸住宅の新登録基準など「居住系サービス（グループホーム、有料老人ホーム・ケアハウスなど

の特定施設)」に関連するさまざまな制度改革・規則変更が続いている。

さらに、2012年度(平成24年度)より始まる第5期介護保険事業計画を見据えては、地域包括ケア研究会より「地域包括ケア研究会報告書〜今後の検討のための論点整理〜(2009年5月)」、これを受けて「地域包括ケア研究会報告書(2010年3月)」が提出された。「高齢者の尊厳、個別性の尊重を基本に、できる限り住み慣れた地域で在宅を基本とした生活の継続を支援すること」を目指し、「24時間地域巡回型訪問サービス」の創設に向けて準備がすすめられている。

施行や実践の成果は別問題として、日本においても、地域居住に向けて住まいの面、ケアの面で新しい制度が整えられつつある。

2.「2015年の高齢者介護」

2003年6月に発表された「2015年の高齢者介護」の正式なタイトルは「2015年の高齢者介護〜高齢者の尊厳を支える介護の確立に向けて〜」である。団塊の世代が65歳以上になる2015年を捉えて、「平成16年度を終期とする「ゴールドプラン21」後の新しいプランの策定の方向性、介

★1 実際には、介護老人福祉施設(特別養護老人ホーム)での受給者は、平成17年3月37.0万人、平成19年3月40.37万人、平成21年3月42.58万人、平成22年3月43.44万人と増加を続けている。最近では特に都市部での高齢化に対応した増設が続いている。

★2 介護療養型医療施設(介護療養病床)の2012年4月までの廃止の方向は、2005年12月「医療制度改革大綱」で打ち出され、後期高齢者医療制度の創設などとともに「健康保険法等の一部を改正する法律(2006年2月国会提出)」によって規定されている。

★3 この政策は、鳩山政権のもとで(長妻厚生労働大臣)凍結された。

★4 平成20年度老人保健健康増進等事業として、有識者をメンバーとする研究会(座長:田中滋・慶応義塾大学大学院教授)によって実施された「在宅医療と介護の連携、認知症高齢者ケア等地域ケアの在り方等研究事業」(実施主体:三菱UFJリサーチ&コンサルティング株式会社)においてとりまとめられたものである。

★5 平成21年度老人保健健康増進等事業として、有識者をメンバーとする研究会(座長:田中滋・慶応義塾大学大学院教授)が開催され、まとめられた(研究会庶務:三菱UFJリサーチ&コンサルティング株式会社)。

表5－1　日本における高齢者住宅政策、ケア政策の動き

年月	国土交通省	厚生労働省
2000年		4月　「介護保険法」施行
2001年	4月　「高齢者の居住の安定確保に関する法律」制定	
2003年		4月　特養の「個室・ユニットケア」 6月　「2015年の高齢者介護」報告書
2004年	10月　「介護を受けながら住み続ける住まいのあり方について　中間報告」	
2005年	10月　高齢者専用賃貸住宅　登録制度（12月登録スタート）創設	10月　介護保険施設での「食住費用」自己負担開始　特別養護老人ホームへの国庫補助廃止 12月　「医療制度改革大綱」（介護療養病床の廃止構想）12/1
2006年	6月　「住生活基本法」施行	4月　「2005年度改正介護保険法」（総量規制導入） 第3期介護保険事業計画 高齢者福祉施設の一部を都道府県交付金廃止、特定施設改革 「健康保険法」の一部を改正する法律（介護療養病床の廃止など） 6月　「改正老人福祉法」（有料老人ホームの定義変更） 9月　「介護施設等の在り方に関する委員会（第1回9/27～第5回翌年6/20）
2007年		4～5月　医療法人の有料老人ホーム・高専賃経営解禁 6月　医療機能強化型老人保健施設　構想 6月　医療法人に特別養護老人ホーム経営解禁
2008年		11月　社会保障国民会議　最終報告（第9回にて最終報告）★6 11月20日　「安心と希望の介護ビジョン」★7
2009年		平成21年度補正予算（介護基盤の緊急整備）で多床室も対象に 5月　「地域包括ケア研究会報告書～今後の検討のための論点整理～」提出
2010年	5月　「高齢者の居住の安定確保に関する法律　一部改正」	3月　「地域包括ケア研究会　報告書」提出 9月　「24時間地域巡回型訪問サービスのあり方検討会」報告書
2011年	4月　「高齢者の居住の安定確保に関する法律改正」で「サービス付き高齢者向け住宅制度」成立	6月　「改正介護保険法」成立
2012年		4月　「改正介護保険法」施行、療養病床の廃止 4月　診療報酬改定・介護保険報酬改定

護保険制度の中長期的なあり方について検討する」[厚生労働省（2003）]ことを目的として、当時の中村秀一厚生労働省老健局長の求めに応じて私的研究会（座長：堀田力・さわやか福祉財団理事長）が結成され、関係者からのヒアリングや集中討議、現場視察を含めて議論されてきた結果がまとめられた[厚生労働省（2003）]。

「2015年の高齢者介護」では「尊厳を支えるケアの確立への方策」として、以下の四つの柱を設けて提言を行っている。

❶介護予防・リハビリテーションの充実。
❷生活の継続性を維持するための新しい介護サービス体系。
❸新しいケアモデルの確立：痴呆症高齢者ケア[★8]。
❹サービスの質の確保と向上。

それぞれ重要な課題であるが、ここでは本研究に関連ある「❷生活の継続性を維持するための、新しい介護サービス体系」に焦点を当てたい。

★6　社会保障国民会議は、社会保障のあるべき姿について、国民に分かりやすく議論を行うことを目的として平成20年1月25日に閣議決定により開催が決定された。1月29日に開催された第1回の社会保障国民会議の場で三つの分科会の設置が決まり、年金・雇用を議論する「所得確保・保障分科会」、医療・介護・福祉を議論する「サービス保障分科会」、少子化・仕事と生活の調和を議論する「持続可能な社会の構築分科会」が設置され、各分科会での議論が開始された（首相官邸「社会保障国民会議」HPより）。

★7　本会議（座長：前田雅英・首都大学東京都市教養学部長）の目的は、「高齢化の進展に伴い介護費用が急増するなか、持続可能な介護保険の構築に向けた方策が大きな課題となっている。一方、認知症高齢者や1人暮らし高齢者の増加等に対応した地域ケアの構築、介護を担う介護従事者の人材確保、施設入居者の重度化に伴う医療と介護との連携などさまざまな問題が指摘されている。こうした問題に対し、将来を見据えた改革が必要であるため、あるべき介護の姿を示す『安心と希望の介護ビジョン』の策定を進めるため」とされている（厚生労働省老健局総務課「安心と希望の介護ビジョン」会議開催要項より）。

★8　「認知症」は2005年度から使用され始めた用語であり、それまで「痴呆症」と呼ばれていた。

（1）「新しい介護サービス体系」について

　まず、目指すべき高齢者介護のあり方については「介護が必要になった時、さまざまな事情から、住み慣れた自宅を離れ、家族や友人たちとも別れて、遠く離れた施設へと移る高齢者も多い。このような人たちは、それまでの人生で培ってきた人間関係をいったん失い、新しい環境のなかで再び新しい人間関係を築くことを強いられることになる。心身の弱った人がそうした努力を強いられることは大変な精神的負担を伴う。それでも、現在の在宅サービスだけでは生活を継続できない、あるいは介護を受けるには不便な住環境であるといった理由から、在宅での生活をあきらめて施設に入所していくのである」[厚生労働省（2003）]という現状を問題として捉えている。

　ここでは施設入所の理由として、在宅サービスの不足と適切な居住環境がないことを指摘している。

　この問題を克服するには、「介護が必要になっても、自宅に住み、家族や親しい人たちとともに、不安のない生活を送りたいという高齢者の願いに応えること、施設への入所は最後の選択肢と考え、可能な限り住み慣れた環境のなかでそれまでと変わらない生活を続け、最期までその人らしい人生を送ることができるようにすることである」[厚生労働省（2003）]と地域居住の概念そのものを述べている。

　これを解決するためには、「在宅に365日・24時間の安心を届けることのできる新しい在宅介護の仕組みが必要である。すなわち、日中の通い、一時的な宿泊、緊急時や夜間の訪問サービス、さらには居住するといったサービスが、要介護高齢者（や家族）の必要に応じて提供されることが必要であり、さらに、これらのサービスの提供については本人の継続的な心身の状態の変化をよく把握している同じスタッフにより行われることが望ましい。このためには、切れ目のないサービスを一体的・複合的に提供できる拠点（小規模・多機能サービス拠点）が必要となる」[厚生労働省（2003）]としている。

高齢者が必要とする介護を、在宅ケアとして提供することの必要性が指摘されているが、これも地域居住の実践について各国が試行錯誤した課題であり、介護を在宅ケアとして提供しているデンマークの方向性と同一のものである。

(2)「新しい『住まい』」について

続けて、新しい住まいについて述べている。

先ほど、要介護状態になった時に在宅生活継続を困難にする、つまり施設入所を余儀なくされるもう一つの要因は「住まい」であることが指摘されていた。

そこで、「例えば、バリアフリー、緊急通報装置などハードウエアの機能を備え、同時に生活支援や入居者の状態に応じた介護ニーズへの対応などのソフトウエアの機能も備えた、高齢者が安心して住める「住まい」を用意し、自宅で介護を受けることが困難な高齢者に対して、住み替えという選択肢を用意することは、重要な課題である」［厚生労働省（2003）］としている。

さらに、こうした新しい「住まい」への住み替えのタイプを「早めの住み替え」と「要介護状態になってからの住み替え」の二つに大きく分けている。

早めの住み替え先について、「現行制度では高齢者向け優良賃貸住宅やシルバーハウジング等の高齢者向け住宅、有料老人ホームなどが該当する。これらの住宅では、バリアフリー仕様や緊急通報装置、LSA[9]の配置といった、日常生活上の安心を得るための仕組みが備えられており、介護サービスについては必要に応じて外部の在宅サービスを利用するという形態が一般的である。今後、高齢単身世帯、特に女性の単身高齢世

★9　LSA（ライフサポートアドバイザー：Life Support Adviser; 生活援助員）：イギリスのシェルタード・ハウジングの生活援助員であるワーデンにあたるもので、シルバーハウジングにおいて安否確認、緊急時支援、生活相談を行う。

帯や高齢夫婦のみ世帯が増加していくことを考えると、このようなタイプの住宅へのニーズは増大していくものと考えられ、上記以外にも様々な形の『高齢者向け住宅』を積極的に整備していくことが必要である」［厚生労働省（2003）］と述べている。

　本論文で研究対象としている「自立型高齢者住宅」は、「2015年の高齢者介護」における「早めの住み替え」先に相当するものである。ここで、介護サービスは外部の在宅サービスを利用する形態が一般的であることに着目すれば、デンマークに見られる「住まいとケアの分離」を踏まえた展開であることが理解できる。また、今後このタイプの住宅へのニーズは増大していくと捉えられている点も、注目に値する。

　そして、次の項目でこのようにも記述している。「『早めの住み替え』の目的は、最期まで住み替えた先の住宅に住み続けることであり、これらの住宅に、いざという時に必要な介護サービスが適時適切に提供されるようにすることは非常に重要である。これらの住宅に住む人に対する介護サービスの提供の方法には様々なやり方があり、住宅自体に介護サービス提供機能を付帯させる方法もあるし、前に述べた小規模・多機能サービス拠点を併設したり、外部の介護サービスと提携する方法もある。

　いずれにしても、『365日・24時間の安心』が確保できるような介護サービス提供体制が用意されていることが重要である」［厚生労働省（2003）］。

　ここでは、住み続けることの重要性が指摘されており、これは地域居住の概念に相当する。しかしながら、そのためには「住宅自体に介護サービス提供機能を付帯させる方法もある」としている。これは、ロートンが「安易な施設化につながる」として批判したことであり、「介護サービスについては必要に応じて外部の在宅サービスを利用するという形態が一般的である」としている前項目とは矛盾する内容である。

　高齢者住宅財団から出された「介護を受けながら住み続ける住まいのあり方について」という報告書では、「住み続けの保障」の重要さに言

及して、住人の虚弱化に対しては介護サービスのアウトソーシングで対応することを新しく提案している［高齢者住宅財団（2004）］。

（3）2005年度介護保険法改正

　以上のような「2015年の高齢者介護」を受けて、介護保険法改正が2005年6月22日に成立し、2006年4月1日から施行された。ここで、地域密着型サービス・介護予防サービスが新しく登場し、地域包括支援センターが創設された。

　特に、地域密着型サービス（第8条14項）の目玉といわれる「小規模多機能型居宅介護」は、「2015年の高齢者介護」で提言された「小規模・多機能サービス拠点」を実現するものである。また、「夜間対応型訪問介護」も同サービスのなかに組み込まれた。

　これまで介護保険の事業指定は都道府県知事が行い、サービス提供は全国一律の水準が基本であったのに対して、「地域密着型サービス」は市町村長が指定・指導監督を行い、地域の実情に応じた弾力的な報酬・基準の設定ができる点も大きな特徴である。

　このサービス形態は、日本独自の取り組みである「宅老所」[★10]をモデルに制度化したものである［松岡（2005）；中里（2006）；浅川（2007）］。住み慣れた地域や自宅での生活を支えるために、「デイサービス（通い）」、「ショートステイ（泊まり）」、「訪問介護（訪問）」の多様なサービスを在宅の高齢者に提供する。そして、なじみの関係を重視し、生活圏域内に住む25人までの登録利用者にサービス提供を行い、デイサービスは1日の利用者数を15人までとし、ショートステイは9人までである。

★10　地域に住む高齢者を対象に民家などを開放して、デイサービスを行うようになり、訪問介護サービス、ショートステイサービスも提供するようになったもの。「のぞみホーム」（栃木県、奥山久美子）、「このゆびとーまれ」（福井県、惣万佳代子）、「よりあい」（福岡県、下村恵美子）、「きなっせ」（熊本県熊本市、川原秀夫）などがある［松岡（2005）］。

利用者は、このサービスを利用することで、訪問介護を利用しながら在宅で暮らし、希望に合わせてデイサービスを利用し、必要時にはショートステイを利用することができる。利用者は、365日・24時間の切れ目ないサービスを生活圏域内の拠点から受けながら、安心して地域で暮らすことが可能となるのである。

　しかしながら最も難しいのは、介護状態が重くなった時に本当に十分な介護が受けられるのかどうかという点である。この点については、介護度の高い利用者の介護報酬を高く設定し、介護報酬には包括方式を導入することで、重度要介護者の在宅生活を支援しやすいように制度設計がなされている。具体的には、次のようになっている。

　介護報酬は、表5－2のように決められており（比較のため一部のサービスを取り出している）、小規模多機能型居宅介護の介護報酬は、居宅サービス（在宅サービス）より低く、施設サービスと比較した場合も要介護1～3では低いが、要介護4～5では施設サービスに近い報酬設定となっている。さらに、居宅（在宅）サービスでは、介護報酬の上限（利用限度額）を決めた上で利用したサービス分が加算される加算方式であるが、小規模多機能型居宅介護では施設サービスと同様の包括式（利用したサービスの量にかかわらず同額）である。

　在宅で暮らし続けるためには、訪問介護・訪問看護の頻度の高い利用が必要である。限度額を超えた利用分については100％自己負担となり、加算方式では限界がある。これに対して、包括式ではきめ細かい訪問も可能となり、介護度の高い高齢者を最期まで在宅で支えるのに適切な方式となっている［小山（2007）］。

　夜間対応型訪問介護（第8条15項）は、在宅で暮らす要介護者の夜間から深夜・早朝にかけての生活において、定期的な巡回訪問や通報を受けて行なう随時訪問によって入浴、排せつ、食事等の介護を行なうサービスである。

　地域居住を実践するには、24時間ケアが決め手となる［Hansen（1998）

表5-2　介護サービス種別による介護報酬日額（利用者数・平均利用額）

単位：単位／日

	居宅サービス		地域密着型サービス		施設サービス		
	居宅サービス	特定施設入居者生活介護	小規模多機能型居宅介護	認知症対応型共同生活介護（グループホーム）	介護老人福祉施設（特養・ユニット型個室）	介護老人保健施設	介護療養型医療施設
利用者数	213万人 (22.5%)	11.3万人 (31.8%)	3.6万人 (25.1%)	13.4万人 (25.6%)	44.1万人 (67.8%)	33.0万人 (47.9%)	8.8万人 (86.6%)
一人当り平均費用	111,600	207,000	198,900	270,100	276,900	295,800	396,700
要介護1	553 (16,580)	571	381 (28,120)	831	669	816	797
要介護2	649 (19,480)	641	544 (25,600)	848	740	865	907
要介護3	892 (26,750)	711	776 (23,286)	865	810	918	1,145
要介護4	1,020 (30,600)	780	853 (16,325)	882	881	972	1,246
要介護5	1,194 (35,830)	851	937 (11,430)	900	941	1,025	1,337

出所：介護給付費実態調査月報　平成22年9月審査分より筆者作成
- 「居宅サービス」には12種類、「地域密着型サービス」には6種類のサービスがあるが、ここでは関連するもののみ取り上げている。
- 各数値（単位）に自治体ごとに決められた単価を乗じて介護報酬が計算される。基本は1単位＝10円。
- 「居宅サービス」の利用限度額、「小規模多機能型居宅介護」は月額報酬で提示されているが、比較のため単位数を30で割った。
- 利用者数下のカッコ内は、全利用者に占める要介護4～5の割合。

p.90]。また、第4章で紹介した分刻みの夜間巡回（163ページ）も必要となろう。夜間対応型訪問介護は小規模多機能型居宅介護と並び、地域居住を支える重要な要素である。

　2005年度介護保険法改正は2006年4月にスタートしたが、小規模多機能型居宅介護は市町村が指定・指導監督を行うことになっており、日常生活圏域（人口2～3万人）に1ヶ所置くことを目安に各市町村で整備計画が立てられて推進された。

　小規模多機能型居宅介護については2007年（平成19年）5月時点で利

用者がわずか7,000人であり、そのスタートは必ずしも順調とはいえなかった。しかし、その後時間をかけて浸透し、2010年9月時点では全国約1,800拠点から約4.5万人（介護サービス受給者41,600人、介護予防サービス受給者4,200人、介護給付費実態調査月報平成22年9月審査分）に向けてサービスが提供されている。

3．2005年度介護保険法改正

「2015年の高齢者介護（2003年6月）」では、「住み慣れた地域でその人らしく暮らし続ける」ための居住の場として、「施設でも在宅でもない新しい『住まい』」の概念が提示された。「施設でも在宅でもない新しい『住まい』」は「第三類型」と呼ばれていたもので、やがては「居住系サービス」という呼称が使われるようになる。

「居住系サービス」で示されるものは、認知症グループホームと特定施設である。特定施設とは、「住まいとケアを一体的に提供できるように用意された介護保険の居宅サービスの一つ」であり、「ケアハウスや有料老人ホーム（介護型）がこれに当たる」[高齢者住宅財団[11]（2004）]。

「施設でも在宅でもない新しい『住まい』」、つまり「居住系サービス」の質の向上と適正な整備を目指して、2006年には各種の制度改革が行われた。

（1） 有料老人ホームの定義変更

有料老人ホームはかつて、老人福祉法29条において「常時10人以上の老人を入所させ、食事の提供その他日常生活上必要な便宜を供与することを目的とする施設であって、老人福祉施設でないものをいう」と規定されていた。

これを、改正老人福祉法（2006年4月～）によって次のような条件に合うものはすべて有料老人ホームであると、その定義を変更した。これ

は、入居者を9人以下とすることによって有料老人ホームの届出を逃れようとする悪質業者を締め出すためである。

①人数要件を廃止——入居者が1人でも有料老人ホームとした。
②サービス要件の変更——入浴・排泄・食事の介護、食事の提供、その他の日常生活上必要な便宜のいずれかを提供するものは有料老人ホームとした。[12]

（2）総量規制の導入

次に、介護保険3施設と居住系サービスの適正な整備を図るとして、第3期介護保険事業計画策定（2006年〜2008年）にあたって、2004年度末には41％（87万人）だった総量規制を2014年度末には37％（108万人、参酌基準）に縮小する方針が打ち出された。

総量規制とは、要介護2〜5の認定者合計数に対する介護保険3施設と居住系サービス（認知症グループホーム、特定施設）利用者合計数の割合である。

この総量規制は、施設等給付費の都道府県負担増、住所地特例の拡大などと抱き合わせの形で導入されている。介護保険給付費は、保険料50％、国負担25％、都道府県負担12.5％、市町村負担12.5％で支えられている。これを、2006年4月からは三位一体改革の一端として都道府県交付金が廃止された結果、施設等給付費についての都道府県負担が見直され、施設等給付費に限ってその5％を国から都道府県負担へと移行した（保険料50％、国20％、都道府県17.5％、市町村12.5％）。この時、同時

---

[11] 高齢者専用賃貸住宅のうち一定の条件を満たし、「適合高齢者専用賃貸住宅」として都道府県に届け出たものも、特定施設入居者生活介護の指定を受けることができる。2010年5月19日以降、高円賃・高専賃に新登録基準(本書、215ページ)が設けられた。
[12] その他にも、入居者の権利を擁護する視点より、帳簿の作成と保存義務（29条4項）、介護等重要事項の情報開示（同5項）、前払い金の保全措置（同6項）、立ち入り検査権限（同7項）などについても、改正老人福祉法（2006年4月〜）において新しく取り決めている。

に施設等給付費の対象として、介護保険3施設に特定施設を加えた。

都道府県にとっては負担が増えるので、当然のことながら指定を抑制する方向に働く。その抱き合わせ策として、住所地特例の対象を介護保険3施設のみであったものに特定施設と養護老人ホームも加えた。住所地特例とは、「現在住んでいる市町村の介護保険施設等に入所し、住所を施設所在地に変更した場合、従来居住していた（住所変更前の）市町村の被保険者として介護保険を利用する」というものである。

住所地特例の対象として、介護保険3施設のみであったものを、2006年4月から特定施設、養護老人ホームへと拡大することによって、多くの特定施設の開設を認め、他の市町村から利用者が転入してきても介護給付費の増加にはつながらないシステムとしたのである。

2005年10月より、「施設でもなく在宅でもない新しい『住まい』」の「住まい」機能を支える制度として高齢者専用賃貸住宅が登場した。高専賃は、療養病床の廃止に伴う受け皿づくりに最適な制度として、また有料老人ホームの定義が厳しくなるなかで、その届出義務を除外される制度として関係者の注目を集めていった。

4.「地域包括ケア研究会　報告書」

「2015年の高齢者介護（2003年6月）」は、介護保険施行5年の成果を踏まえた上での2006年改正以降の指針を示すのが目的であった。そのために、団塊の世代が65歳以上になる2015年を見据えていた。

これに対して、2012年度の改正（第5期介護保険事業計画）に向けては、2008年に平成20年度老人保健健康増進等事業として有識者メンバーによる研究会「地域包括ケア研究会」が立ち上げられた（座長：田中滋・慶応大学大学院教授）。

この研究会では、団塊の世代が75歳以上になる2025年を目標として、2025年に実現すべき地域包括ケアの姿がまとめられた。2009年5月に提

出された報告書「地域包括ケア研究会報告書〜今後の検討のための論点整理〜」ではタイトルの通り論点がまとめられ、2010年3月に提出された「地域包括ケア研究会報告書」では、2025年の地域包括ケアの具体像が示された。両報告書は、「2015年の高齢者介護」とともに、介護保険の中長期的なロードマップと位置づけられるものである。[14]

この研究会において、「地域包括ケア」は次のように定義されている。

「ニーズに応じた住宅が提供されることを基本とした上で、生活上の安全・安心・健康を確保するために、医療や介護のみならず、福祉サービスを含めた様々な生活支援サービス[15]が日常生活の場（日常生活圏域）で適切に提供できるような地域での体制」

「『おおむね30分以内』に必要なサービスが提供される圏域として、具体的には中学校区を基本とする」

本研究会は、「地域包括ケアシステムに関する検討部会」と「地域包括ケアを支える人材に関する検討部会」の二部会で構成されているが、ここでは前者に関する提言内容をまとめる。

---

[13] 介護老人福祉施設（特別養護老人ホーム）、介護老人保健施設（老健）、介護療養型医療施設（介護療養病床）。
[14] 介護保険に先だって提出された報告書としては、1994年の自立支援システム研究会の報告書（1994年）がある。
[15] 福祉サービスを含めたさまざまな生活支援サービスには、見守り、買い物、移動支援などの生活支援、社会交流を活性化させるようなアクティビティづくり、つどい場づくり、成年後見・虐待予防などの権利擁護、低所得者への支援などが含まれている、と理解できる。

(1) 住居の種別によらないサービス提供体制

報告書では、施設と同様のサービスを提供できる基盤整備ができれば、在宅や高齢者向け住宅でも対応できるとの指摘に基づき、2025年の地域包括ケアの姿を「住居（従来の施設、有料老人ホーム、グループホーム、高齢者住宅、自宅〈持ち家・賃貸〉）にかかわらず、多様なサービスを24時間365日を通じて利用しながら、病院等に依存せずに住み慣れた地域での生活を継続することが可能になっている」と描いている。

おおむね30分以内（日常生活圏域）に、生活上の安全、安心、健康を保持するための多様なサービスとは、生活支援、家事援助、身体介護、訪問看護、医療サービスはもとより、権利擁護（虐待予防、成年後見など）や低所得者に関する支援や居場所づくりに関するものまで含まれる。

また現在、介護保険のもとでは、介護老人福祉施設（特別養護老人ホーム）、介護老人保健施設（老健）、介護療養型医療施設（介護療養病床）という三つの施設が存在しているが、これらを一元化する点についても言及している。

(2) 在宅サービスの優先（施設サービスは補完）

以上を推進するために、「在宅サービスを優先し、施設サービスはこれを補完するもの」と位置づけている。そして、訪問介護は滞在型中心から24時間短時間巡回型、随時対応型（夜間通報システム）への転換を図る必要があるとした。これについては、「24時間地域巡回型サービスのあり方検討会」が、2010年10月に中間取りまとめを行ない、翌年2月25日にはより詳細な報告書が提出された。

また、24時間巡回の介護のみでなく、在宅医療（訪問看護・リハビテーションなど）との連携が重要であり、これらと「通い」、「訪問」、「泊まり」サービスなどを組み合わせて提供できる複合型事業所の展開を進め、報酬体系は包括報酬を薦めている。

(3) 高齢者住宅の整備

　高齢者住宅については、諸外国に比べて遅れているので整備を進め、必要なサービス（医療・看護・介護サービス）は外付けサービスとして提供してもらうことで住み続けることができる、としている。

　よって、ケアを重装備した（パッケージ化した）施設とは異なり、高齢者住宅は軽装備なものとし、基本的な見守りと生活支援サービスが提供されている程度をイメージしている［地域包括ケア研究会報告書（2010）p.31］。本書でいう、一般集合住宅に近い自立型高齢者住宅を目指していると思われる。

(4) 施設の一元化

　報告書では施設の一元化についても触れており、「施設（介護老人福祉施設、介護老人保健施設、介護療養型医療施設）を一元化して住宅として位置付け、必要なサービスを外部から提供する仕組みとすべきであると考える」［地域包括ケア研究会報告書（2010）p.42］としている。

　しかし、すでに80万人が入所する既存施設をどう位置づけるか、既存施設の建て替え時の問題、新規建設への対応など、段階に分けて改革を徐々に進めることも必要である、とその困難さを指摘してもいる。[★16]

　しかしながら、施設の一元化については、介護保険がスタートする以前の平成8年にすでに指摘されている。老人保健福祉審議会による「高齢者介護保険制度の創設について——審議の概要・国民の議論を深めるために（平成8年4月22日）」には、「介護施設については、将来の方向性としては、要介護高齢者の多様なニーズに応えるために各施設の機能と特性を活かしつつ、介護施設に関する制度体系の一元化を目指すことが適当である」との記述がある。

[★16] 介護老人福祉施設は特別養護老人ホーム（老人福祉法）、介護老人保健施設は老健（介護保険法）、介護療養型医療施設は介護療養施設（介護保険法）を指す。

しかし、ゆうに15年が経過しているが、何ら変化はない。それどころか、療養型病床の2012年までの廃止計画は、反対を受けて「医療機能強化型老健」などが登場し、改革の困難さを見せつけた。療養型病床廃止の問題は、2009年9月の民主党への政権交代によって凍結されている。

（5）住民自治と市町村自治

この報告書では、「自助・互助・共助・公助」がキーワードとなっている。

介護保険サービス、医療サービスなどのフォーマル・ケアだけでなく、自己決定と自己能力の活用による自立生活・セルフケア（自助）はもとより、家族・友人の助け合いやボランティア活動・NPO活動（互助）などのインフォーマル・ケアを有機的に組み合わせることの必要性を指摘している。

さらに報告書では、市町村職員のニーズ調査や計画策定能力の低下を指摘して、政策立案能力の向上を図り、地域のニーズと特性に応じた事業推進を図るべきであるとしている。

「2015年の高齢者介護」は、介護保険施行5年間の成果を踏まえた上で改正の方向性を4本の柱としてまとめ、その成果は2005年度介護保険法改正のなかで、地域密着型サービスや地域包括支援センターなどの制度として結実した。

「地域包括ケア研究会報告書」は、「在宅サービスを優先し、施設サービスは、それを補完するもの」という基本に立ち、施設から在宅へのさらなるシフト、介護保険3施設の一元化など、大胆な提言を行ってはいる。それだけに、より詳細なシナリオと制度化のプランが大きな問題として残される形となっている。

5．「24時間地域巡回型訪問サービスのあり方検討会報告書」

「地域包括ケア」の仕組みを支える基礎的なサービスのひとつとして位置づけられている「24時間地域巡回型訪問サービス」については、介

護サービス事業者、保険者、有識者からなる「24時間地域巡回型訪問サービスのあり方検討会」（座長：堀田　力・公益財団法人さわやか福祉財団理事長）が設置された。施設介護実態調査、事業者によるモデル事業、事業所アンケート等を実施して、同サービスを全国に普及させるためのサービスの仕組みと事業構築のあり方について提案するためのものである。

2010年10月26日「24時間地域巡回型訪問サービスのあり方検討会」中間取りまとめ（三菱UFJリサーチ＆コンサルティング株式会社）が発表され、2011年2月25日に最終とりまとめが発表された。

（1）基本認識と特徴

「24時間地域巡回型訪問サービス」は、「住み慣れた地域と住まいで必要なサービスを利用しながら、在宅生活の継続を希望する高齢者が増加している」にもかかわらず、「現行の居宅介護サービスのみで在宅サービスを継続するのは困難である」現実を踏まえ、「在宅においても施設と同様、24時間365日、いつでも必要なサービスを必要なタイミングで利用することができるようなサービス環境の整備」を目指したものとして、その特徴は次のようにまとめられている。

①**継続的アセスメントを前提としたサービス**——継続的なアセスメントで心身の状況変化に迅速に対応し、日々のサービス提供量やタイミングを柔軟に変更しながら訪問サービスを提供する。ケアマネジャーを中心とするサービス提供事業者と情報を共有して共同でマネジメントする仕組みが「24時間地域巡回型訪問サービス」の中核をなす。

②**24時間の対応**——日中、夜間、深夜、早朝の時間帯を問わず、必要なタイミングで必要なケアを提供する。

③**短時間ケアの提供**——これまでは20分以上滞在しなければサービス提供したことにならないという「20分ルール」[★17]などがあって十分に

対応できなかったが、在宅介護を支えるためには、1回の介護時間が短くても1日複数回のサービス提供が必要なケアがある（体位交換、オムツ交換、水分補給など）。これがあれば、在宅の限界点を引き上げることができる可能性がある。

④『随時の対応』を加えた『安心』サービス——1日複数回の定期訪問を基本として「随時の訪問」を加えることで、必要な時には介護職員が来てくれるという安心感を提供する。

⑤介護サービスと看護サービスの一体的提供——事業所における介護・看護の協働体制を確立することが重要であり、退院時の支援なども一体的に提供する。

（2）サービスのあり方

職員の配置については、他の介護サービスとの兼務、特に夜間においては、他の24時間対応の介護サービス事業者や施設等との兼務も検討されている。

サービス提供圏域は、「30分以内で駆けつけられる範囲」が適切であるとされ、一定規模の地域を単一の事業者が担当するエリア担当方式や他事業所への部分的委託などを含めた柔軟な体制が検討されるべきである、としている。

さらに、報酬体系については「包括定額方式」が提案されている。これは、介護保険施設や小規模多機能型居宅介護と同様のシステムであり、ニーズに合わせたサービスが柔軟に提供できるシステムである。その際、サービス範囲について検討し、他のサービスとのバランスを考える必要がある。

このサービスは、通常国会の審議、モデル事業の実施状況などを踏まえて、2012年4月より新サービスとして創設される予定である。

第2節 地域居住に向けて──高齢者住宅の動向

1. 高齢者住宅と高齢者施設の類型と動向

　日本の地域居住への方向性をまとめるにあたり、第2節では住宅について記述する。

　日本における高齢者の住まい（高齢者住宅と高齢者施設）の類型と供給量は、**表5−3**の通りである。[18] 44ページで説明したように、実質的分類を行なった。表5−4では自立型高齢者住宅について、表5−5では高齢者も多く住んでいる公営住宅、機構住宅、公社住宅について、概要、家賃、事業主体、補助制度をまとめている。

　この表から、高齢者施設（85.9万）と居住系（39.3万）で高齢者人口の4.5％レベルで整備されているのに対して、自立型高齢者住宅の供給量（12.8万戸、同0.5％）はあまりにも少ない、ということが明らかである。

　一方で、有料老人ホーム（介護型）の供給量は2000年には3.7万戸［厚生労働省（2001）］であったものが15.3万戸まで増え、認知症グループホームは2002年に2.5万室だったものが14.3万室と6倍近くに増えている。

　それでもなお、特別養護老人ホーム（44万床）には42万人の待機者が

★17　指定居宅サービスに要する費用の額に関する基準について、その解釈が平成21年4月より「訪問介護の所要時間30分未満の身体介護中心型を算定する場合の所要時間については、20分以上とする。ただし、夜間、深夜および早朝の時間帯に提供する訪問介護はこの限りではない」と変更された。
★18　老人福祉法に規定される養護老人ホーム（6.5万人）は、措置施設であることよりこの類型からはずした。また、軽費老人ホームA型（1.5万人）・B型（0.16万人）は、サービス提供状況が明確でなく数もそれほど多くないことから、この類型からはずした。生活支援ハウス（0.69万）、グループリビング（0.02万）、シニア住宅（0.25万）などもあるが、数量としてそれほど多くないことより、この類型からはずした。

表5-3 日本の高齢者住宅と高齢者施設

高齢者住宅		高齢者施設			
住宅系（自立型）		居住系（介護型）		施設系	
シルバーハウジング***	2.3万	認知症グループホーム*	14.3万	介護老人福祉施設(特別養護老人ホーム)*	44.1万
有料老人ホーム(住宅型)***	5.3万	有料老人ホーム(介護型)***	15.3万	介護老人保健施設	33.0万
高齢者向け優良賃貸住宅***	3.3万	ケアハウス***	7.2万	介護療養型医療施設*	8.8万
高齢者専用賃貸住宅**	1.9万	高齢者専用賃貸住宅**	2.5万		
小計	12.8万(0.5%)	小計	39.3万(1.4%)	小計	85.9万(3.1%)
自立型高齢者住宅合計	12.8万(0.5%)	高齢者施設合計		125.2万(4.5%)	

*介護給付費実態調査月報　平成22年9月審査分　　　　　　　　　　（筆者作成）
**高齢者専用賃貸住宅については、「高齢者円滑入居賃貸住宅登録住宅の概要（平成22年3月末状況）」を参照しながら、高齢者住宅財団「高齢者専用賃貸住宅における介護サービス利用の実態調査」(2009)より、「一般住宅に近いグループ」、「包括的なサービス提供グループ」を住宅系とし、「介護保険サービスに近いグループ」を居住系として按分した。
***国土交通省、厚労省資料

存在している。また、人口減少のなかで高齢者・後期高齢者が増えていく今後の人口変動に対して「(2025年に向けて)施設サービスは34万床(44万床→78万床)、居住系は21万床(14万床→35万床)のさらなる整備が必要とされている…」[地域包括ケア研究会(2010) p.20]と考えられている。この状況は、介護型高齢者住宅（居住系）や高齢者施設をいくら造っても足りない状況であり、デンマークの1970年代の状況と酷似している。

だからこそ、「地域包括ケア研究会報告書(2010年)」では、「施設と同様なサービスを提供できる基盤整備ができれば、在宅や高齢者向け住宅でも対応できるとの指摘もある。したがって、施設整備を検討する際

表5-4　日本の高齢者住宅（自立型）

		目的・特徴	主な供給主体	入居資格 同居要件等	入居資格 収入要件	家賃設定	補助制度の概要	供給戸数
シルバーハウジング	公営住宅法	60以上の低所得高齢者に低廉家賃の賃貸住宅を供給 -バリアフリー -LSA配置 -緊急通報装置	地方公共団体、都市再生機構	高齢者（60歳以上）単身世帯、夫婦世帯	収入分位25%以下（地方公共団体の裁量で40%以下まで緩和）	収入、立地条件などに応じて負担	計画策定費 整備費など 国1/2 地方1/2 計画策定費 国1/3 地方2/3 LSAの派遣（厚生労働省、国40%・県20%・市町村20%・第1号保険料20%）	2.2万戸
高齢者向け優良賃貸住宅	高齢者の居住の安定確保に関する法律	高齢者の単身・夫婦世帯に優良な賃貸住宅を供給 -25㎡以上（共用有18㎡） -台所、水洗便所、収納設備、洗面・浴室 -共用ルーム -緊急通報装置	民間、社会福祉法人、都市再生機構、公社	高齢者（60歳以上）単身世帯、高齢夫婦世帯	収入制限なし	近傍同種家賃（家賃補助あり。家賃補助がない自治体もある）	計画策定費、共用部分の整備費 国1/3 地方1/3 民間1/3 家賃補助 国1/3 地方1/3	2.8万戸
高齢者専用賃貸住宅	同上	専ら高齢者単身・夫婦世帯に賃貸する住宅の普及 （新登録基準） -25㎡以上（共用有18㎡） -台所、水洗便所、収納設備、洗面・浴室 -前払い家賃の保全措置 -賃貸契約とサービス契約の分離	民間	高齢者単身世帯、高齢者夫婦世帯	収入制限なし	市場家賃	基本的に補助はないが、「サービス付き高齢者向け住宅」に対して2011年度は325億の予算が計上されている。	(4.4万戸)*
高齢者円滑入居賃貸住宅	同上	高齢者の入居を拒否しない賃貸住宅の普及	民間	特になし（個々の事例による）	収入制限なし	市場家賃	—	18.2万戸
有料老人ホーム（住宅型）	老人福祉法**	老人を入居させ、入浴、排せつ、若しくは食事の介護、食事の提供又はその他の日常生活上必要な便宜の供与のいずれかを行う。	民間、社会福祉法人	特になし	収入制限なし	家賃相当は施設によって異なり自己負担。	—	4万戸

出所：第2回介護施設の在り方に関する委員会「我が国における高齢者の住い等の状況」について（2006年）より筆者加筆

*さまざまなタイプがあるため、4.4万戸をすべて「高齢者住宅（自立型）」とするのは問題があるので、カッコに入れた。

**2011年1月通常国会で、「高齢者の居住の安定確保に関する法律」に統合される予定である。

表5-5　日本の公営住宅、機構住宅、公社住宅

		目的・特徴	主な供給主体	入居資格		家賃設定	補助制度の概要	供給戸数	(うち)高齢者世帯数
				同居要件等	収入要件				
公営住宅	公営住宅法	住宅に困窮する低額所得者に対して低廉な家賃の賃貸住宅を供給	都道府県市区町村	原則同居親族を要する。ただし、60歳以上の者は単身入居可	収入分位25%以下（4人世帯年収510万円以下）、高齢者の場合は25～0％（4人世帯年収約510～610万円）	応能応益家賃（上限は近傍同種家賃）	建設費補助 国1/2 地方1/2 家賃補助（近傍家賃と入居者負担額の差額）国1/2 地方1/2	219万戸	単身33万世帯 夫婦23万世帯
機構住宅	独立行政法人都市再生機構法	主にファミリー世帯に対し良好な居住環境を備えた賃貸住宅の安定的確保	都市再生機構（機構）	原則同居親族を要する	家賃に応じた一定の基準月収を満たしている（または連帯保証）	近傍同種家賃と均衡を失しないこと	—	75万戸	単身9.6万世帯 夫婦8.5万世帯
公社住宅	地方住宅供給公社法	勤労者に対して良好な居住環境の住宅を供給	地方住宅供給公社（公社）	原則同居親族を要する	同上	近傍同種家賃と均衡を失しないこと	—	15万戸	

出所：第2回介護施設の在り方に関する委員会「我が国における高齢者の住まい等の状況について」（2006年）より

には、在宅支援の強化や高齢者向け住宅の整備を併せて進めていくことが必要である（報告書のp.21)」として、「在宅サービスを優先し施設サービスはこれを補完するもの」という位置づけが明示されたのである。また、「諸外国に比べて遅れている高齢者住宅の整備を進め、…（報告書のp.31)」ることも明言している。

　しかし、ここでいう「高齢者向け住宅」や「高齢者住宅」が、どのような高齢者住宅を指しているのかは不明である。日本では現在、実質的な施設（居住系、施設）が、すでに4.5％整備されているのに対して、実質的な高齢者住宅（自立型高齢者住宅）の整備は0.5％にとどまっている。この現状に鑑みて、「住まいとケアの分離」を適正に行うのであれば、まずは24時間在宅ケアとともに、自立型高齢者住宅の整備を推進しなければならないはずである。

2．高齢者に対する住宅政策

高齢者居住（高齢者住宅、高齢者施設）の全体を概観したので、次に高齢者に関する住宅政策について、その歴史をまとめながら近年の動きを概説する。

（1）日本の住宅政策

平山は、「住宅政策は建設政策の要素として扱われ、社会保障の体系は住宅政策を含まない、と理解されている。社会保障審議会の1950年の勧告は、社会保険、公的扶助、社会福祉、および公衆衛生を社会保障とし、そこに住宅保障を含めなかった」［平山（2009）p.40］として、日本の社会保障の体系に住宅政策が戦後間もなくから欠落していることを指摘している。

また早川は、古くから「日本の高齢者の住まいが今日のような状況におかれている根本の原因は、生活の基盤づくりにかかわる住宅政策が、自助と市場原理による持家の取得を目標としてきた点にある。持家をもたせることが目的であれば、高齢者の生活の基本的な条件である住居をどのように保障していくか、といった視点と脈絡での政策は登場する余地がない」［早川（1993）］点を指摘してきた。

同様の議論は、住宅保障と社会福祉という視点で法律学の分野においてもなされている。生命・健康を守る、安心を確保する、人間の尊厳を守る、居住機会の均等を図る、などを要旨として、「住宅政策こそ福祉の基盤」であるはずなのに、日本ではそれが実現されていない。大本、関川は、その原因を戦後50年の生産第一主義の経済重視政策に見いだしている［大本（1995）；関川（2001）］。

一方において、住宅供給は当初、民間主導ではなく、戦後420万戸にもおよぶ住宅不足のなかで、公共・民間を問わず大量に供給されていた。昭和30年代の住宅供給を担ったのは公営・公団・公庫という三本柱で

あり、昭和40年代にも年間10万戸という勢いで公営住宅が建設されていた。1951年に公営住宅法が制定された時には、入居者は国民の所得階層の約80%までが対象とされており、住宅政策は普遍的なものであった［鈴木（2000）p.439］。

1956年には、日本住宅公団による団地第1号が誕生し、公営・公団住宅の供給がスタートした。1962年には区分所有法が施行され、翌1963年には建築基準法の改正で高さ制限の代わりに容積率制度が導入されて大規模団地開発が始まった。

その結果、第1次マンションブームが起き、ニュータウンの開発もちょうどこのころに始まった。そして、1964年には東京オリンピックが開催され、大都市への人口集中が加速されると、1966年には住宅の大量供給を実現すべく住宅建設計画法が制定された。その後、5ヶ年ごとの計画によって、日本の住宅政策は牽引されていった。

しかし、高度経済成長時代を迎え、都心部における地価の高騰と建築資材の不足という事態が発生した。公共住宅は交通の便が悪い郊外へと押しやられ、次第に「高・遠・狭」といった否定的な評価しか得られなくなった。

これ以降、日本の住宅政策は持ち家政策を中心に、公営住宅はごく限られた低所得層の住宅として限定されるようになり、1978年以降には、対象が所得階層の下位20%に限定されるようになった［鈴木（2000）p.439］。

また、その持ち家政策についても、1979年と1988年の地価高騰によって、都市部においては完全に破綻してしまうこととなる。

児玉は、日本における高齢者住宅について検討する上で留意しておかなければならないポイントとして、以下の2点を挙げている。

「一つには、戦後まもなく確立した公営・公団・公庫という住宅供給の中心的な主体がそれぞれに階層別に対応してきたため、高齢者という特殊なニーズをもった対象に対しても、長い間それぞれの枠のなかでの

限定的な対応でしかなかった。もう一つには、民間賃貸住宅は一貫して住宅政策の枠外におかれ、公的なコントロールをいっさい受けてこなかったため、住宅の質、家賃といった面で、現在多くの問題を抱えている。そのため、民間賃貸住宅に居住している高齢者の住宅問題がもっとも深刻になっていることが挙げられる」[児玉（1993）]。

1点目についてであるが、大都市の中間層に向けては住宅公団が賃貸・分譲住宅を用意し、住宅金融公庫は中間層の持ち家取得を低利融資で後押しし、持ち家取得に届かない低所得層に向けては、自治体が低家賃の公営住宅をセーフティネットとして用意した、という所得階層別政策が展開されたのである［平山（2011）］。

本来一般住宅であるべき公営住宅の「福祉住宅化」は、高齢者住宅にも独特の救貧対策のイメージを植え付け、1987年に開始されたシルバーハウジングにそのまま投影されているといえる。

一方で、民間賃貸住宅は公営住宅に入れない人々の受け皿として機能しつつ、まったく住宅政策の枠外の劣悪な状況に置かれてきた。このことは、2009年4月1日群馬県渋川市の無届け施設「静養ホームたまゆら」で起きた火災事故などに端的に象徴されている。

日本における持ち家政策に依存する限定的で、残余的な住宅政策を踏まえて、高齢者に対する住宅政策の歴史を見てみよう。

（2）高齢者に対する住宅政策

住宅政策において初めて高齢者対策という考えが登場したのは1965年前後のこととされている［児玉（1993）］。

1963年老人福祉法が制定されたのを受けて、1964年「老人向け公営住宅」の建設を行うよう、建設省から自治体に対して通達が出された。この時は、住宅に困窮している老人を優先的に入居させることに主眼が置かれたため、身体機能の低下に対応した住宅ハードの工夫やサービス提供は考慮されていなかった。また、高齢者向け住宅は子ども世代との同

居が前提であったため、単身者の入居資格が認められていなかった［児玉（1993）］。

公団住宅でも1972年から、老人同居世帯に対して、子ども夫婦の住む住戸の隣に独立した老人用住戸を設ける「ペア住宅」の供給が開始された。

また、公庫住宅では、1972年より老人同居世帯への割り増し貸し付けと、1974年からは1％程度の利率の優遇を図るなど、高齢者居住に対する優遇策を展開してきた。また、公営住宅では、単身入居が認められない公営住宅法に対して、福岡市に住む原告7名による「一人暮らし裁判」が行われ、そこでの原告側勝訴によって、1980年から公営住宅への単身者の入居が一部認められるようになった［児玉（1993）］。

しかし、高齢者のための公営住宅は、市場からこぼれた高齢者（民間賃貸住宅への入居を断られた人）の緊急避難所の色合いが強く、普遍的な公共住宅政策として発展することはなかった［鈴木（2000）］。

1980年代に入ると、ノーマライゼーションが新しい政策理念として登場し、在宅福祉に力が入れられるようになった。そして、その基盤としての住宅にもおのずと目が向けられるようになった。

1985年には、厚生省と建設省が、高齢者住宅とケアサービスの提供を共同で行うことを検討した「シルバーハウジング構想」がまとめられ、1987年から建設が始まった。

シルバーハウジングは、福祉施策と住宅施策の緊密な連携のもと、高齢者の生活特性に配慮した設備・設計（バリアフリー構造、緊急警報の設置）を行うとともに、LSA（Life Support Adviser；生活援助員）による福祉サービス（安否確認、緊急時対応、生活相談）が受けられるよう配慮された住宅であり、公営・公団・公社などの公的賃貸住宅として建設された。

建物部分については旧建設省、LSAは旧厚生省が担当し、協力して高齢者の生活を支える「タテワリ行政」を超えた施策が画期的であり、

評価されている。関西では、阪神淡路大震災時に住まいを失った高齢者の受け入れ住宅として多く建設され脚光を浴びた。

その後、日本はバブル経済の嵐に巻き込まれる。ここでも高齢者は、家賃が高騰して支払いが滞ったり、アパートの建て替えによる立ち退きを迫られたりするなど、問題が山積みだった。また、高齢者は賃貸住宅への入居を拒まれたり、家賃滞納時の保証人が不在のときには入居を断られるなど、居住の確保にも困るようなケースが多く報告されるようになった。

そんななか、1990年にはシニア住宅制度がスタートした。これは、住宅・都市整備公団と住宅供給公社が事業主体となって供給する高齢者向け住宅である。入居時の費用一括払いによって、終身にわたって家賃を支払うことなく住み続けられることが保証されている。生活・医療・介護サービスが備わっており、居住者は必要に応じてサービス料を支払って利用できるものである。

また、1998年には高齢者向け優良賃貸住宅（高優賃）制度が建設省によって創設された。高齢者単身・夫婦世帯向けにバリアフリー化された優良な賃貸住宅である。目的は、民間の土地や資金を活用して、設計や設備面で高齢者に配慮した住宅の整備を進めることであり、供給主体は、民間、社会福祉法人、公団・公社等である。

国・地方公共団体から建築補助があり、一定収入基準以下の世帯に対する家賃の減額があり、それに対して補助が支給された。2005年度までに11万戸の整備目標が立てられ、1998年度から2000年度に1.4万戸、2001年度には1.6万戸という整備計画が立てられた。しかしながら、現在3.3万戸の供給にとどまっている（平成22年3月時点では、34,602戸である）。

3．近年の高齢者住宅施策

（1）高齢者の居住の安定確保に関する法律（2001年）

2001年4月に「高齢者の居住の安定確保に関する法律（高齢者住まい法と略す）」が公布された。これは、国土交通省の管轄である。民間活力と既存ストックの活用によって高齢者向け住宅の効率的な供給を促進するとともに、高齢者の入居を拒まない住宅の情報を広く提供するための制度の整備を目的としている。「高齢者の民間賃貸住宅への入居の円滑化」、「終身建物賃貸権の確立」[19]、「高齢者の持ち家のバリアフリー化支援のための特別な融資制度の創設」、「高齢者向け優良賃貸住宅制度」が、その具体的内容である。

「高齢者の民間賃貸住宅への入居の円滑化」を図るために、高齢者の入居を拒まない賃貸住宅を都道府県に登録してもらい、広く情報を提供することを目指したものが「高齢者円滑入居賃貸住宅（高円賃）」である。

高齢者向けでない普通の賃貸住宅でも、高齢者の入居を拒まないなら登録することができる、情報開示を目的とした制度である。インターネットで誰でも簡単に検索することができるようになっており（http://www.senpis-koujuuzai.jp/smooth/）、2010年5月時点で12,650件・183,609戸が登録されている。2007年12月には8,300件・114,000戸の登録であったが、年々順調にその数を伸ばしている。

また、1998年に創設された高齢者向け優良賃貸住宅（高優賃）は、この法律により法的な位置づけを得て新たなスタートを切ることとなった。

この時、入居者の所得制限が撤廃されることとなり、高優賃制度が一般的な高齢者を対象としたより普遍的な福祉施策として再スタートした。また、健康状態に関する資格要件も撤廃され、要介護状態の高齢者も入居が可能になった。これによって、高優賃制度を利用してグループホームなどの共用スペースのある住宅を造ることも可能となった。例えば、グループホームにおいて共用部分を整備した場合には、各戸面積は18㎡

以上（通常は25㎡）と、住戸面積の縮小が認められている。

（2）高齢者専用賃貸住宅

さらに、2005年10月には施行規則（国土交通省令）によって、高齢者円滑入居賃貸住宅のうち、もっぱら高齢者世帯に賃貸する住宅として「高齢者専用賃貸住宅」の登録制度が創設され、12月に登録がスタートした。登録された高齢者専用賃貸住宅（高専賃）の情報は、地方自治体の窓口やインターネットで一般に公開されており、高齢者住宅財団のトップページ（http://www.senpis-koujuuzai.jp/special/）や都道府県のホームページからもアクセスできるようになっている。

高齢者専用賃貸住宅は、2004年に行われた「介護を受けながら住み続ける住まいのあり方に関する研究会」（堀田力委員長、高齢者住宅財団）で議論された「早めの移り住み」案を具体化させたものであり［田村（2007）p.57；浅川（2009）］、2005年度介護保険法改正（2006年4月～）では、ケアハウスと有料老人ホームに限られていた特定施設入居者生活介護[20]の指定が、高齢者専用賃貸住宅でも受けられるようになった。

しかしながら、高齢者専用賃貸住宅は登録制であり情報開示が目的であるため、認定を受ける必要もなく、求められる要件が極めて緩やかである。よって、劣悪な住宅が含まれる可能性もある。そこで、条件を加えて、その条件に適合するものだけが「適合高齢者専用賃貸住宅」として、介護保険の特定施設入居者生活介護を提供できるように制度設計した[21]。その条件は、以下の4点である。

---

[19] 通常の建物賃貸借契約では賃借権は相続対象権利となるため、入居者の死亡をもって契約終了という規定は無効となる。終身建物賃貸借契約は、賃借人が生きている限り存続し、死亡した時点で終了するという形態の契約である［吉村（2007）］。

[20] 住まいとケアを一体的に提供できるように用意された介護保険の居宅サービスの一つ。特定施設入居者生活介護を提供する施設は「特定施設」と呼ばれ、ケアハウスや有料老人ホーム（介護型）がこれにあたる。生活相談員、看護職員、介護職員、機能訓練指導員などの人員配置基準が決められている［高齢者住宅財団（2004）］。

❶住戸面積が25㎡以上であること。
❷原則として、各戸がキッチン、トイレ、収納、洗面、浴室を備えていること。
❸前払い家賃に対する保全措置が講じられていること。[22]
❹入浴・排せつ・食事の介護、食事の提供、洗濯・そうじなどの家事、健康管理のいずれかのサービスを提供していること。

　高齢者専用賃貸住宅は登録制度であるため、都道府県への届出、市町村の認定等を受ける必要がない。適合高齢者専用賃貸住宅は都道府県への届出をしなければならないが、それによって、設置運営基準や手続きが複雑な有料老人ホームとしての届出義務が除外される。特養への入居待機者の増加に加えて、療養病床の廃止構想などが発表されたのに伴い、高専賃はその受け皿として関係者の関心を集め、急速な勢いで広がっていった。
　2007年12月時点で672件・15,000戸であったものが、2010年12月現在で、1,677件・44,893戸となっており、約3倍の伸びである。
　高齢者専用賃貸住宅の本来の姿は、住まいと介護が一体的に提供される施設や介護型有料老人ホームとは異なり、賃貸契約を結んで住人に居住権の保障を行い、ケアが必要になれば別途契約によって外部事業者から介護サービスを受けるというものである。実際に高専賃に訪問介護や小規模多機能型居宅介護を組み合わせた住宅が増えている。
　しかしながら実態は、30㎡未満が半数を占め、20㎡未満のものが32.3％で、ワンルームタイプの住戸が多い［高齢者住宅財団（2010）］。高齢者住宅財団では高専賃の実態調査を行ない、その報告書では、回答のあった高専賃を「介護保険施設等に近いグループ」、「包括的サービスを提供するグループ」、「一般集合住宅に近いグループ」の3グループに分けている。[23] 分類されたものを計算すると「介護保険施設に近いグループ」は56％であった。

（3）高齢者の居住の安定確保に関する法律の一部改正

2009年5月20日に高齢者の居住の安定確保に関する法律の一部が改正され、2010年5月19日より施行された。それには四つのポイントがある。

❶高齢者の賃貸住宅の供給については、老人ホームの供給、高齢者居宅生活支援体制の確保も含めて、国土交通省と厚生労働省が共同で基本方針を定める。

❷上記の基本方針に基づいて、都道府県は「高齢者居住安定確保計画」を策定する。

❸高齢者円滑入居賃貸住宅（高円賃）と高齢者専用賃貸住宅（高専賃）には新しい登録基準を設け、基準を満たすもののみ登録できるようにする。

❹高齢者居宅生活支援施設と一体となった高齢者向け優良賃貸住宅の提供を促進する。

❸の高円賃、高専賃に「新登録基準」が設けられたことについて見てみよう。これに伴って、それまで登録されていた高円賃、高専賃は2010年5月19日に登録が抹消された。引き続き登録しようとする場合は、登録基準を満たすことを証明して申請しなければならない。振り出しに戻ったわけであるが、新登録基準とは以下の通りである。

★21 高円賃と高専賃に「新登録基準」が設けられ、2010年5月19日スタートした。新登録基準では、住戸面積が25㎡以上、各戸にキッチン、トイレ、収納、洗面、浴室があること、前払い家賃等を受領する場合は、保全措置を行うこと、サービスを提供する場合は賃貸契約とは別に契約を行うこと、などを要件としている。国土交通省の意図は、生活の拠点としての「住まい」の質を確保した住宅供給を図る、というものであった。

★22 老人福祉法第29条第5項の規定で、いかなる名称であるかを問わず、家賃、施設利用料、サービスの供与の対価として収受するすべての費用に対して、500万円か返還義務残高のいずれか低いほうを保全することが義務づけられている［吉村（2007）］。

★23 「高齢者専用賃貸住宅における介護サービスの利用実態」（2009年）では、885通のアンケートを発送して、405件の有効回答を得ている。

❶住戸面積は25㎡以上（共用部分がある場合は、18㎡以上）。
❷各戸に台所、トイレ、収納、洗面、浴室があること（十分な共用設備がある場合は、トイレ、洗面のみでもよい）。
❸前払い家賃等を受領する場合は、保全措置を行う。
❹サービスを提供する場合は、賃貸契約とは別に契約を行う。

これまで、「もっぱら高齢者世帯に賃貸する住宅である」こと以外には条件を求めなかった高専賃に対してその要件を一挙に引き上げたわけである。

この4要件は、介護保険の特定施設の指定を受けるための「適合高齢者専用賃貸住宅」に求めた要件と似通っており、そのまま要件を横滑りさせた形となっている。その結果、これまで「適合高齢者専用賃貸住宅」でなかった一般の高齢者専用賃貸住宅は、この新登録基準によって高齢者専用賃貸住宅ではなくなった。国土交通省では、「新登録基準に満たず、登録できないのは全体の2割程度」と予測していたが、実際にはもっと多く、新登録基準に合致するものとしては3分の1であった。

その後、「高齢者住まい法」を改正して「サービス付き高齢者向け住宅」という新制度をつくり、高優賃、高専賃、高円賃だけではなく、基準を満たすものについては、有料老人ホームもこの制度の下に再編していこうという改正案が2011年2月8日閣議決定され、4月27日参議院本会議で可決・成立し、4月28日公布された。この動きは、「住まいとケアの分離」にのっとり、法制度の下に賃貸契約に伴う居住権の保障を行ない、「施設でも在宅でもない多様な住まい」、「介護を受けながら住み続ける住まい」の「住まい」機能を支える基盤的制度を市場にゆだねた住宅の範囲内で一元化していこうというものであると、現在のところ理解できる。しかしながら、家賃を支払えない層への配慮（アフォーダビリティ）はなく、介護保険3施設を包含させるほどのダイナミズムを将

来ビジョンとして内包しているかどうかも不明である。

（4）住生活基本法

　高齢者居住を住宅政策の視点から検討していく過程において、2006年6月に成立した「住生活基本法」にも触れたい。

　この法律は、住宅に対する量から質への転換を意図して生まれた。戦後日本の住宅政策は、420万戸におよぶ住宅の不足をいかに解決していくかという量的発想のなかでスタートした。しかし、2003年には全国4,700万世帯に対して住宅戸数が5,400万という供給過多（供給が需要を14％上回っている）の時代に突入した。2006年に日本は人口減少を体験し、少子高齢化を迎えて世帯数はさらに減少することが予測される。住宅はまさに量より質の時代であり、「住生活を豊かにしていく」ことを目的に掲げた法律［小林・山本（2006）］がスタートしたのである。

　住生活基本法は四つの理念からなっている。この理念に沿って、高齢者と関連する事項をまとめた。

- ❶ **質の良い住宅を提供する**――高齢者、障害者をはじめとする、多様な人々が安全で快適な住生活を営めるように住宅のユニバーサルデザイン化を目指す。
- ❷ **居住環境の整備を広く捉える**――第9条には、「地域における保健サービスまたは福祉サービスを提供するものとの連携・協力」について規定されている。関係者が協力して取り組むことは、高齢者が地域で暮らし続けるために重要な課題である。住宅のバリアフリー化や見守り支援などの、ハード・ソフト両面の取り組みを促進し、高齢者、障害者などに配慮した賃貸住宅の供給や公的賃貸住宅と福祉施設の一体的整備を進めていく。
- ❸ **流通、市場を通じて居住者のニーズに応える**――特に高齢者については、現在住んでいる住居からの住み替えは経済的な側面からも困難な課題が多い。その時、既存の家を若い世代に貸して中古

市場の活性化を図りながら、高齢者と若い世代のニーズに合うような住み替え支援を視野に入れている。

❹**住宅セーフティネット**——低額所得者、高齢者、子育て家庭の居住の安定を確保する住宅セーフティネットを自治体や不動産関係の事業者だけでなく、地域で高齢者や障害者に対する居住支援を行う団体やNPO法人などを含めて、それぞれが役割を果たしていくことが盛り込まれている。

日本でも、高齢者居住の安定的な確保を目指して法制度が整えられつつある。このことは、「住まいとケアの分離」にのっとった地域居住の実現に向けての促進要因となるであろう。しかし、面積をはじめとする高齢者住宅の質の問題、高齢者住宅整備を民間にゆだねることによるアフォーダビリティの欠落は依然として残る。建築運営基準やファイナンスの制度間不整合などの課題も多い。

次節では、これら制度設計面の課題はさておき、高齢者住宅が必要とされる背景について述べる。

第3節 日本の課題

1. これからの課題

(1) 団塊世代の高齢化

日本の人口は2004年にピークを迎え、2006年より減少局面に入っている。一方で、高齢者人口（65歳以上）は増加を続け、2007年に21％を超えた高齢化率は2025年には30％を超え、2035年には33.7％に、2055年には40.5％に達すると予測されている［高齢社会白書（2008）］。

現時点では、10％をやや超える程度の75歳以上の後期高齢者は、2025年には18.2％となって高齢者全体の半分以上を占めるようになり、2055

年には全人口の4分の1（26.5％）を占めるようになる。

　以上のような形で人口の超高齢化に抜き差しならぬ影響を与えるのは、「団塊の世代」の高齢化である。1947年から1949年の3年間に生まれたこのグループは、生まれた当時807万人であったものが668万人まで減っているとはいえ（2008年）、1学年分の人口が200万人を超えており、そのインパクトは想像を超えるものがある。

　また、独居世帯、特に女性単身世帯の増加も大きな問題を投げかける。独居高齢者の世帯数は、2025年には680万世帯になり、2005年（380万世帯）の1.7倍になると予測されている［厚生労働省（2006）］。

　今後20年間は首都圏をはじめとする都市部を中心に急激な高齢化が進展し、ケアサービスの不足や住まいの不足が局所的に社会問題化する。

　さらに、高齢者の持ち家率は高く、80％を超えているのに対して、単身世帯では60％台にとどまり、借家に居住する割合が高い。そして高齢世帯が住む住宅の建築時期を見ると、その3割が昭和45年以前に建築された古い住宅であり、築後40年以上になる住宅は大規模改造や建て替えをしない限りはそのまま住み続けることが困難である。実際に、高齢者の多くが自宅に住み続けたいと望んでいるにもかかわらず[24]、その自宅の66.2％が身体機能が低下した場合には住み続けるには問題のある住宅なのである[25]。

（2）療養病床の2012年までの廃止

　政権交代（2009年9月）に伴って凍結されているとはいえ、福祉・医

---

[24] 内閣府「高齢者の住宅と生活環境に関する意識調査」（平成18年）によると、虚弱化した時に望む居住形態として（複数回答）、37.9％が「現在の住宅にそのまま住み続けたい」、24.9％が「現在の住宅を改造し住み続けたい」と答えている。

[25] 内閣府「高齢者の生活と意識に関する国際比較調査」（平成18年）によると、身体機能が低下した場合の住宅の住みやすさとして、18.9％が「非常に問題がある」、47.3％が「多少問題がある」と答え、21.3％が「まあ住みやすい」、12.1％が「住みやすい」と答えている。

療に携わる人々のあいだで重大な問題となっているのが、2012年までに行なわれる療養病床の廃止である。

療養病床には、医療保険適用の医療型療養病床と、介護保険適用の介護型療養病床の2種類がある。それぞれ、25万床、12万床で、合計37万床が存在している。これを2012年までに医療型療養病床は15万床に減少させ、介護型療養病床はすべて廃止するというもので、その結果として22万人が地域復帰することとなる。

そのために、患者を医療の必要度合いに応じて3段階に区分し、医師や看護師が24時間体制で監視する必要がある場合などは医療必要度が最も高い「区分3」とし、加えて「区分2」、「区分1」を設けた。療養型病床に入れるのは「区分2」と「区分3」が中心になるであろうと見られていた［小林（2007）］。

当時の厚生労働省は、現在の療養病床の転換の選択肢として、従来型老人保健施設、特別養護老人ホーム、高齢者専用賃貸住宅、有料老人ホーム、ケアハウスなどを挙げている。そのなかの一つである高齢者専用賃貸住宅が（2005年12月より登録開始）想像を超える勢いで広がっていることは、先に述べた通りである。

現在凍結されているとはいえ、療養病床の廃止に伴う22万人の高齢者の地域復帰の受け皿をどのような形で整備していくかは、地域居住の推進への試金石となるものであろう。

（3）ニュータウン、大規模団地の高齢化

高度経済成長時代に開発されたニュータウンが開発から40年を経て、超高齢化の重大な局面を迎え「オールド・ニュータウン」の様相を呈している。

ニュータウンには、地方公共団体・都市再生機構（旧：都市基盤整備公団）などの公的機関によるものと、鉄道会社・不動産会社などの民間企業によるものがある。

1962年に町開きが行われた千里ニュータウンは、日本最初の大規模ニュータウンであり、1975年には人口のピークを迎え、15万人が暮らすマンモス団地であった。しかし、四半世紀後の2001年には人口が9万人まで落ち込み、空洞化と高齢化（高齢者率27.5％）の問題に直面している［大阪府（2006）］。

　ニュータウンは、近隣住区理論によって開発されており、地区センターやショッピングセンター、小学校などが地区内に配置されている。しかし、ショッピングセンターはいまやシャッター通りとなり、NPO法人などが空き店舗を利用して集いの場をつくったりしている。

　集合住宅の多くが当時流行したスキップフロア方式[26]で建築されており、4階建てでもエレベーターが付いていない。こうした集合住宅には建て替え問題が起こり、戸建て住宅に住む高齢者は家の維持に費用と時間を費やしているが、よい解決策がいまだに提示されていない状況である［日本経済新聞（2007.12.10）］。

　この他にも、いわゆる団地は公営住宅200万戸、UR・公社住宅90万戸、社宅・官舎140万戸があり、民間分譲を加えると優に500万戸は超えると試算されている［週刊ダイヤモンド（2009年9月5日号）］。また、UR賃貸住宅の世帯主は過半数が高齢者であり（65～74歳31.2％、75歳以上18.3％）、高齢化の問題はニュータウンに限ったことではないのである。

2．本研究の目的

　そこで本研究では、エイジング・イン・プレイス（地域居住）という枠組みから高齢者住宅を捉え、特に自立型高齢者住宅に焦点に当てて、

★26　エレベーターが数階おきに停止する方式である。停止しない階のエレベーターホールが不要となるので、居室やバルコニーにしたりすることができる。しかし、エレベーターが停止しない階では階段を利用しなければならず、住人の高齢化に伴って、住みにくい住宅となっている。

どのような要因がそこに住む高齢者の主観的幸福感に影響を与えるのかを日本とデンマークにおいて包括的に探索し、それぞれの特徴・相違を実証することを通じて、日本の実情に即した考察・提言を行ってみたい。

第6章

日本とデンマークにおける高齢者住宅住人調査

　「地域居住」の概念が生まれた歴史的背景や、各国での取り組みを整理し、デンマークにおける固有の展開と日本でも地域居住を推進するための制度が整えられつつあることを確認した。

　本研究の目的は、日本の実情に即した条件を考察し提言するために、どのような要素が高齢者住宅に住む高齢者の主観的幸福感に影響を与えるのかを日本とデンマークにおいて包括的に探り、実証することをである。

　主観的幸福感に影響を与える要因については、地域居住の特徴として「最期まで地域・自宅に住み続けること」が主要概念として挙げられているにもかかわらず、これまでの研究には、この点についての言及がなかった。そこで、統計調査（アンケート調査）に先立って、主観的幸福感に与える要因（変数）を探るために、両国における高齢者住宅住人を対象とした個別インタビュー（インタビュー調査）を行った。

　統計調査では、基本属性、客観的要因（変数）、主観的要因（変数）を独立変数とし、主観的幸福感を従属変数として重回帰分析を行い、主観的幸福感への影響を分析した。

第1節　アンケート調査の概要

1．目的と調査デザイン

　本研究の目的は、高齢者住宅に住む高齢者の主観的幸福感に影響を与える要因を、日本とデンマークにおいて包括的に探索し、それぞれの特徴・相違を実証することを通じて、日本の実情に即した考察・提言を行うことである。

　そこで、日本の高齢者住宅・デンマークの高齢者住宅に住む高齢者の主観的幸福感に影響を与える要因を、基本属性、客観的要因、主観的要因を含めて重回帰分析を行い、影響関係を包括的に探るために調査を行なった。主観的要因はこれまで検討されなかった側面であり、これについては独自に個別インタビューを行い、M-GTA（修正版グランデッドセオリー）によって分析して要因を抽出することとした。[1] 調査デザインの全体は図6－1のようである。

　従属変数として主観的幸福感を選定したのは、幸福は社会福祉の目的であり、[2] 本研究を始めるきっかけとして「高齢期において、人生の最期までの生活を営む住まいである高齢者住宅は、そこに住む高齢者の幸福感や生活満足感、生きがい感を高めるようなものであってほしい」という筆者の願いがあったからである。

　嶋田は、研究の初期段階においては研究者の主観的価値理念が前提となるが、研究を進める過程においては、研究者の規範的性格を排除して、研究対象に向かって客体的な存在論的性格を維持することによって「客観的把握」をしなければならないとしている［嶋田（1999）p. 4］。

図6-1 本研究の調査デザイン

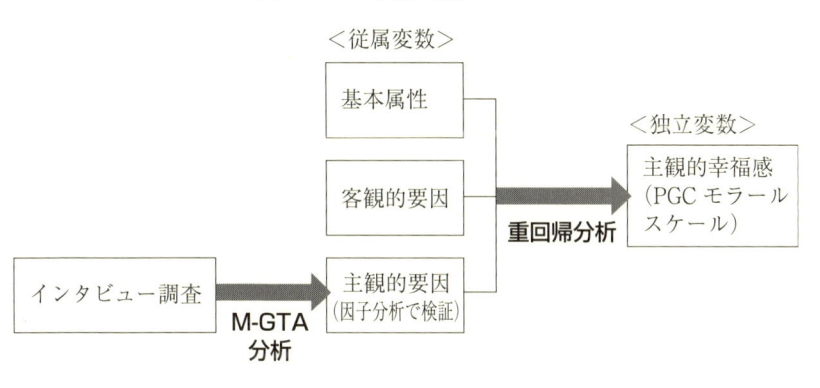

```
                    ＜従属変数＞
                    ┌─────────┐
                    │ 基本属性  │
                    └─────────┘         ＜独立変数＞
                                       ┌──────────────┐
                    ┌─────────┐         │ 主観的幸福感  │
                    │ 客観的要因│ ──→    │（PGC モラール│
                    └─────────┘  重回帰分析  スケール）    │
┌──────────┐                            └──────────────┘
│インタビュー調査│ →  ┌─────────┐
└──────────┘       │ 主観的要因 │
         M-GTA    │(因子分析で検証)│
         分析     └─────────┘
```

★1　M-GTAで抽出した要因は、アンケート調査で信頼性・妥当性を検証した。

★2　「社会福祉は、人間の幸福と不幸に関係がある。そもそも＜福祉＞の文字そのものが＜幸福＞を表す」[秋山（1999）p.20]といわれている。また、社会福祉実践の目的はさまざまに論じられているが、基本的には、憲法25条に基づく「健康で文化的な最低限の生活」が保障されなければならないという目標がある。そして、より人間らしい生活を求めて「生活の質（QOL：Quality of Life）」を高めることが目指される[秋山（2000）p.16]。

しかしながら、QOLの概念については、共通の理解が得られていない[古谷野（1992）；Ball, et.al（2000）p.304；久保田（2006）p.45]。そこで、QOLについて整理してみたい。まず、古くはロートンが1991年の論文で「よい生活を構成する四つの領域（Four sectors of the good life）」として、心理的幸福感（Psychological Well-being）、活動能力（Behavioral competence)、認知されたQOL（Perceived quality of life）、客観的環境（Objective environment）を挙げ、QOLの構成概念として説明している[Lawton（1991）p.8]。「よい生活を構成する四つの領域（Four sectors of the good life）」については、1983年の論文ですでに発表しているものであり、QOLに関する古典的な理論的枠組みであるといえる[Lawton（1983）p.352]。また、QOLは「生命、生活、人生の質」の三つの側面をもつものであることも知られている[上田（1998）]。

国際保健機関（WHO:World Health Organization）が1947年に定めた健康憲章では「健康とは、肉体的（physical）、精神的（psychological）、および社会的に良好な状態（social well-being）にあり、単に疾病または病弱が存在しないことではない」と定義され、1998年にはこれらに「spirituality（霊性）」が加えられた。これら四つの概念で構成されるものがQOLの概念に近いとする考え方[土井（2004）；久保田（2006）p.45]は、ある程度の学術的コンセンサスが得られている。

福祉とは幸福の追求であり、生活の質（QOL）を高めることが目的である。社会福祉の原点に立ち返り、日本の高齢者住宅の今後のあるべき姿を考察する研究・調査において、幸福感や生活満足感を高める高齢者住宅の要件を探ることは妥当でふさわしいと考える。

2．調査対象とデータ収集

　本調査の対象は、高齢者住宅（自立型）に居住する高齢者である。
　日本においては、シルバーハウジング、高齢者向け優良賃貸住宅、有料老人ホーム（住宅型）などが高齢者住宅に該当する。このなかから、公的住宅を代表するシルバーハウジングと、民間事業者より提供される住宅の代表として有料老人ホーム（住宅型）を調査対象として選定した。[★3]
　デンマークでは、「高齢者・障害者住宅法（1987年）」に規定された「高齢者住宅（Ældrebolig）」を調査対象とした（表中や各節で頻繁に使用する際には「日本シルバー住人（または、シルバー住人）」、「日本有老住人（または、有老住人）」、「デンマーク住人」と表記する場合もある）。
　特に、シルバーハウジングは1987年に建設が始まったものであり、制度として整えられた日本初の高齢者住宅（自立型）である。第5章第2節で説明した通り、建物部分については旧建設省が、LSAは旧厚生省が担当して、「タテワリ行政」を超えた画期的な施策が高く評価されている高齢者住宅でもある。
　しかし、入居に際しては所得制限があり、鈴木がいうように普遍的な公共住宅政策のもとに位置づけられるものではない［鈴木（2000）］。よって、シルバーハウジングを日本の高齢者住宅の代表として、これのみを調査対象にすると偏りが生じることとなる。そこで、有料老人ホーム（住宅型）を加えて両者の比較を行いつつ、デンマーク高齢者住宅住人との比較も行って、日本の全体像とその課題を描き出すこととした。
　有料老人ホーム（住宅型）は、家事援助、身体介護については、シルバーハウジングと同様に外の事業者から介護保険の在宅サービスを利用するものである。しかし、選択的に入居している点、入居金や毎月の費用が高い点、LSAにあたる生活支援が夜も付いている点、重度の要介護状態になった時には、外からの在宅サービスに加えて、追加的に内部サービス（保険外）を購入することができる点、などの特徴をもつ。こ

うした点について、分析過程では注意をしなければならない。

　標本抽出法は非確率標本抽出法（Nonprobability sampling）の目的標本（Purposive sample）とし、シルバーハウジングはK市の協力を得てK区のシルバーハウジング（315戸）を対象とし、有料老人ホーム（住宅型）は全国展開を行っている民間企業S社の協力を得てS社の全戸（722戸）を対象とした。有料老人ホームには住宅型と介護型があるが、介護型は本調査の対象には含まれない類型である。よって、S社の有料老人ホームのうち住宅型のみを対象とした。3群の特徴については、**表6－1**にまとめている。

　記入式アンケートの留め置き法を基本とし、配布と回収の方法・結果については**表6－2**の通りである。

　「本人回答」を原則としたが、自己回答ができない高齢者がいることを予想して、回答不可能な場合は援助を受け「本人の意思を反映すること」に気を付けて回答してもらうように、アンケートの表紙に依頼文を記載した。[★4]

　回収の結果は、デンマークの回収率（34.6％）・有効回答率（30.1％）が低く、自立度が高い高齢者の回答への偏りを反映したものではないか、

[★3]　日本では異なる法律・監督官庁を背景とする高齢者住宅が多種あり、住人の基本的属性や価値観、生活状況が異なることが予想され、異なる母集団であると判断された。異なる母集団の併合は因子分析はもとより、相関係数を求める場合にも問題が起きる可能性のあることが指摘されている［豊田（2003）］。そこで、日本の高齢者住宅住人については各類型を一つの母集団と捉え、供給量、想定される住人像、生活支援などのサービス提供の形態などについて配慮しながら選定した。

[★4]　3群ともに、各住宅における回答率を高めるために、次のような工夫・努力を行った。まず、アンケート票作成にあたっては、質問数をできるだけ少なくすることに努めた。次に回収については、日本のシルバーハウジングでは、筆者と協力調査員が直接訪問して回収することを原則とした。デンマーク高齢者住宅については、高齢者住宅を管轄する自治体や組織（住宅協会）、住宅隣地にあるアクティビティ・ハウスのハウス長に協力を依頼する手紙を書いてもらい、それを付けて配布した。さらに、督促状送付の重要性は指摘されているところであり［豊田（1998）p.43］、AKF（アムツ・コムーネ協会）の主任研究員であるハンセン（E. B. Hansen）氏からもアドバイスされたため、デンマークの16住宅のうち3住宅については2回訪問をして回答を依頼した。

表6−1 調査対象住宅の類型と概要

	日本		デンマーク
対象群	シルバーハウジング*	有料老人ホーム（住宅型）**	高齢者住宅（Ældrebolig）
（法的根拠）	公的住宅（公営住宅法）	（老人福祉法）	公営賃貸住宅（公営住宅法）
監督官庁	建　物：国土交通省 LSA派遣：厚生労働省	厚生労働省	社会省
事業主体	地方自治体、機構	民間、社会福祉法人	地方自治体（コムーネ）
戸数	23,000戸	53,000戸	50,000戸
入居条件	市・県の審査が必要 審査基準：経済状況、住宅困窮状態（所得制限あり）	審査なし	市の判定が必要 審査基準：身体状況、住宅状況
費用概要	入居金：なし 家賃：30,000円～65,000円（家賃の減免制度あり）	入居一時金：1500万円～（家賃10年間の前払い） 管理費：5～7万円（生活支援サービスに対して） 食費：5万円前後（利用しない場合は支払いの必要なし）	入居金：家賃の3ヶ月分相当 家賃：10万円～15万円（市によって異なる）
ケア	在宅ケア（介護保険）を利用。	在宅ケア（介護保険）を利用。「上乗せサービス」の提供あり。	在宅ケアを利用。
見守り等の生活援助	LSA（9～17時）	ハウス長、スタッフ	なし（実質的には、在宅ケアスタッフが行っていると推測される）

*シルバーハウジングの費用概要は、H県営住宅入居案内書を参照した。
**有料老人ホーム（住宅型）の費用概要は幅があるため、調査対象住宅のものとした。

と懸念された。しかしながら、分析結果では、在宅ケアの判定を受けて利用している住人が75％を超えていることを確認した。他の高齢者住宅（124戸）でも、住人の在宅ケア利用率が71％であることを確認［松岡（2005）p.310］しているので、虚弱な高齢者が回答できなかったことによる偏りは回避できたと判断した。

表6-2　アンケート調査における調査表配布・回収

	日本		デンマーク
対象群	シルバーハウジング	有料老人ホーム（住宅型）	高齢者住宅
対象住宅	シルバーハウジング K市4住宅(315戸)	有料老人ホーム・住宅型 S社が全国で運営する14住宅（722戸）	高齢者住宅　16住宅（7市） G市1住宅（157戸） D市1住宅（ 45戸） F市4住宅（100戸） H市2住宅（147戸） N市4住宅（171戸） F市1住宅（ 15戸） O市3住宅（219戸）
収集	LSA（生活援助員）に配布を依頼。約束の回収日に筆者と調査員が訪問して回収した。	ハウス長が配布・回収を行った。	隣接のアクティビティ・ハウス長、管理住宅協会に配布・回収を依頼。一部住宅については、筆者が再度配布を行い郵送してもらった。
期間	2007年8月	2007年8月	2007年5月〜2007年7月
配布数	315戸（4住宅）	722戸（14住宅）	869戸（16住宅）
回収数（率）	回収：246票(78.0%) 有効票：246票(78.0%)	回収：369票(51.1%) 有効票：352票(48.8%)	回収：301票(34.6%) 有効票：268票(30.1%)

3．調査項目

質問項目は、「基本属性」、「客観的要因」、「主観的要因」、「主観的幸福感」からなる。

基本属性——年齢、性別、配偶者の有無、収入状況、活動能力を尋ねた。

性別は「男性：0点」、「女性：1点」、配偶者の有無は「いない：0点」、「いる：1点」とそれぞれダミー変数化した。収入状況については4件法で尋ねた結果を「良い（4点）」、「どちらかといえば良い（3点）」、「どちらかといえば悪い（2点）」、「悪い（1点）」とした。

高齢者の収入については、両国の比較ができる尺度であることが必要

である。

　実額で比較することは年金をはじめとする社会的制度などが異なる両国において比較を伴う調査には適切ではないと考え、収入状況についての質問として「良い－悪い」の尺度で尋ねることとした。正確には、主観的収入状況となる。

　活動能力については、高齢者住宅には幅広い活動能力レベルの高齢者が住むことが予想されたため、IADL・知的能動性・社会的役割指標を含む老研式活動能力指標（13指標、巻末資料のアンケート調査票「問1」337ページ）を用いた。

　老研式活動能力指標を使った理由は、この指標がロートンによる活動能力の概念構成［Lawton（1983）］を基盤にして生まれたものであり、妥当性や因子構造の普遍性も確認されており［古谷野（1992）］、ADLの比較的高い高齢者を対象とした研究でよく用いられる指標だからである［権藤ら（2005）；安藤ら（1995）］。

　本研究では、ADLレベルの低い高齢者が対象となることも予測された。老研式活動能力指標にはADL指標が含まれていないため、差異を反映するため、ADL指標（3指標：歩行・階段乗降・椅子からの立ち上がり）を含めて「はい（できる）」1点、「いいえ（できない）」0点として加算し、最高16点とした。

客観的要因――文献レビューより、家族コンタクト、住人コンタクト、地域コンタクト、生活サービス（安否確認、生活援助、緊急アラームなど）、介護サービス（家事援助、身体介護など）、活動への参加、居住期間、以前の住居からの移動距離、居住環境指標とした。それぞれの内容と得点化の手続きは**表6－3**に示した通りである。

主観的要因――この項目は、アンケート調査に先立って行ったインタビュー調査（概要と結果については第2節で述べる）で得られた内容に基

づき、計30項目で構成した。30項目は、巻末資料（338ページ）にあるアンケート票の「問5」にあたる部分である。

それぞれの項目について、「当てはまる」、「どちらかといえば当てはまる」、「どちらかといえば当てはまらない」、「当てはまらない」の4件法で回答してもらった。

主観的幸福感——本調査での従属変数となる指標である。主観的幸福感を測る尺度としてはPGCモラール・スケールを採用した。[8]

PGCモラール・スケールは当初は22項目からなっていたが、その後17項目に改定された［Lawton（1975）］。さらに12項目のものもあり、日本とアメリカの比較研究で使用され、主観的幸福感の構成概念にも安定性が認められている［Liang（1987）］。回答者の負担をより軽減するために12項目のものを使用することとした。

幸福感の質問項目は、巻末資料（339ページ）のアンケート票の「問9」である。「そう思う（2点）」、「どちらかといえばそう思う（1点）」、「ど

★5　ADL（Activity of daily living; 日常生活動作）が、食事・入浴・排泄・行為・移動・整容などの生活を営む上で不可欠な基本的動作であるのに対して、IADL（Instrumental activity of daily living; 手段的日常生活動作）は、買い物、家事、外出・電話利用・服薬管理・金銭管理など、より高次な日常生活機能である。

★6　生活サービス、介護サービスについては「利用している（1点）」、「利用していない（0点）」として、各項目を単純加算して得点化した。本来なら主観的幸福感と正の相関をもつであろうと想定されるADLの高い方に1点を与えるべきであると考えられる。しかし、この2項目については「利用していること」が主観的幸福感に正の相関をもつのか、負の相関をもつのかという視点での分析を意図としたため、このような得点化を行った。

★7　居住環境指標は、児玉の研究［児玉（1998）］を基礎として、独自のものをつくった。児玉は高齢者居住環境のポイントとして、9次元159項目（快適性、社交・レクリエーション設備の充実性、身体機能低下への建築的配慮、建物内の情報の適切さ、建物の安全性、空間・設備の個別性、規模の適切さ、管理・運営設備の充実、近隣地域施設の利便性）からなるチェックリストを作成している。本調査では、児玉の9次元を11項目で展開し、調査対象である3群においてはLSAなどの生活支援にあたる職員や介護職員の駐在形態が異なるので、職員の駐在形態を加えた。

表6-3　客観的要因の項目と得点化の手続き

客観的要因	項目	得点化の手続き
家族コンタクト	・別居子との電話連絡回数。 ・別居子と会う回数。 ・親戚と会う回数。	毎日（5点）、週に2～3回（4点）、週に1回（3点）、月に数回（2点）、年に数回（1点）、なし（0点）として、各項目を単純加算して得点化
住人コンタクト	住んでいる高齢者住宅に ・世間話をする人がいるか？ ・友人はいるか？	いる（4点）、少しいる（3点）、あまりいない（2点）、いない（1点）として、各項目を単純加算して得点化
地域コンタクト	地域に ・世間話をする人がいるか？	いる（4点）、少しいる（3点）、あまりいない（2点）、いない（1点）を得点化
生活サービス	安否確認、生活援助、緊急アラーム、その他の利用。	利用している（1点）、利用していない（0点）として、各項目を単純加算して得点化
介護サービス	そうじ、洗濯、買物、排泄介助、入浴介助、食事介助、訪問看護、配食サービス、送迎・移動の援助、その他の利用。	利用している（1点）、利用していない（0点）として、各項目を単純加算して得点化
活動への参加	近所での行事、趣味活動の会、茶話会・ふれあい喫茶、ふれあい食事会、生きがい対応型デイサービス、デイサービス、その他の参加。	毎日（5点）、週に2～3回（4点）、週に1回（3点）、月に数回（2点）、年に数回（1点）、なし（0点）として、各項目を単純加算して得点化
住環境指標	バリアフリーへの配慮、プライバシー、交流の場の有無、食堂の有無、緊急連絡、専用風呂の有無、専用トイレの有無、専用台所の有無、商店の近さ、駅の近さ、職員の配置（昼間）、職員の配置（夜間）、介護職員の配置。	有（1点）、無（0点）として、各項目を単純加算して得点化
居住期間	高齢者住宅に住んでいる年月。	居住年数を得点化。1年なら1点、1年6ヶ月なら1.5点となる。
従前住宅からの時間距離	前の家とどれくらい離れているか？	徒歩20分以内（5点）、車で15分以内（4点）、車で1時間以内（3点）、車で2時間以内（2点）、電車利用（1点）

ちらかといえばそう思わない（1点）」、「そう思わない（2点）」の4件法で尋ね、幸福感の高い方に回答した場合（2、5、9とその他は逆転している）にそれぞれの点数を加算した。最高得点は24点である。

倫理的配慮については、アンケートには調査の目的・主体・主催者の連絡先（デンマークの場合はコンタクトパーソン名）を記載した。また、回答は自由であり、拒否することによって何ら不利益がないこと、無記名であり個人が特定されることがないこと、封筒に入れて返信することで他人の目に触れることはないこと、調査終了後は棄却することを明記して倫理的配慮を行った。

第2節　インタビュー調査の概要と結果

本研究では、統計調査における主観的要因を独自に探索するために、アンケート調査に先立って、両国における高齢者住宅住人を対象とした個別インタビュー（インタビュー調査）を行った。第2節では、個別イ

★8　古谷野らによれば、戦場における兵士や職場の従業員の士気を表す概念であったモラールの概念を初めて老化の研究に使用したのはカトナー（Kutner）らであり、彼らはモラール（主観的幸福感）を一次元の連続体として捉えていた［古谷野ら（1989）］、とされている。それに対して、多次元のものとして捉えようとしたのがロートンであり［前田（1979）］、ロートンらによって開発されたPGCモラール・スケールは純粋な心理的満足感を計測できるスケールとして高齢者を対象とした多くの研究で使用されている。多次元の構成とは、心理的動揺因子（Agitation）、老いの受容因子（Attitude toward Own Aging）、孤独感・不満感因子（Lonely Dissatisfaction）である。
　その他に主観的幸福感を測る尺度としては、生活満足度尺度LSI-A（20項目）がよく使われる。しかし、LSI-Aは過去の人生における成功・失敗にかかわる項目が含まれており、ロートンの心理的動揺（Agitation）を含んでいない。前田らは「ロートンはより純粋な、内面的、主観的幸福感を計測することを意図した」［前田（1979）］と述べているが、筆者もこの意見に賛成でき、高齢者の幸福感に影響を与える要因を探る本研究の従属変数として適切と考えるのでPGCモラール・スケールを使用することとした。

ンタビューの概要と方法、結果について説明する。

個別インタビューの結果抽出された項目は、アンケート調査の質問項目（主観的要因）として使用した。カテゴリー、概念の妥当性・信頼性はアンケート調査（因子分析）で検証を行った。そのプロセスは、第3節で説明している。

1．インタビュー調査の概要と方法

（1）目的

インタビュー調査の目的は、3群の高齢者住宅（日本シルバーハウジング、日本有料老人ホーム（住宅型）、デンマーク高齢者住宅）住人を対象として、主観的幸福感に影響を与える主観的要因を探索することである。

（2）データ収集方法

インタビュー調査は、個別訪問によるインタビューを基本とした。時間は1時間〜1時間半を目安とした。「〜についてどう思いますか？」などオープンエンドな質問に自由に答えてもらう半構造的手法をとった。

以下のようなインタビューガイドを用意したが、できるだけインタビューを受ける人の自発的な発言とその流れを重視した。基本属性と引っ越しの経緯から尋ねたのは、話しやすい話題から始めて話しやすい雰囲気をつくるための配慮である。

- 基本属性（年齢、居住年月、前の居住地）。
- ここに引っ越した経緯について話してください。
- 自宅から高齢者住宅に引っ越して、どんな風に感じていますか？
  いいこと、悪いことなんでもお話ください。
- これからの生活について、どのようなことを強く望んでいますか？

インタビュー内容はレコーダーに録音し、文章に書きおこして分析に

使った。プライバシーにかかわる内容が多いため、インフォームドコンセント、秘密の保持、プライバシーの保持、について倫理的配慮を行った。

(3) 調査対象とサンプリング

サンプリングは、非確率標本抽出法（Nonprobability sampling）の目的（意図的）標本（Purposive sampling）とした。日本シルバーハウジングについてはK市の協力を得られることとなり、二つのシルバーハウジングを訪問した。

日本有料老人ホーム（住宅型）については、S社の協力が得られたため、S社の有料老人ホーム（住宅型）の住人を対象とした。

デンマークにおいては、筆者のこれまでのネットワークを活用して高齢者住宅を管轄する自治体や組織、当該住宅の管理者の協力を得た。代表性の問題が懸念されるが、デンマークにおいては福祉サービスの質についてのコムーネ間格差は少ないとされていること、単一ではなく複数の市を選定することにより、できるだけ偏りのないようにした。

いずれの場合も、意図的サンプリングによってインタビュー調査対象者を選んだ。高齢者住宅に住んでいること、年齢・身体状況については住人の状況をできるだけ代表するようにさまざまな年齢層と身体状況であることを条件として、住人の実態をよく知っているハウス長やLSA（デンマークの場合には、近接のアクティビティ・ハウスのハウス長）に協力者を紹介してもらった。その概要は、表6-4のようである。

(4) 分析方法

事例調査の分析は、木下の修正版グランデッド・セオリー（M-GTA）を用いた［木下（2003）］。

グランデッド・セオリー・アプローチは、アメリカの社会学者であるグレーザーとストラウスによって提唱されたものであり、理論の検証に

表6-4　インタビュー調査（個別インタビュー）の調査対象

	日本シルバーハウジング	日本有料老人ホーム	デンマーク高齢者住宅
対象住宅	シルバーハウジング K市2住宅	有料老人ホーム・住宅型O市1住宅	高齢者住宅 　D市1住宅 　F市1住宅 　H市1住宅 　　計3住宅
対象者	住人6名 　～69歳：3名 　70～79歳：2名 　80歳～：1名 LSA　2名	住人6名 　～69歳：2名 　70～79歳：3名 　80歳～：1名 ハウス長　1名	住人15名（62～99歳） 　62～69歳：3名 　70～79歳：6名 　80～89歳：4名 　90歳以上：2名 アクティビティハウス長　2名
サンプリング法	LSAに依頼 条件：面接調査が可能な方、多様な身体機能レベル・年齢が含まれること。	ハウス長に依頼 条件：面接調査が可能な方、多様な身体機能レベル・年齢が含まれること。	隣接のアクティビティ・ハウス長に依頼 （年齢の偏り・虚弱度の偏りがないように）。
期間	2006年10月	2006年11月	2005年10月 　D市住宅5名 　F市住宅4名 2006年12月 　D市住宅2名 　F市住宅3名 　H市住宅1名

偏った当時の社会学研究のあり方に対する強い批判を出発点としていて、その特徴は、データに密着した（Grounded on data）分析によって独自の理論を生成する点にある［木下（2003）p.9；三毛（2003）p.38］。技法面では、継続的比較分析と理論的サンプリングがその特徴として挙げられる。

　以上のようなグランデッド・セオリー・アプローチに独自の修正を加え、分析技法を具体的に説明したものが、木下によって考案された修正版グランデッド・セオリー（M-GTA）である。その特徴は、データに密着して分析する際に、データの切片化をせずに、文脈としてのまとまりから全体のつながり・流れを解釈し、概念化を行おうとする点にある［木下（2003）pp.154～159］。

本調査は、高齢者住宅住人の環境との相互作用に焦点を当てるものであり、生活のなかで蓄積された思いを、語られた文脈から読み取ることが重要だと考え、この分析方法を選んだ。

　修正版グランデッド・セオリー（**M-GTA**）では、どのようなテーマで分析を行うのかという分析の切り口を明確にすることが重要とされている。そこで、データに密着しながら「この高齢者住宅で暮らすことの何が幸福感をもたらしているのか？」という疑問を強く抱いてインタビューにのぞみ、分析にあたった。

　具体的な分析過程は以下の通りである。分析は３群（日本シルバーハウジング住人、日本有料老人ホーム（住宅型）住人、デンマーク高齢者住宅住人）個別に行った。

　それぞれの群において、生データから概念を生成（コーディング）し、概念ごとにワークシートをつくった。次にデータから同様に概念を生成し、すでにつくり出した概念との関連性を比較し、既存の概念に関連するならそのワークシートにバリエーションとして記入し、新しい概念ならば新しいワークシートをつくるという作業を繰り返した。この過程において、概念とデータの関連、概念と概念の関連、概念とカテゴリーの関連を絶えず比較した。これが、前述した継続的比較分析である。概念（ワークシート）と概念の関係を見ながら、分析テーマに照らし合わせてカテゴリーを生成する作業は、分析過程でも行っているが、最後にカテゴリーの整理をして、最終的に３群を統合した。

　その結果、八つのカテゴリー構成となった。本来ならば、修正版グランデッド・セオリー（**M-GTA**）では、継続比較分析の過程において、概念と概念、カテゴリーとカテゴリーの関係やプロセス性について考察し、ストーリーラインを図として描いていくのが標準的なやり方である。しかし本調査では、要因の抽出が主目的であったため、カテゴリーと概念の関係は表（**表６-５**）としてまとめた。

2．インタビュー調査の結果

修正版グランデッド・セオリー（M-GTA）によって生成された八つのカテゴリーについて記述する。

〈活動交流カテゴリー〉

日本においては、「できるだけ外に出る」、「地域でも知り合いがいることが大事」など気持ちは前向きであるが、より積極的な活動や交流へのかかわりは弱い印象であった。特に、日本シルバーハウジング住人、日本有料老人ホーム（住宅型）住人では、距離を置いた付き合いをするのがよい人間関係を維持するコツであるとの意見が聞かれた。

反対にデンマークの高齢者からは、活発に交流して活動に参加していることが幸福感につながっている様子が伝わってきた。「可能性に挑戦することが大事」などの発言があった。

〈安心感カテゴリー〉

日本シルバーハウジング住人からは「〇〇さん（LSAの個人名）が週2回来てくれるので、まったく1人ではないと思える」、「緊急アラームがついていて安心」という意見が聞かれた。

日本の有料老人ホーム（住宅型）住人は、「ここは高齢者の住宅であり、近くに人がいるという感じがあって安心できる」、「もう歳だから、何があっても不思議ではないし、いつ倒れるのか分からない。そんな緊急時でもすぐに助けてもらえる安心感がある」、「ここなら、何か起こっても発見が早い」、「安心感は心の平安であり、何ものにも変えがたい。これを得るためにここ（有料老人ホーム）に来た」と、安心感が反復して強調された。日本の2群においては共通して、安心感に関しての反復性が高かった。

デンマークでも「以前の自宅は人里離れた所にあった。転倒しても一

晩中、誰も来てくれなかった。ここでは隣に人がいるし、すぐに気付いて助けに来てもらえる安心感がある」、「歳をとると不安が出てくるけれど、何かあった時にサポートがすぐ近くにあるという安心感がある」という声が聞かれた。

〈居住継続カテゴリー〉

　住人の「ここで最期まで暮らしたい」という願いは、インタビューのなかで3群を通して強く繰り返された。

　有料老人ホーム（住宅型）には「最期まで暮らせるという可能性を求めて引っ越した（ので、ここなら大丈夫だ）」という確信派が多いのに対して、シルバーハウジングでは「ここに、（最期まで）いさせてもらえるだろうか」という不安の声が多く聞かれた。

　シルバーハウジング生活援助員（K市、経験3年）は、次のように話している。

　「ここに住んでいる方の一番の願いは、ここで最期まで暮らすことだと日々の援助のなかで感じています。でも、『いさせてもらえるのだろうか』という気持で暮らしておられます」

　これに対して、有料老人ホームのハウス長は次のように語った。

　「ここではできるだけ今の住まいで最期までお世話させてもらいます。その最期の様子は他の住人の方にもお知らせします。特に仲がよかった方には（亡くなられる前に会えるよう）訪問を勧めたりしています。そのなかで、みなさんは『死』というものから目をそむけることなく、安心感を深めていかれます」（S社有料老人ホーム（住宅型）ハウス長、経験6年）

　この点に関してデンマークでは、居住継続の可能性を確信する意識が具体的な形で聞かれた。「在宅介護を利用できるから、絶対に大丈夫だ

と思っている」、「重度になっても、1日7～8回のケアを受けて住んでいる人がここにはいますよ。だから、大丈夫でしょう」という発言が聞かれ、「施設は、我々の行く所ではない。別の世界だと思う。もっと弱い人が行く所。私は施設に入るのはいや」というのが中心意見であった。しかし、なかには「施設に行かなければならない時が来れば、それはそれで仕方ないと思う」、「この近くのプライエムは、いいわよ」という人も少なからずいた。

デンマークでは、在宅ケアが十分に提供されている様子を目の当たりにして、「居住継続」を望めばそれは可能であることを当然のことのように捉えている様子がうかがえた。

〈自己決定カテゴリー〉

日本有料老人ホーム（住宅型）住人でも「自分で決断した。間違いのない選択だったと思っている」という前向きな傾向が見られる。娘が、遠く離れて独居生活をする父親（83歳）を心配し、自分の自宅から近い有料老人ホームを探して相談をもちかけた例があった。その場合も、父親は「娘から話があって自分で決断した。よかったと思っている」など、納得のいく引っ越しとなっていた。

一方、日本シルバーハウジング住人には、阪神大震災の被災者が多く「自分で決めたけど、選択肢はない状態だった」、「当時は、仮設から移れてホッとした」など、日本有料老人ホーム（住宅型）住人ほどの自発性は見られなかった。

デンマーク高齢者住宅住人からは、「自己決定は当然のことである」、「よい決断だったと思えるようにしていくのが大切だ」というニュアンスの発言が繰り返し聞かれた。

〈家族関係カテゴリー〉

「子どもはいませんが、私がここ（有料老人ホーム）に来ることにな

って、姪や甥との関係が非常によくなりました。私の世話をしなくていいと思ったのでしょうね。よく訪ねてくるようになりました」

　これは、日本有料老人ホーム住人（男性、65歳）が笑いながら話してくれた内容である。介護の社会化が浸透せず、「介護の責任は家族・親戚にある」という意識が根強い日本において、本人が早めに高齢者住宅へ自発的に引っ越すことは、家族・親戚にとって介護負担からの開放を意味する。

　日本においては「家族との関係はかけがえのないもの」、「家族と会うのはうれしい」という気持ちを基本にもちつつ、「子どもに負担はかけたくない」、「迷惑はかけたくない」という共通した強い心情がうかがわれた。高齢者住宅への引っ越しは、家族との微妙で複雑な思いを含んだものであることが理解できる。

　これに対して、親子別居が一般的で介護の社会化が進んでいるデンマークでは「家族の訪問が何よりもうれしい」、「子どもは遠くに住んでいるが、電話をよくかけてくるし、困った時には助けに来てくれる」という言葉がよく聞かれた。それと同時に、「親は親、子は子」、「子どもには子どもの人生がある」と明確に話し、親子ともに自立した存在として認め合い、互いの精神的な自立を基本として関係を大事にし、気遣い合う姿が感じられた。

〈なじみ環境カテゴリー〉

　日本シルバーハウジング住人では市内からの転居が多く、「この山を見ると、昔を思い出す」、「この辺りは前から住んでいたので、近所の様子がよく分かる」と話す人がいた。

　デンマーク高齢者住宅住人において、「長く住んだ市内からの引っ越しなので、今住んでいる所はなじみの環境である」、「夫はこの町で生まれた。知っている人も多い」、「土地勘があって、人間関係も維持されている」という話が聞かれ、なじみの生活圏域内での引っ越しであること

がうかがわれた。

〈自立生活カテゴリー〉

日本シルバーハウジング住人からは「1人やからなあ、寝込まんようにせんとあかん。正座ができん、横すわりもあかん。そやけど、まあまあ自分のことはできるんで、今は介護保険も使ってない。『申請したらええ』と言われるけど、自分のことはできるだけ自分でしようと思う」（女性、76歳）と言う、たくましい発言が聞かれた。

デンマーク高齢者住宅住人でも「買物や料理など、日常の家事を自分でできるというのは大きな生きがいにつながる。病気で体を壊したから、その大切さがよく分かる」、「（店が近くて）買物は自分にとっていい運動だと思っています」、「自分で自分のことができると、好きなような生活、思うがままの生活ができる。簡単に町に行けて買物ができることは私にとって大事なこと」など、高い反復性があった。

以上により、「自立生活」については、「家事や身の回りのことが自分でできることが大切」など、毎日の暮らしを基盤にして考えていることや「自立生活」を可能にしてくれる高齢者住宅の立地を満足に思っていることがうかがえた。

〈医療依存カテゴリー〉

日本有料老人ホーム（住宅型）住人は「病気は自覚できる段階になると、すでに遅い。医者・看護師が近くにいて早めに発見してくれて予防できることが大事」、「医療は最大の安心感」など、医療基盤が整っていることが安心と満足につながっている様子であった。

デンマーク高齢者住宅住人からは医療についての自発的発言がなかった。

個別インタビューの分析結果である主観的幸福感に影響を与える主観

表6-5 インタビュー調査の結果

カテゴリー	概念	ヴァリエーション 日本シルバーハウジング	ヴァリエーション 日本有料老人ホーム	ヴァリエーション デンマーク高齢者住宅
活動・交流カテゴリー	活動参加			・活動に参加し楽しむ。 ・可能性に挑戦している。
活動・交流カテゴリー	家を出て人と交わる	・できるだけ外に出る。 ・距離をおくのが気分よく付き合うコツ。	・地域の人とも交わる。 ・距離を開けて付き合う	・毎日外出し、人に会う。 ・毎日人に会う。
安心感カテゴリー	緊急時の安心感	・緊急アラームが安心。	・アラームがあり安心。 ・発見が早い。 ・安心は心の平安。	・警報ですぐに来てくれる。 ・介護拠点が近い。
安心感カテゴリー	近くに人がいる安心感	・まったく1人ではない。	・帰宅時に明かりが見える。	・近くに人がいる。 ・独りぼっちでない感覚。
居住継続カテゴリー	最期までここで	・死ぬまでここにいたい。	・最期までここでと思っている。	・完全に最期までここで。 ・施設入居はイヤ。 ・施設は私の行く場ではない。
居住継続カテゴリー	居住継続不安	・ここに最期までいられるかどうかは分からない。 ・介護には限界がある。	・最期までの安心があるからここに引っ越した。	・頻繁な訪問介護を見ている。 ・居住継続できると思う。
自己決定カテゴリー	引っ越し自己決定		・よい決断だと納得している。	・引っ越しは自分で決めた。 ・間違いのない選択だった。
自己決定カテゴリー	基本としての自己決定			・自己決定は生活の基本。
家族関係カテゴリー	負担かけたくない		・ここに来て世話不要となり関係好転。 ・子どもに負担はかけたくない。	・子どもには子どもの人生がある。
家族関係カテゴリー	本来の愛情		・家族の訪問がうれしい。	・子・孫の訪問がうれしい。
なじみ環境カテゴリー	なじみの環境	・近隣の様子がよく分かる。 ・風景を見てなつかしさを感じる。		・場所が変わったという意識がない。 ・隣人は前の家の隣人。
自立生活カテゴリー	生活自立	・できるだけ自分のことは自分でする。 ・寝込まないようにする。		・日常の家事を自分できるのは生きがい。 ・補助器具をうまく活用。 ・店が近いから買物ができる。
自立生活カテゴリー	自由の謳歌		・制約されることなく自由。	・体は不自由でも自由がある。
医療カテゴリー	医療に近い安心	・病院が横で便利・安心。	・安心は医療にあり。 ・安心安心を得るためここに引っ越した。	

表6-6 アンケートに使用した主観的要因の項目（30項目）

カテゴリー	主観的要因の項目
活動・交流カテゴリー	家を出て、できるだけ気持ちを外に向けるようにしている。
	人と会い、話をすることは楽しい。
	1日誰とも話をしない時がある。
	できるだけ活動に参加して、人と交流するようにしている。
	人とよい関係を保つには、ほどほどに付き合うことが重要。
	年老いても、いろいろな可能性に挑戦しようとしている。
安心感カテゴリー	「近くに誰かがいる」という安心感を感じている。
	「緊急時にすぐに来てくれる」安心感を感じている。
	地域に知人がいることは、安心感につながる。
居住継続カテゴリー	ここ（今の住まい）で最期まで暮らしたい。
	虚弱になった時、ここに住み続けられるかどうか不安だ。
	施設には、絶対引っ越ししたくない。
	介護サービスの提供量には、限度があると思っている。
自己決定カテゴリー	ここへの引っ越しは、自分で決めた。
	ここに引っ越したこと（また、ここに住み続けていること）は、意義ある選択だった。
家族関係カテゴリー	本当のことをいえば、子ども・家族と一緒に暮らしたい。
	子どもには、介護などで負担をかけたくない。
	自分の希望に反していても、家族が決めたことなら従う方がいいと思う。
	家族・子どもに会うと、大きな幸せを感じる。
なじみ環境カテゴリー	今住んでいる場所は、昔からなじみのある所である。
	今住んでいる場所は、不慣れな土地である。
自立生活カテゴリー	私は苦労をしても、自由気ままに生きたい。
	自立のために努力するより、十分なケアを受けたい。
	「できるだけ自分でする」ことは、生きがいにつながる。
	身の回りのことは、できるだけ自分でしようとしている。
	どちらかといえば、私は依存して生きたい。
	過剰な介護は能力の衰えにつながると思う。
	駅や店が近くにある環境に住んでいる。
医療カテゴリー	老後の安心感は医療に基盤があると思う。
	医療サービスは、できるだけ十分に受けたい。

的要因は、**表6-5**のようにまとめることができる。この結果に基づいて、**表6-6**のように主観的要因に関する要素を30項目にまとめてアンケート票に展開することとした。

第3節　アンケート調査の結果

1．主観的要因の因子分析結果

アンケート調査の結果については、まず、個別インタビュー（インタビュー調査）で抽出した主観的要因の項目（30項目）の因子分析結果について述べる。個別インタビュー（インタビュー調査）で抽出した主観的要因の項目（30項目）は**表6-6**の通りであり、巻末資料（337ページ〜）にあるアンケートの質問用紙で使用されている。

因子分析は、事例調査で抽出した主観的要因の項目（30項目）のカテゴリーの妥当性・信頼性を検証するために行った。統計解析にはSPSS15.0を用いた。

（1）因子分析の手続き

因子分析は、直交回転（バリマックス回転）を伴う主因子法を採用した。その理由は、この後、主観的幸福感を従属変数として、因子分析の結果および他の変数を独立変数として重回帰分析を行うため、因子間の相関がない分析が求められたからである[9]。

因子の強さを図式化したスクリープロットを見つつ固有値1以上のものを採択すると、3群ともに10因子が得られた。各因子のなかには因子負荷.35以下の項目があるため、それらを除いて因子抽出を繰り返した。

（2）因子分析の結果

　繰り返しの結果、日本シルバーハウジング住人では7因子、日本有料老人ホーム（住宅型）住人では8因子、デンマーク高齢者住宅住人では8因子と、インタビュー調査で得られたカテゴリーにほぼ近い因子が抽出され再現性を確認することができた（表6－7①②③）。しかも、日本の2群については、「家族依存因子」、「活動交流因子」、「なじみ環境因子」、「自立生活因子」、「包括的安心感因子」ではほとんど共通する因子構造であった。しかし、ある項目が他の因子に分類されたり、独立して新しい因子を構成しているものもあったため、各群について順次結果を説明する。[★10]

〈日本シルバーハウジング住人〉

　日本シルバーハウジング住人については、「家族依存因子」、「自立生活因子」、「包括的安心感因子」、「最期までの選択因子」、「活動交流因子」、「居住継続不安因子」、「なじみ環境因子」の7因子が抽出された（表6－7①）。

　インタビュー調査から導かれたカテゴリーとほぼ一致したが、「居住継続カテゴリー」の5項目中「最期までここにいたい」、「ここに引っ越したことは意義ある選択だった」が異なる因子に分類され「自己決定した」、「施設へは引っ越したくない」とともに新カテゴリーを形成した。本研究における重要な概念を構成する項目であり、「施設には引っ越したくない、最期までここで過したいと願う私が、自己決定でここに引っ越したことは意義ある選択だった」という地域居住に関する意味ある概念を構成しており、信頼性係数も0.694と十分な数値であるため、「最期までの選択因子」と名付けた。後述するが、日本有料老人ホーム（住宅型）住人でも同様の結果であった。

　シルバーハウジング住人では、「医療依存因子」が構成されなかった。「医療カテゴリー」を構成する項目「医療は老後の安心感の基盤だ」が

共通性の低さから途中で除かれ、「医療は十分に受けたい」の項目が「居住継続不安因子」に分類された理由による。また、「なじみの環境」は信頼性係数が低かったため、以後の分析から除くこととした。

〈日本有料老人ホーム（住宅型）住人〉

日本有料老人ホーム（住宅型）住人については、「活動交流因子」、「自立生活因子」、「最期までの選択因子」、「家族依存因子」、「包括的安心感因子」、「居住継続不安因子」、「医療依存因子」、「なじみ環境因子」の8因子が抽出された（表6－7②）。

この群においても、「最期までここにいたい」、「ここに引っ越したことは意義ある選択だった」が異なるカテゴリーに分類され「自己決定し

★9　因子分析については、各項目について一つの回答への集中が80％を超えるものを分析から除外した。しかしながら、デンマークについては一つの回答への集中が80％を超えるものが6項目あり、しかも「最期までここで暮らしたい（83.0％）」、「自己決定して引っ越した（84.9％）」、「ここに引っ越したことは意義ある選択（88.0％）」、「身の回りのことはできるだけ自分でする（89.5％）」、「自分ですることは大きな生きがい（86.8％）」、「家族・子どもに会うと大きな幸せを感じる（83.7％）」など本研究において重要な意味をもつ項目であった。そこで、除外する項目は「身の回りのことはできるだけ自分でする（89.5％）」にとどめ、注意を払いながらその後の分析を進めることとした。

★10　累積因子寄与率は、日本シルバーハウジング住人、日本有料老人ホーム（住宅型）住人、デンマーク高齢者住宅住人で順次、49.0％、45.2％、48.7％であり、十分に説明していると考えられる。信頼性係数は表6－7①②③に示されるように、日本シルバーハウジング住人の7因子については0.454〜0.731、日本有料老人ホーム（住宅型）住人の8因子では0.548〜0.792、デンマーク住人の8因子では0.452〜0.708 と、低いものも見られた。信頼性係数の低さについて、権藤らは、高齢者を対象とした主観的幸福感の因子分析における下位概念のクロンバックの α が、0.41、0.51、0.66であったが「（この後の重回帰分析に）十分に耐えうると考えられる」としている〔権藤ら（2005）〕。また、ケア付き住宅に対する志向性尺度の作成に取り組んだ佐々木らの研究においては、3項目からなる因子の信頼性係数は0.638〜0.710と相対的に低いものであった〔佐々木ら（2005）〕。本研究においては、因子分析で得られた因子を独立変数とし主観的幸福感を従属変数として重回帰分析をすることを最終目的とするものである。権藤らの研究にならって、分析に耐えうる数値だと判断して次の分析過程に進めることとした〔権藤（2005）〕。

表6－7 ①主観的要因の因子分析（日本シルバーハウジング住人）

因子名	項目	因子 1	2	3	4	5	6	7
家族依存 .664	家族に会うと幸せ	.803	.039	.197	－.018	.083	－.187	－.034
	負担かけたくない	.798	.023	.093	.029	.171	－.202	.060
	意見異なる時家族に従う	.742	－.022	.110	.002	－.037	.109	.133
	子と暮らしたい	.633	－.064	－.077	－.014	.012	.171	.046
自立生活 .712	自分でしたい	－.070	.847	.064	.192	.119	.065	.073
	自分でする生きがい	－.029	.790	.095	.199	.166	－.015	.040
包括的安心感 .582	緊急時の安心感じる	.079	.106	.836	－.016	.113	－.030	.058
	誰か近くにいる安心感じる	.076	－.014	.663	.138	.226	－.030	－.024
	ほどほどに付き合う	.147	.157	.353	.114	.213	.176	－.036
最期までの選択 .694	意義ある選択だった	.186	.226	.224	.618	.023	.101	.106
	自己決定で引っ越し	.049	.187	－.016	.613	.308	.112	－.226
	最期までここにいたい	.008	.100	.353	.579	－.076	.040	.229
	施設に入りたくない	－.052	－.025	.003	.486	.209	.124	－.025
	自由気ままに生きる	－.139	.157	－.069	.432	.024	.246	.058
活動交流 .731	気持ちを外に	－.042	.022	.084	.057	.668	.010	.066
	可能性挑戦している	.153	.153	.065	.167	.585	.035	.167
	活動交流している	.060	.099	.296	.045	.537	.009	.250
	会い話すことが好き	.092	.225	.295	.142	.481	.084	－.043
居住継続不安 .454	継続不安感じる	－.032	.027	－.127	.204	.056	.498	－.010
	十分な医療受けたい	.117	.425	.153	－.029	.163	.497	－.106
	依存したい	－.016	－.025	.089	.156	－.024	.483	.075
なじみ環境	なじみの環境である	.067	.026	.065	.029	.103	.225	.703
	不慣れな環境である	－.069	－.023	.030	－.021	－.126	.113	－.299
	因子寄与率	17.619	10.597	5.694	4.555	4.119	3.499	2.962
	累積寄与率	17.619	28.216	33.910	38.465	42.585	46.084	49.045

因子抽出法：主因子法、クロンバックのα：因子名の枠内の数字

た」とともに新カテゴリーを形成し、信頼性係数0.613と十分な数値であったため「最期までの選択因子」と名付けた。「施設へは引っ越したくない」が「居住継続不安因子」に分類された点は、シルバー住人と異なっている。また、「なじみの環境」は信頼性係数が低かったため、以後の分析から除くこととした。

表6-7 ②主観的要因の因子分析(日本有料老人ホーム(住宅型)住人)

因子名	項目	因子							
		1	2	3	4	5	6	7	8
活動交流 .618	活動交流している	.724	.068	.035	.139	-.022	-.063	-.039	-.046
	会い話すことが好き	.588	.128	.151	-.111	.100	.131	.062	.033
	可能性挑戦してる	.550	.096	.174	.073	.020	-.291	-.097	-.180
	気持ちを外に	.490	.132	-.053	-.075	.040	-.050	.016	.043
自立生活 .604	自分でする生きがい	.258	.801	.172	-.076	.057	-.200	.053	-.033
	自分でしたい	.197	.783	.165	-.062	.032	-.165	.090	.051
	過剰介護は衰えに	.059	.424	.010	.192	.081	.084	-.135	-.028
最期までの選択 .613	意義ある選択だった	.061	.049	.755	-.043	.177	.005	.128	-.041
	最期までここにいたい	-.070	.119	.532	-.150	.114	-.062	.063	.139
	自己決定で引っ越し	.230	.081	.509	-.026	-.003	-.055	.043	.003
家族依存 .609	家族に会うと幸せ	.008	-.005	-.016	.728	.194	-.035	.060	.090
	負担かけたくない	.103	.131	-.036	.613	-.051	-.066	.014	.078
	意見異なる時家族に従う	-.127	-.012	-.074	.434	.009	.274	.063	-.072
	子と暮したい	-.094	-.190	-.147	.366	-.050	.189	-.041	-.191
包括的安心感 .766	緊急時安心感じる	.066	.070	.174	.012	.766	-.002	.174	.018
	誰か近くにいる安心感じる	.082	.077	.082	.095	.744	-.009	.123	.109
居住継続不安 .548	依存したい	-.079	-.167	-.088	-.002	.087	.646	.122	-.024
	十分ケア受けたい	-.152	-.052	-.064	.012	.116	.479	.202	.020
	継続不安感じる	.118	-.044	-.031	.024	-.250	.476	-.030	.066
	施設に入りたくない	-.036	.101	.281	.183	-.050	.390	-.050	.026
医療依存 .792	安心基盤は医療	-.025	.062	.094	.043	.114	.112	.786	-.003
	十分な医療受けたい	.022	-.073	.121	.052	.173	.107	.722	-.021
なじみ環境	不慣れな環境	.009	.078	.012	.084	-.019	.092	-.065	.537
	なじみの環境である	.048	.081	-.044	.044	-.092	.036	-.041	-.482
	因子寄与率	6.994	6.813	5.871	5.831	5.783	5.685	5.525	2.744
	累積寄与率	6.994	13.807	19.678	25.509	31.292	36.977	42.502	45.246

因子抽出法:主因子法、クロンバックのα:因子名の枠内の数字

〈デンマーク高齢者住宅住人〉

　デンマーク高齢者住宅住人では、「活動交流因子」、「医療依存因子」、「最期までの選択因子」、「家族依存因子」、「自己決定因子」、「包括的安心感因子」、「なじみ環境因子」、「介護非依存因子」の8因子が抽出され

表6-7 ③主観的要因の因子分析（デンマーク高齢者住宅住人）

因子名	項目	因子							
		1	2	3	4	5	6	7	8
活動交流 .708	気持ちを外に	.681	-.032	.077	-.018	.324	.109	-.103	.026
	活動交流している	.678	.087	.072	-.023	-.041	-.012	.025	.075
	会い話すことが好き	.560	-.015	.464	.003	.057	.169	.125	-.043
	可能性挑戦している	.470	.065	-.034	.045	.201	-.041	-.072	.279
	ほどほどに付き合う	.448	.070	.265	-.008	.005	.205	.082	.001
医療依存 .791	十分な医療受けたい	.042	.952	.063	.117	.056	.041	-.103	-.003
	安心基盤は医療	.098	.627	.114	.099	.080	.013	.052	.197
最期までの選択 .573	意義ある選択だった	-.029	.043	.543	-.044	.056	.086	.048	.071
	最期までここにいたい	.256	.098	.521	-.111	-.047	.005	-.007	-.014
	自分でする生きがい	.201	.033	.475	-.012	.293	-.003	-.016	.068
家族依存 .601	子と暮したい	-.029	.068	-.148	.831	.138	-.044	-.038	-.060
	意見異なる時家族に従う	.005	.154	-.001	.616	-.159	.126	-.025	.198
自己決定 .557	自己決定で引っ越し	.030	.141	.223	.029	.674	.004	.041	.075
	自由気ままに生きる	.133	.004	-.028	-.035	.519	.057	-.006	.119
包括的安心感 .618	緊急時安心感じる	.131	-.029	-.026	-.001	.072	.733	.044	.042
	誰か近くにいる安心感じる	.045	.126	.397	.114	.022	.638	-.049	-.124
なじみ環境	なじみの環境である	.052	.070	-.066	.082	.057	.038	.756	.024
	不慣れな環境である	.038	.097	-.118	.126	.037	.014	-.521	.084
介護非依存 .452	介護には限度あり	.084	.186	.071	.025	.062	-.134	-.051	.548
	過剰介護は衰えに	.099	-.030	.034	.113	.319	.202	-.019	.506
	因子寄与率	9.183	7.223	6.815	5.811	5.679	5.599	4.545	3.891
	累積寄与率	9.183	16.406	23.221	29.032	34.711	40.310	44.850	48.745

因子抽出法：主因子法、クロンバックの α ：因子名の枠内の数字

た（表6-7③）。

「自己決定因子」、「介護非依存」は、日本の2群では抽出されなかった因子である。

日本の2群と同様で「意義ある選択だった」、「最期までここに」の2項目が「自分で自分のことをすることを生きがいとしている」とともに因子を構成した。「意義ある選択だった」、「最期までここで」の上位2項目の因子寄与が高いため、これを「最期までの選択因子」とすること

とした。

　個別インタビュー調査では医療に関連する言及がなかったため、デンマーク高齢者住宅住人では「医療カテゴリー」が生成されなかった。しかし、統計調査による因子分析では「医療依存因子」として非常に高い信頼性係数（0.791）をもって抽出された。これは、医療依存が強いという意味ではなく、主観的幸福感との関係ではマイナスの影響を及ぼしている。また、「なじみの環境」は信頼性係数が低かったため、以後の分析から除くこととした。

（3）インタビュー調査と因子分析による検証のまとめ

　因子分析を通じて、インタビュー調査で得られたカテゴリーにほぼ近い因子構造が得られ、再現性・妥当性・信頼性を確認することができた。インタビュー調査で得られたカテゴリーと因子分析から抽出された因子の関係は**表6-8**の通りである。

　自己決定因子、介護非依存が日本の2群で抽出されなかったこと、なじみ環境因子の信頼性係数が十分でなかったことを理由として、この三つの因子についてはこれ以降の分析からは除外することとした。よって、個別インタビュー結果と因子分析結果によって、「活動交流因子」、「包括的安心感因子」、「居住継続不安因子」、「最期までの選択因子」、「家族依存因子」、「自立生活因子」、「医療依存因子」の7因子を主観的要因の変数として、これからの分析を進めることとした。

表6-8 インタビュー調査結果と因子分析の関係

インタビュー調査より抽出されたカテゴリー	因子分析による結果		
	日本シルバーハウジング住人	日本有料老人ホーム住人	デンマーク高齢者住宅
活動・交流カテゴリー	活動交流因子	活動交流因子	活動交流因子
安心感カテゴリー	包括的安心感因子	包括的安心感因子	包括的安心感因子
居住継続カテゴリー	居住継続不安因子	居住継続不安因子	—
	最期までの選択因子	最期までの選択因子	最期までの選択因子
自己決定カテゴリー	—	—	自己決定因子
家族関係カテゴリー	家族依存因子	家族依存因子	家族依存因子
なじみ環境カテゴリー	—	—	—
自立生活カテゴリー	自立生活因子	自立生活因子	—
			介護非依存因子
医療カテゴリー	—	医療依存因子	医療依存因子

2. 単純集計結果

(1) 基本的属性

調査対象3群の基本属性(年齢、性別、配偶者の有無、主観的収入状況、活動能力)は表6-9の通りである。各項目の結果は、性別、配偶者の有無、子どもの有無を除いて得点化し、平均値を記載した。度数分布は、欠損を除いた有効％で示した。[11]

年齢——3群間の差が有意であり、日本シルバーハウジング住人が最も若く(平均74.34歳)、日本有料老人ホーム(住宅型)住人(76.22歳)、デンマーク高齢者住宅住人(80.59歳)となっており、デンマーク高齢者住宅住人が最も高齢である。

性別——日本シルバーハウジング住人のみ女性の割合が、56.9％と低かった。

配偶者の有無——デンマーク高齢者住宅住人で配偶者無(独居)の率が高く、日本とは20％の差が見られた。

子どもの有無——日本で共通して「無」の比率が高かった。
主観的収入状況——3群間の差が有意であり、デンマークで「良い」の比率が高かった。同時に、経済的条件の乖離(かいり)が大きすぎるともいえ、特に日本シルバーハウジング住人の主観的収入感が低く、以後の慎重な考察の必要性が示唆された。
活動能力（老研式身体能力指標＋ＡＤＬ）——3群間の差が有意であった。最高得点が16点であるが、日本有料老人ホーム（住宅型）住人が13.78点で最も高く、日本シルバーハウジング住人（12.69）、デンマーク高齢者住宅住人（11.89）と続き、デンマーク高齢者住宅住人の点数が最も低かった。老研式身体能力指標は、IADL、知的能動性、社会的役割からなっているので、それぞれについて調べたところ、デンマーク住人の全体ポイントは低いにもかかわらず、社会的役割項目においては有意に高いポイントを示した。

（２）客観的要因

客観的要因の項目は、家族コンタクト、住人コンタクト、地域コンタクト、生活サービス、介護サービス、活動への参加、居住期間、以前住んでいた住宅からの時間距離、居住環境指数である。これらの単純集計結果を表6－10①②③にまとめた。度数分布は有効％で示した。[12]

---

[11] 群間の差の検定は、性別、配偶者の有無、子どもの有無についてはχ^2検定とした。その他については、3群の比較を行った。3群の比較は一元配置の分散分析で行い、群間の差が有意であったものについては、ターキー（Tukey）のHSD検定（$p<.05$）で多重比較を行った。その結果、群間の差は有意であったが、多重比較の結果は一部有意でないものがあった。そこで、比較を分かりやすくするために、必要があるものについては、日本シルバーハウジング住人と日本有料老人ホーム（住宅型）住人の2群の差の検定（t検定）を行った。日本の2群の平均値を求め、日本とデンマークの2群の差の検定（t検定）も行った。これらの結果は、3群の比較（右端）、2群の比較（右より2番目）として表中に記載した。

[12] 客観的要因についても得点化し、各群の平均点を表示して比較できるようにした。群間の差の有意性の検定については、3群間比較についても、2群間比較についても、前項の基本属性と同様の手続きをとって表中に記載した。

表6-9 調査対象者の属性

	日本		デンマーク	2群の比較(t値) 上段：シル・有老 下段：日・デン	3群の比較 (F値と多重比較)
	日本シルバーハウジング (N=246)	日本有料老人ホーム (N=352)	デンマーク高齢者住宅 (N=268)		
平均年齢	74.34(6.881)	76.22(6.347)		3.412**	31.521**
	75.43(6.634)		80.59(10.248)	7.382**	シ<有<デ
74歳以下	54.1%	35.5%	23.9%		
75〜84歳	38.6%	55.1%	40.7%	$\chi^2=122.717$、df=4	
85歳以上	7.3%	9.4%	35.4%		
性別					
男性	40.4%	26.1%	24.7%	$\chi^2=18.454$、df=2	
女性	59.6%	73.9%	74.9%		
配偶者の有無					
無	63.9%	61.5%	82.6%	$\chi^2=34.622$、df=2	
有	34.0%	38.5%	17.4%		
子の有無					
有	65.7%	44.9%	88.8%	$\chi^2=130.013$、df=2	
無	34.6%	54.5%	10.4%		
不明	0%	0.6%	0.7%		
収入に対する主観的評価(平均)	2.12(.874)	2.91(.702)		11.767**	178.178**
	2.59(.866)		3.39(.668)	13.176**	シ<有<デ
良い	5.9%	16.8%	47.9%		
まあ良い	27.0%	60.8%	44.8%		
あまり良くない	40.1%	18.9%	5.7%		
良くない	27.0%	3.6%	1.5%		
活動能力指標	12.69(3.6)	13.78(2.8)		-4.160**	20.553**
	13.33		11.89(3.8)	5.740**	デ<シ<有
ADL	2.62	2.78		-2.624**	121.492**
	2.71		2.22	8.072**	デ<シ=有
IADL	4.46	4.56		-1.065	141.652**
	4.52		3.57	9.392**	デ<シ=有
知的能動性	3.11	3.68		-7.335**	6.365*
	3.45		3.16	(3.824**)	シ=デ<有
社会的役割	2.47	2.76		-2.673*	27.920**
	2.64		2.95	(-.3246**)	シ<有=デ

(** P<.01, *P<.05)

*3群の比較の多重比較の結果はスペースの関係上、日本シルバーハウジング住人を「シ」、日本有料老人ホーム（住宅型）住人を「有」、デンマーク高齢者住宅住人を「デ」として表示した。表中に「デ<シ=有」とあるのは、日本シルバーハウジング住人と日本有料老人ホーム（住宅型）住人の間の有意差は認められなかったが、日本シルバーハウジング住人とデンマーク高齢者住宅住人の間の有意差、日本有料老人ホーム（住宅型）住人とデンマーク高齢者住宅住人の間の有意差は認められた、という意味である。（表①②③共通）

表6-10 ① 客観的要因の単純集計（家族コンタクト、住人コンタクト、地域コンタクト）

	日本シルバハウジング	日本有料老人ホーム	デンマーク高齢者住宅	2群の比較(t値)上段：シル・有老下段：日・デン	3群の比較(F値と多重比較)
	日本の平均				
家族コンタクト：平均点	3.31	2.42		−20.758**	230.881**
	2.79		6.44	4.703**	有＜シ＜デ
（子と電話）毎日	5.0%	5.9	22.4%		
週に数回	15.8%	10.4%	47.9%		
月に数回	29.4%	25.8%	14.1%		
年に数回	15.8%	21.7%	1.9%		
電話連絡なし	7.2%	6.8%	3.4%		
別居子なし	26.7%	29.4%	10.3%		
（子の訪問）毎日%	2.3%	0.9%	3.4%		
週に数回	13.1%	4.1%	42.6%		
月に数回	25.2%	22.5%	30.4%		
年に数回	25.2%	38.3%	11.4%		
訪問なし	7.2%	4.5%	1.9%		
別居子なし	27.0%	29.7%	10.3%		
（親戚訪問）毎日%	0.8%	0.6%	2.3%		
週に数回	5.4%	1.4%	19.0%		
月に数回	15.8%	13.9%	32.3%		
年に数回	42.9%	66.7%	34.2%		
訪問なし	25.0%	15.1%	4.2%		
親戚なし	10.0%	2.3%	8.0%		
住人コンタクト：平均点	5.71	6.45		−4.765**	18.296**
	6.15		6.61	(−3.439**)	シ＜有＝デ
（世間話）ある%	48.4%	63.6%	62.6%		
少しある	27.5%	24.1%	25.2%		
あまりない	11.1%	8.8%	8.0%		
いない	13.1%	3.1%	4.2%		
（友人）ある	33.2%	43.1%	45.4%		
少しある	21.5%	25.6%	34.4%		
あまりない	14.2%	16.4%	9.9%		
いない	29.1%	14.9%	10.3%		
地域コンタクト：平均点	2.67	2.03		6.831**	127.443**
	2.3.		3.4	−13.746**	有＜シ＜デ
（世話話）ある	30.4%	15.2%	57.9%		
少しある	29.6%	19.8%	30.7%		
あまりない	16.2%	18.1%	5.7%		
いない	23.1%	47.0%	5.7%		

(** P<.01, *P<.05)

表6−10 ②客観的要因の単純集計（生活サービス、介護サービス、活動参加）

	日本シルバハウジング	日本有料老人ホーム	デンマーク高齢者住宅	2群の比較(t値)上段：シル・有老下段：日・デン	3群の比較（F値と多重比較）*
生活サービス：平均点	1.51	1.50		.108	13.578**
	1.50		1.15	5.213**	デ＜シ＝有
安否確認利用（％）	73.2%	75.3%	22.4%		
生活援助利用（％）	25.6%	16.2%	27.2%		
緊急警報利用（％）	48.8%	54.0%	54.5%		
その他		4.5%	11.2%		
介護サービス：平均点	.53	.56	2.11	−.272	95.582**
	.55		2.11	−13.832**	シ＝有＜デ
そうじ利用（％）	15.4%	15.3%	72.0%		
洗濯利用（％）	4.5%	4.5%	28.0%		
買物利用（％）	8.9%	7.7%	22.8%		
トイレ介助利用（％）	0.8%	0.9%	6.2%		
入浴介助（％）	4.9%	4.8%	33.6%		
食事介助（％）	1.2%	1.7%	4.3%		
訪問看護（％）	2.4%	2.6%	19.0%		
配食サービス（％）	3.2%	5.1%	21.0%		
送迎・移動援助（％）	3.2%	7.7%	27.3%		
その他（％）	8.5%	5.7%	5.8%		
活動参加：平均点	1.84	3.07	5.06	−4.547**	43.796**
	2.57		5.06	(−8.507**)	シ＜有＜デ
毎日（％）	2.0%	4.3%	19.8%		
週に2〜3回（％）	11.8%	17.6%	21.6%		
週に1回（％）	11.4%	21.6%	17.5%		
月に1回（％）	14.2%	14.8%	7.8%		
年に数回（％）	5.7%	7.7%	4.1%		
利用・参加なし（％）	54.9%	34.1%	29.1%		

(** $P<.01$, * $P<.05$)

表6-10 ③客観的要因の単純集計(居住年月、引っ越し距離、居住環境指標)

	日本シルバーハウジング	日本有料老人ホーム	デンマーク高齢者住宅	2群の比較(t値) 上段:シル・有老 下段:日・デン	3群の比較 (F値と多重比較)*
居住年数(年)	6.301	4.329		6.206**	25.181**
	5.163		7.191	(-5.257**)	有<シ=デ
引越し距離					
徒歩20分以内	37.7%	3.2%	47.0%		
車で15分以内	49.6%	6.6%	30.6%		
車で1h以内	6.1%	38.1%	13.6%		
車で2h以内	6.1%	33.2%	8.4%		
電車利用	0.4%	18.9%	0.5%		
居住環境指数(点)	10.97	12.51		-8.189**	48.132**
	11.87		11.20	(4.198**)	シ=デ<有
バリアフリーである	89.5%	85.2%	91.4%		
プライバシーがある	83.6%	92.5%	97.4%		
交流の場がある	75.1%	76.8%	91.4%		
食堂がある(近隣含む)	29.1%	92.3%	78.3%		
自由なしつらえ可能	77.0%	94.8%	98.5%		
緊急時の連絡	92.8%	98.3%	91.8%		
近くに商店	79.4%	98.5%	85.1%		
近くに駅がある	90.1%	83.6%	89.5%		
専用トイレがある	98.0%	100%	100%		
専用風呂がある	98.8%	98.0%	100%		
専用キッチンがある	97.5%	99.2%	99.3%		
職員の昼間駐在	90.2%	98.5%	34.1%		
職員の夜間駐在	64.4%	96.3%	23.1%		
介護職員駐在	64.8%	74.9%	41.0%		

(** $P<.01$, * $P<.05$)

家族コンタクト——3群における差は有意で、デンマーク高齢者住宅住人の家族コンタクトが圧倒的に高い。度数分布でも、デンマーク高齢者住宅住人は70%が週に数回以上は別居している子どもと電話で連絡をとり、45%以上が週に1回以上は会っている。日本では、シルバーハウジング住人のほうが有料老人ホーム(住宅型)住人より家族コンタクトが

多い。

住人コンタクト、地域コンタクト――日本有料老人ホーム（住宅型）住人とデンマーク高齢者住宅住人に有意差はなく、日本シルバーハウジング住人の低さのみが有意であった。地域コンタクトは3群に有意差があり、日本シルバーハウジング住人が最も低く、日本有料老人ホーム（住宅型）住人、デンマーク高齢者住宅住人の順に高い数値を示した。

生活サービス利用――日本の高齢者住宅住人の利用が有意に高かった。安否確認の利用率がデンマークで低いのは、デンマークでは、日ごろの在宅ケアサービスを通して安否確認しているため、利用者に利用の意識がないためと考えられる。

介護サービス利用――日本の2群では有意差が認められず、圧倒的にデンマークが多い。そうじ、洗濯、買物等の家事支援利用率が高く、介護サービスは入浴介助（33.6％）、訪問看護（19.0％）、配食サービス（21.0％）、移動・送迎援助（27.3％）が高利用率を示した。

活動参加――3群に有意差があり、デンマーク高齢者住宅住人で高く、日本シルバーハウジング住人の低さが目立った。デンマークでは、19.8％が毎日何らかの活動に参加し、21.6％が週に2～3回参加し、週1回以上の参加者を合計すると58.9％になる。

居住年月、以前住んでいた所からの時間距離――居住年月もデンマーク高齢者住宅住人が7.191年と長く、日本シルバーハウジング住人6.301年、日本有料老人ホーム（住宅型）住人4.329年と続いた。以前、住んでいた所からの時間距離は、日本有料老人ホーム（住宅型）住人が遠距離移動の傾向を示した。

居住環境指数――日本有料老人ホーム（住宅型）住人の得点が有意に高かった。職員駐在の有無が得点を左右したと推測される。

（3）主観的要因を構成する項目の単純集計

個別インタビューから抽出され、信頼性・妥当性が実証された主観的

要因各項目（30項目）の単純集計結果（度数分布）は、**表6–11**の通りである。[★13]

　「**包括的安心感因子**」に関連する項目——各項目で有意差が認められた。「近くに誰かがいる安心感」、「緊急時の安心感」ともに、日本シルバーハウジング住人では低く、デンマーク高齢者住宅住人では高い傾向がうかがえた。両項目において、日本有料老人ホーム住人とデンマーク住人では90％を超えているにもかかわらず、日本シルバーハウジング住人では80％前後であった（「当てはまる」、「どちらかというと当てはまる」の合計）。

　「**最期までの選択因子**」に関する項目——日本シルバーハウジング住人が、「最期までここで暮らしたい」、「自己決定して引っ越した」、「ここに引っ越したことは意義ある選択だった」に対して、有意に低い反応を示した。しかしながら、日本シルバーハウジング住人の85.9％、日本有料老人ホーム（住宅型）住人の95.2％が「最期までここで暮らしたい」と回答しており（「当てはまる」、「どちらかというと当てはまる」の合計）、日本の高齢者住宅住人の多くが「最期までここで暮らしたい」と望んでいることが確かめられた。

　「**自立生活因子**」に関連する項目——3群ともに90％を超える住人が「自分の身の回りのことは自分でしたい」と回答し（「当てはまる」、「ど

[★13]　また、各項目の1段目に各群の得点の平均評定値を示して、比較しやすくした。標準偏差はカッコ内に入れた。群間の有意差の検定は、まず一元配置の分散分析を行い、有意であったものについてはターキー（Tukey）のHSD検定（$p < .05$*、$p < .01$**）により多重比較を行った。その結果はスペース不足のため、日本シルバーハウジング住人を「シ」、日本有料老人ホーム（住宅型）住人を「有」、デンマーク高齢者住宅住人を「デ」と表示した。表中に「シ＜有＝デ」とあるのは、日本有料老人ホーム（住宅型）住人とデンマーク高齢者住宅住人の間の有意差は認められなかったが、日本シルバーハウジング住人と日本有料老人ホーム（住宅型）住人の間の有意差、日本シルバーハウジング住人とデンマーク高齢者住宅住人の間の有意差は認められた、という意味である。度数分布は、有効％で示した。

表6-11 主観的要因（因子）を構成する項目の単純集計

		日本シルバー	日本有老	デンマーク	3群の比較（F値と多重比較）
包括的安心感因子	近くに誰かがいるという安心感を感じている	3.20 (.990)	3.47 (.762)	3.65 (.707)	19.459**
	当てはまる	50.8%	59.7%	75.1%	シ＜有＜デ
	どちらかというと当てはまる	27.9%	31.3%	18.9%	
	どちらかというと当てはまらない	11.1%	5.4%	2.3%	
	当てはまらない	9.8%	3.7%	3.8%	
	緊急時すぐに来てくれるという安心感を感じている	3.37 (.841)	3.52 (.680)	3.81 (.510)	27.845**
	当てはまる	55.3%	60.5%	85.3%	シ＜有＜デ
	どちらかというと当てはまる	31.7%	33%	11.7%	
	どちらかというと当てはまらない	7.7%	4.6%	1.9%	
	当てはまらない	5.3%	2%	1.1%	
	人とよい関係保つため、距離をあけている	3.36 (.859)	3.60 (.572)	3.53 (.669)	9.239**
	当てはまる	53.9%	63.7%	60.6%	シ＜有＝デ
	どちらかというと当てはまる	34.7%	33.7%	33.3%	
	どちらかというと当てはまらない	4.5%	1.7%	4.2%	
	当てはまらない	6.9%	0.9%	1.9%	
最期までの選択因子	最期までここで暮らしたいと思う	3.46 (.884)	3.66 (.607)	3.77 (.568)	12.846**
	当てはまる	66.5%	71.8%	83.0%	シ＜有＝デ
	どちらかというと当てはまる	19.4%	23.4%	12.1%	
	どちらかというと当てはまらない	7.9%	3.7%	3.8%	
	当てはまらない	6.2%	1.1%	1.1%	
	自己決定して引っ越した	3.26 (.994)	3.68 (.572)	3.79 (.556)	38.412**
	当てはまる	54.9%	71.9%	84.9%	シ＜有＝デ
	どちらかというと当てはまる	25.3%	25.1%	10.9%	
	どちらかというと当てはまらない	8.9%	1.8%	2.6%	
	当てはまらない	10.1%	1.2%	1.5%	
	ここに引っ越したことは意義ある選択だった	3.35 (.933)	3.63 (.596)	3.81 (.586)	26.823**
	当てはまる	59.8%	67.9%	88.0%	シ＜有＜デ
	どちらかというと当てはまる	23.2%	27.8%	7.1%	
	どちらかというと当てはまらない	9.5%	3.4%	2.6%	
	当てはまらない	7.5%	0.9%	2.2%	
自立生活因子	自分の身の回りのことは自分でしたい	3.78 (.520)	3.80 (.502)	3.87 (.435)	2.440
	当てはまる	82%	83.4%	89.5%	有意差なし
	どちらかというと当てはまる	14.7%	14.3%	9%	
	どちらかというと当てはまらない	2.4%	1.1%	0.4%	
	当てはまらない	0.8%	1.1%	1.1%	

第6章　日本とデンマークにおける高齢者住宅住人調査

	できるだけ自分ですることは生きがいだ	3.62 (.691)	3.71 (.540)	3.84 (.468)	9.553**
	当てはまる	71.1%	74.8%	86.8%	シ=有<デ
	どちらかというと当てはまる	22.7%	22.6%	11.3%	
	どちらかというと当てはまらない	3.3%	1.7%	0.8%	
	当てはまらない	2.9%	0.9%	1.1%	
	家を出て気持を外に向けるようにしている	3.28 (.928)	3.30 (.880)	3.40 (.946)	1.241
	当てはまる	54.4%	51.7%	64.8%	有意差なし
	どちらかというと当てはまる	26.1%	32.8%	17.8%	
	どちらかというと当てはまらない	12.9%	9.2%	9.8%	
	当てはまらない	6.6%	6.3%	7.6%	
	人と会い、話をすることは楽しい	3.33 (.877)	3.50 (.680)	3.78 (.529)	26.859**
	当てはまる	53.9%	59.1%	82.1%	シ<有<デ
活	どちらかというと当てはまる	30.0%	33.1%	14.9%	
動	どちらかというと当てはまらない	9.9%	6.3%	1.9%	
交	当てはまらない	5.8%	1.4%	1.1%	
流	できるだけ活動に参加し、交流するようにしている	2.59 (1.17)	2.91 (.980)	2.87 (1.138)	6.940**
因	当てはまる	31.5%	33%	40.2%	シ<有=デ
子	どちらかというと当てはまる	20.3%	36.2%	25%	
	どちらかというと当てはまらない	23.7%	19.8%	16.3%	
	当てはまらない	24.5%	10.9%	18.6%	
	老いても、色々な可能性に挑戦しようとしている	2.91 (1.081)	3.15 (.895)	3.16 (1.033)	5.121**
	当てはまる	38.1%	41.9%	50.8%	シ<有=デ
	どちらかというと当てはまる	30.5%	37.2%	25.8%	
	どちらかというと当てはまらない	15.5%	14.5%	11.9%	
	当てはまらない	15.9%	6.4%	11.5%	
	虚弱になった時、ここに住み続けられるか不安だ	3.00 (1.0)	2.56 (1.156)	2.53 (1.203)	12.851**
	当てはまる	37.2%	27.6%	29.6%	シ>有=デ
居	どちらかというと当てはまる	39.3%	30.8%	23.5%	
住	どちらかというと当てはまらない	9.5%	14.7%	16.9%	
継	当てはまらない	14.0%	27%	30%	
続	どちらかといえば、依存して生きたいと思う	2.27 (1.201)	1.71 (.865)	2.83 (1.132)	84.503**
不	当てはまる	25.3%	5.9%	39.2%	有<シ<デ
安	どちらかというと当てはまる	12.7%	9.4%	22.7%	
因	どちらかというと当てはまらない	25.3%	34.6%	20.4%	
子	当てはまらない	36.7%	50.1%	17.7%	
	自立のために努力するより十分なケアを受けたい	2.41 (1.107)	2.35 (.980)	3.24 (0.946)	67.092**
	当てはまる	22.7%	14.3%	51.5%	シ=有<デ
	どちらかというと当てはまる	21.5%	28.4%	29.2%	
	どちらかというと当てはまらない	29.6%	35.1%	11.2%	

		当てはまらない	26.2%	22.2%	8.1%	
	施設には、引っ越したくない	2.97(1.123)	2.81(1.203)	2.87(1.174)	1.201
		当てはまる	45.3%	41.6%	43.6%	有意差なし
		どちらかというと当てはまる	21.8%	21%	19.5%	
		どちらかというと当てはまらない	16.7%	14.5%	17.5%	
		当てはまらない	15.8%	22.9%	19.5%	
	本当は、子ども・家族と一緒に暮らしたい	2.00(1.134)	1.66(.988)	1.65(.982)	8.578**
		当てはまる	16.2%	8.8%	9.8%	シ＞有＝デ
		どちらかというと当てはまる	15.7%	11.1%	7.4%	
		どちらかというと当てはまらない	20.6%	17.5%	21.1%	
		当てはまらない	47.5%	62.6%	61.7%	
	子どもには、介護などで負担をかけたくない	3.12(1.212)	3.28(1.135)	3.07(1.211)	2.264
家		当てはまる	58.9%	65.2%	57.9%	有意差なし
族		どちらかというと当てはまる	14.9%	14.8%	10.2%	
依		どちらかというと当てはまらない	5.4%	3%	13%	
存		当てはまらない	20.8%	17%	18.9%	
因	自分の希望に反しても、家族決定に従う方がいい	2.69(1.153)	1.98(1.101)	2.00(1.093)	29.093**
子		当てはまる	32.8%	14.1%	14.2%	シ＞有＝デ
		どちらかというと当てはまる	25.5%	17.2%	16.9%	
		どちらかというと当てはまらない	19.1%	21.5%	23.6%	
		当てはまらない	22.5%	47.1%	45.3%	
	家族・子どもに会うと、大きな幸せを感じる	3.11(1.132)	2.90(1.128)	3.74(.669)	51.846**
		当てはまる	52.5%	38.7%	83.7%	シ＝有＜デ
		どちらかというと当てはまる	22.5%	32.4%	10.5%	
		どちらかというと当てはまらない	8%	8.8%	2.3%	
		当てはまらない	17%	20.1%	3.5%	
	老後の安心感は医療に基盤がある	3.45(.755)	3.46(.687)	2.87(1.023)	45.820**
		当てはまる	58.2%	55.8%	34.9%	シ＝有＞デ
医		どちらかというと当てはまる	31.6%	36.5%	29.1%	
療		どちらかというと当てはまらない	7.2%	6%	24.4%	
依		当てはまらない	3%	1.7%	11.6%	
存	医療サービスは十分に受けたい	3.41(.809)	3.50(.690)	2.78(1.076)	57.387**
因		当てはまる	56.9%	59.2%	32.4%	シ＝有＞デ
子		どちらかというと当てはまる	31%	33%	29.7%	
		どちらかというと当てはまらない	7.9%	6%	21.2%	
		当てはまらない	4.2%	1.7%	16.6%	

(** $P<.01$, * $P<.05$)

　＊スペースが限られているため、3群の有意差については、日本シルバーハウジング住人を「シ」、日本有料老人ホーム（住宅型）を「有」、デンマーク高齢者住宅住人を「デ」で表記した。

ちらかというと当てはまる」を含めて)、3群間の有意差も認められなかった。3群を通じて、自立生活への志向が高いことが確かめられた。

「活動交流因子」に関する項目──活動性について肯定的な回答をする割合はデンマーク住人の方が高いとはいえ、日本シルバーハウジング住人、日本有料老人ホーム(住宅型)住人においても「家を出て気持を外に向けるようにしている」などの質問に80％を超える回答が示された(「当てはまる」、「どちらかというと当てはまる」を含む)。活動性について肯定的な回答をする割合は3群を通して高く、日本有料老人ホーム(住宅型)住人がデンマーク高齢者住宅住人と同レベルの活動性を示している。

「居住継続不安因子」に関連する項目──「虚弱になった時、ここで最期まで暮らせるか不安だ」に対して「当てはまる」、「どちらかというと当てはまる」と回答したのは、日本シルバーハウジング住人では76.5％、日本有料老人ホーム(住宅型)住人では58.4％、デンマーク高齢者住宅住人では53.1％であり、日本シルバーハウジング住人の不安の高さが顕著であった。

これに対して、日本有料老人ホーム(住宅型)住人はデンマーク高齢者住宅住人と同レベルで、不安が低レベルであることが確認された。

「施設には、引っ越したくない」住人は、3群共通して60％強であり(「当てはまる」、「どちらかというと当てはまる」を含む)、3群の有意差が認められなかった。

「家族依存因子」に関連する項目──「介護などで子どもに負担をかけたくない」という意向が共通して強く、70％近くが「当てはまる」、「どちらかというと当てはまる」と答えており、評定平均値での3群間の有意差がなかった。

しかしながら、「本当は、子ども・家族と一緒に暮らしたい」、「自分の希望に反しても家族の決定に従う方がいい」については、日本シルバーハウジング住人のポイントが有意に高く、依存的家族関係にあること

がうかがわれた。この点、日本有料老人ホーム住人はデンマーク住人と同様の家族からの自立性が確認された。

「医療依存因子」に関連する項目――デンマーク高齢者住宅住人においては、「老後の安心は医療に基盤がある」とするのは64%であるのに対して、日本の高齢者住宅住人では90%であった(「当てはまる」、「どちらかというと当てはまる」を含む)。

また、「医療サービスを十分に受けたい」とする住人も、デンマーク高齢者住宅では62.1%であるのに対して、日本の高齢者住宅住人では90%近い比率であった(「当てはまる」、「どちらかというと当てはまる」を含む)。日本では医療依存が高いが、デンマークでは低いことが確認された。

3. 主観的幸福感

主観的幸福感(PGCモラール・スケール)の3群の結果は表6-12の通りであった。日本シルバーハウジング住人が最も低く、日本有料老人ホーム(住宅型)住人がそれにつぎ、デンマーク高齢者住宅住人が最も高かった。3群間の差は、一元配置の分散分析では有意であった。

しかし、ターキー(Tukey)のHDS検定($p < .05$)によって多重比較を行った結果は、日本シルバーハウジング住人の低さに関しては他の2群との有意差が認められたが、日本有料老人ホーム(住宅型)住人とデンマーク高齢者住宅住人の有意差は認められなかった。

表6-12 主観的幸福感

	日本シルバーハウジング	日本有料老人ホーム	デンマーク高齢者住宅	3群の比較 (F値と多重比較)
主観的幸福感	10.08 (6.041)	11.44 (5.623)	12.28 (5.66)	9.417** シ<有=デ

カッコ内の数値は、標準偏差。

4. 主観的幸福感におよぼす要因

　基本属性、客観的要因、主観的要因が主観的幸福感にどのような影響をおよぼすのかについては、まずは単純相関を調べ、その後重回帰分析（ステップワイズ法）を行った。主観的要因については因子スコアを用い、有意水準は .05 とした。統計解析には SPSS15.0J を用いた。

（1）単純相関係数

　各要素が主観的幸福感にどのような影響を及ぼすのかは、表6－13①②③（単純相関表）の通りである。主観的幸福感に影響を与える要因について3群で共通しているのは、活動能力、住人コンタクト、地域コンタクト、最期までの選択因子である。そのなかでも、日本シルバーハウジング住人は主観的幸福感と活動能力、地域コンタクトとの間に強い相関が見られた。

　日本シルバーハウジング住人、日本有料老人ホーム（住宅型）住人のみで主観的幸福感に有意な影響を与えたのは居住継続不安因子であり、相関係数はそれぞれ　-.333**、-.426** と高いマイナスの数値を示した。

　家族コンタクト、それまで住んでいた住宅からの時間距離、居住年月は、3群共通して主観的幸福感に影響を与えていなかった。

〈日本シルバーハウジング住人〉

　地域コンタクトが主観的幸福感に強い影響を与えており、地域コンタクトは住人コンタクトと非常に強い相関（.607**）があった。

　居住環境指標が3群のなかで唯一主観的幸福感に比較的強い影響（.211**）を与えていた。また、包括的安心感因子も主観的幸福感に比較的強い影響（.283**）を与えていた。

表6-13 ①主観的幸福感と各変数との単純相関（日本シルバーハウジング住人）

		主観的幸福感	年齢	性別	同居者	収入状況	活動能力	家族コンタクト	住人コンタクト	地域コンタクト	生活サービス利用	介護サービス利用	活動参加	従前住宅からの距離	居住年月	住宅環境指標	包括的安心感因子	最期までの選択因子	自立生活因子	活動交流因子	継続居住不安因子	家族依存因子	医療依存因子
	主観的幸福感	1.000																					
基本属性	年齢	-0.005	1.000																				
	性別	0.040	0.120	1.000																			
	同居者の有無	0.105	-0.100	-.156**	1.000																		
	収入状況	.246**	-.228**	0.057	-0.004	1.000																	
	活動能力	.308**	-.238**	0.054	0.029	0.089	1.000																
客観的要因	家族コンタクト	0.120	0.071	.229**	0.062	0.110	0.048	1.000															
	住人コンタクト	.171**	0.095	.169**	-0.004	.204**	.232**	.170**	1.000														
	地域コンタクト	.246**	-0.043	.127*	0.052	0.119	.363**	.136*	.607**	1.000													
	生活サービス利用	0.000	0.026	-.146**	0.082	-0.125	-0.104	-0.050	0.053	0.053	1.000												
	介護サービス利用	-0.057	.300**	0.085	-.135**	0.093	-.408**	0.097	0.043	-0.065	.133*	1.000											
	活動参加	0.037	0.124	0.054	-0.074	0.078	0.063	.138*	.313**	.274**	0.122	.159**	1.000										
	従前住宅からの距離	0.050	0.011	-0.002	-0.007	0.101	0.089	0.086	0.006	-0.030	-0.074	-0.040	0.068	1.000									
	居住年月	-0.024	.327**	0.016	.236**	0.130	-0.020	-0.062	.193**	0.053	0.057	-0.022	.129*	0.006	1.000								
	住宅環境指標	.211**	0.070	0.087	-0.104	0.059	.135*	.129*	.142*	.151*	0.123	-0.017	0.092	-0.045	0.037	1.000							
主観的要因	包括的安心感因子	.283**	0.099	.211**	0.087	0.142	0.113	.353**	.213**	.243**	-0.051	-0.015	0.134	0.106	.207**	.310**	1.000						
	最期までの選択因子	.159*	.193*	0.114	-0.012	.188*	0.024	0.006	0.105	0.102	-0.040	-0.017	0.109	0.028	0.157	.308**	0.056	1.000					
	自立生活因子	0.139	.179*	.199*	-0.012	0.119	0.044	0.092	0.098	0.064	0.034	0.090	0.141	-0.002	.189*	0.079	0.028	0.066	1.000				
	活動交流因子	.231**	-0.059	-0.006	-0.031	.175*	.371**	0.035	.292**	.235**	-0.002	-0.136	0.113	0.076	-0.088	0.132	0.073	0.025	0.049	1.000			
	継続居住不安因子	-.333**	0.04	0.036	-0.02	-.173**	-.206**	-0.009	0.005	-0.138	.207**	-.223**	0.035	-0.043	.162*	0.08	-0.037	0.084	0.035	0.013	1.000		
	家族依存因子	0.020	-0.110	-0.147	.179*	0.004	0.059	.403**	-0.040	0.047	0.107	-0.018	0.028	-0.060	-0.014	.221**	0.090	-0.005	-0.005	0.063	0.042	1.000	

(** P<.01, *P<.05)

表6-13 ②主観的幸福感と各変数との単純相関（日本有料老人ホーム住宅型住人）

		主観的幸福感	年齢	性別	同居者	収入状況	活動能力	家族コンタクト	住人コンタクト	地域コンタクト	生活サービス利用	介護サービス利用	活動参加	従前住宅からの距離	居住年月	住宅環境指標	包括的安心感因子	最期までの選択因子	自立生活因子	活動交流因子	継続居住不安因子	家族依存因子	医療依存因子
	主観的幸福感	1.000																					
基本属性	年齢	-0.160**	1.000																				
	性別	-0.055	-0.060	1.000																			
	同居者	0.051	-0.112*	-0.428**	1.000																		
	収入状況	0.096	0.071	-0.024	-0.054	1.000																	
	活動能力	.224**	-.269**	0.073	-0.020	0.071	1.000																
客観的要因	家族コンタクト	0.014	.141**	-0.003	-0.042	0.105	-0.021	1.000															
	住人コンタクト	.157**	-0.051	.205**	-.170**	.129*	.258**	0.090	1.000														
	地域コンタクト	.109*	-0.055	0.079	-0.021	0.005	0.117	0.065	.340**	1.000													
	生活サービス利用	0.071	-0.041	-0.066	0.042	.110*	0.012	-0.009	0.088	.118*	1.000												
	介護サービス利用	-.150**	.205**	0.033	-0.055	0.013	-0.605**	0.053	-0.021	-0.004	.188**	1.000											
	活動参加	0.035	-.123**	0.042	0.054	0.086	0.049	-0.031	.226**	.178**	.184**	0.023	1.000										
	従前住宅からの距離	0.051	-.223**	0.103	-0.016	-0.062	.133*	-0.065	0.015	0.061	0.049	-0.064	0.051	1.000									
	居住年月	0.062	.169**	0.000	-0.066	-0.055	-0.133	-0.027	0.037	0.091	.125*	.150**	0.016	-0.025	1.000								
	住宅環境指標	0.088	0.072	-.125*	.115*	0.085	0.064	0.051	.116*	0.020	.122*	-0.044	0.039	-.153**	-0.041	1.000							
主観的要因	包括的安心感因子	0.041	0.087	0.070	0.022	0.119	-0.029	.206**	0.125	0.106	.206**	0.109	0.089	0.027	.214**	.276**	1.000						
	最期までの選択因子	.286**	0.114	-0.049	-0.065	-0.007	0.030	-.109*	.179**	0.050	.145*	.153**	0.089	0.041	-0.055	0.100	0.075	1.000					
	自立生活因子	0.030	-0.080	.176**	-0.121	0.074	.180**	-0.079	0.087	0.055	0.008	-.209**	0.003	0.020	-0.045	-0.014	0.008	0.059	1.000				
	活動交流因子	0.096	-.140**	.205**	-.138*	0.059	.371**	0.005	.399**	.256**	0.011	-.257**	.239**	0.019	-.197**	-0.015	0.015	0.054	0.092	1.000			
	居住継続不安因子	-.426**	.183**	-0.019	.151*	-.282**	-.282**	-.102*	-.142**	0.024	-0.099	.267**	-.201**	0.037	0.016	-0.041	-0.010	-0.071	-0.091	-0.053	1.000		
	家族依存因子	-.135**	0.051	-.157**	0.113	0.129	-0.009	.438**	-0.077	0.012	0.064	0.038	0.04	-0.03	0.004	-0.018	0.041	-0.048	-0.011	0.022	0.036	1.000	
	医療依存因子	-0.059	.139*	0.115	0	0.013	-0.102	0.007	-0.03	-.123**	-0.008	0.131	-0.008	-0.096	0.017	.231**	0.09	0.06	0.023	-0.016	0.083	0.011	1.000

(** P<.01, * P<.05)

表6-13 ③主観的幸福感と各変数との単純相関（デンマーク高齢者住宅住人）

		主観的幸福感	年齢	性別	同居者	収入状況	活動能力	家族コンタクト	住人コンタクト	地域コンタクト	生活サービス利用	介護サービス利用	活動参加	従前住宅からの距離	居住年月	住宅環境指標	包括的安心感因子	最期までの選択因子	自立生活因子	活動交流因子	継続居住不安因子	家族依存因子	医療依存因子
基本属性性	主観的幸福感	1.000																					
	年齢	-0.153	1.000																				
	性別	-0.002	0.043	1.000																			
	同居者の有無	0.006	-0.066	-0.226**	1.000																		
	収入状況	.213**	.139*	-0.011	-0.061	1.000																	
	活動能力	.231**	-.203**	-0.006	0.089	0.048	1.000																
客観的要因	家族コンタクト	0.055	.146*	.135*	-0.074	0.012	0.016	1.000															
	住人コンタクト	.273**	-.222**	0.083	0.006	.168**	.409**	0.116	1.000														
	地域コンタクト	.203**	-0.116	0.062	-0.005	.132*	.343**	.194**	.547**	1.000													
	生活サービス利用	-0.142	.221**	0.009	-0.104	-0.078	-.354**	-0.038	-.223**	-0.161	1.000												
	介護サービス利用	-0.149	.224**	0.005	-.230**	-0.015	-.628**	0.064	-.221**	-.275**	.575**	1.000											
	活動参加	.159**	-0.083	0.118	-0.084	-0.012	0.114	.135*	.289**	.289**	0.108	-0.012	1.000										
	従前住宅からの距離	0.103	0.016	0.094	-0.137	0.064	0.090	-0.047	0.038	0.010	-0.079	-0.077	-0.022	1.000									
	居住年月	0.121	0.053	0.027	0.036	-0.082	-0.146	-0.128	-0.055	-0.061	-0.043	0.042	-0.078	-0.099	1.000								
	住宅環境指標	0.061	.207**	0.063	0.039	0.111	0.097	.160*	.147*	0.102	0.077	0.043	.134*	0.049	-.210**	1.000							
主観的要因	包括的安心感因子	-0.049	0.107	.144*	0.062	-0.076	-0.063	0.091	0.072	0.049	0.094	0.062	0.087	-0.044	-0.032	.302**	1.000						
	最期までの選択因子	.162*	0.067	0.018	0.042	.293**	0.084	0.130	.174*	0.132	0.074	-0.154	.147*	0.116	-0.132	0.089	0.108	1.000					
	自立生活因子	.246**	-0.079	0.030	-0.038	0.050	.405**	0.094	.482**	.499**	-0.181	-.304**	.300**	-0.067	-0.090	.171**	0.035	0.128	1.000				
	活動交流因子	-.211**	0.132	-.224**	0.089	-0.17	-0.125	0.122	-0.195	-0.034	0.042	0.117	-0.163	-0.111	-0.104	0.011	0.034	-0.077	0.085	1.000			
	居住継続不安因子																			-0.005	1.000		
	家族依存因子																			0.006		1.000	
	医療依存因子	-.247**	-.121		0.063	0.022	-0.145	-0.105	-0.066	0.104	0.084	-0.054	-0.023	0.007	0.036	.183**	0.002					0.058	1.000

(*P＜.05, **P＜.01)

〈日本有料老人ホーム（住宅型）住人〉

居住継続不安因子と主観的幸福感とのマイナスの相関が強く（-.426**）、家族依存因子が主観的幸福感にマイナスのゆるやかな相関を示していた（-.135*）

〈デンマーク高齢者住宅住人〉

デンマーク高齢者住宅住人で主観的幸福感と強い相関が見られたのは、住人コンタクト（.273**）、活動交流因子（.246**）、活動能力（.231**）、収入状況（.213**）であり、デンマーク高齢者住宅住人のみで有意な相関がみられたのは、活動参加（.159**）である。

（2）重回帰分析

基本属性、客観的要因、主観的要因が主観的幸福感にどのような影響を与えているかを調べるために、重回帰分析を行った。独立変数の投入法にはステップワイズ法を用い多重共線性のチェックも行った。[★14]

重回帰分析の結果は、**表6-14**のようであった。

★14　多重共線性については、VIF（variance inflation factors）を基準にして判断した。一般的には VIF 1.0前後を判断基準にすることが多いとされている［島崎（2006）p.329］が、それでは基準が甘いと判断し、1.5を基準にして、それ以上のものは多重共線性の疑いがあるとしてチェックした。実際には、日本シルバーハウジング住人の重回帰分析で残った4変数の VIF は1.011〜1.055であり、日本有料老人ホーム（住宅型）住人のそれは1.013〜1.069であり、デンマーク高齢者住宅住人のそれは1.249〜1.015であり、3群すべてについて多重共線性の疑いはないと判断された。また、基本的なことであるが、主観的要因の各因子は因子分析のなかでも直交回転（バリマックス回転）を伴う主因子法を採用したので因子間の相関はないものと仮定できた。また、独立変数間の単純相関表（表6-13①②③）を観察することでも、多重共線性を回避できるように注意した。
重回帰分析の最終モデルの重回帰係数（R^2）は、日本有料老人ホーム（住宅型）住人で0.324であった。十分に説明していると判断できる数値である。日本シルバーハウジング住人の重回帰係数（R^2）は0.241、デンマーク高齢者住宅住人の最終モデルの重回帰係数（R^2）は0.243でそれほど説明力は高くはないものの、F 値はそれぞれシルバーハウジング住人 F=11.796（df=4,136）、デンマーク高齢者住宅住人 F=10.670（df=5,166）で、有意水準5％未満で有意であり、主観的幸福感に影響を与える要因を説明するのに問題はないと判断した。

〈日本シルバーハウジング住人〉

　日本シルバーハウジング住人では、「居住継続不安因子（-.285**）」が最も強く、主観的幸福感にマイナスの影響を与えていた。居住継続不安が強いと主観的幸福感が低いという意味である。これに関連する「最期までの選択因子（.161*）」も影響を与えていた。また、「包括的安心感因子（.238**）」も高いレベルで主観的幸福感に影響を与える因子として残った。活動能力も高いβ値（標準偏回帰係数）.241**を示した。

〈日本有料老人ホーム（住宅型）住人〉

　日本有料老人ホーム（住宅型）住人においても、日本シルバーハウジング住人と同様に「居住継続不安因子（-.416**）」と「最期までの選択因子（.339**）」が、他の変数をコントロールしても主観的幸福感に影響を与える因子として強い影響力を示した。そして、日本シルバーハウジング住人よりも高いポイントであった。

　配偶者の有無（.195**）が比較的高いβ値を示し、「家族依存因子（-.141*）」は主観的幸福感に緩やかなマイナスの影響を与えていた。

〈デンマーク高齢者住宅住人〉

　デンマーク高齢者住宅住人では主観的要因のうち、「医療依存因子（-.237**）」、「家族依存因子（-.172*）」がマイナスの影響を与える因子として残った。医療依存が高いほど、あるいは家族依存が高いほど、主観的幸福感が低いということを意味している。基本属性である収入状況（.199**）、活動能力（.163*）の影響も強く、客観的要因である住人コンタクト（.167*）の影響の強さも明らかとなった。

表6-14 主観的幸福感に影響を与える要因（重回帰分析）

		日本シルバーハウジング住人		日本有料老人ホーム住人		デンマーク高齢者住宅住人	
		標準偏回帰係数（β）	単純相関係数	標準偏回帰係数（β）	単純相関係数	標準偏回帰係数（β）	単純相関係数
基本属性	年齢	.011	-.005	-.072	-.160**	-.054	-.153*
	性別	-.052	.040	-.081	-.055	-.010	-.002
	配偶者の有無	.088	.105	**.195****	.051	-.074	.006
	主観的収入状況	.114	.246**	.020	.096	**.199****	.213**
	活動能力	**.241****	.308**	.092	.224**	**.163****	.231**
客観指標	家族コンタクト	.017	.120	.074	.014	.036	.055
	住人コンタクト	.102	.171**	.073	.157**	**.167***	.273**
	地域コンタクト	.105	.246**	.110	.109*	-.072	.203**
	生活援助サービス	-.144	.000	-.017	.071	-.052	-.142*
	介護サービス	.045	-.057	-.079	-.150**	-.017	-.149*
	活動参加	-.059	.037	-.058	.035	.044	.159**
	引越し移動距離	.049	.050	.028	.051	.050	.103
	居住年月	.013	-.024	.025	.062	.127	.121
	居住環境指標	.090	.211**	-.058	.088	-.013	.061
独自因子	包括的安心感因子	**.238****	.283**	.019	.041	-.074	-.049
	最期までの選択因子	**.161***	.159*	**.339****	.286**	.019	.162*
	自立生活因子	.116	.139	-.010	.030	—	—
	活動交流因子	.141	.231**	.085	.096	.090	.246**
	居住継続不安因子	**-.285****	-.333**	**-.416****	-.426**	—	—
	家族依存因子	-.029	.020	**-.141***	-.135*	**-.172***	-.211**
	医療依存因子	—	—	-.088	-.059	**-.237****	-.247**
	重回帰係数 R2（調整R2）	.241 (.233)		.324 (.310)		.243 (.220)	

*p＜.05、**p＜.01

終章

未来へ向けての考察と提言

　終章では、調査結果を踏まえて日本のエイジング・イン・プレイスの未来について考えていきたい。

　まず、調査結果についての考察を行い（第1節）、日本におけるエイジング・イン・プレイス実践の現在の姿からその方向性について考える（第2節）。その上で、「エイジング・イン・プレイスの近未来へ向けて」（第3節）では、1世代以上の時間をかけて取り組む課題について筆者なりのビジョンを描いてみたい。

第1節　調査結果を受けて

1．3グループの特徴

　まず、調査対象3グループの特徴をまとめる。調査結果の全体は表7-1の通りである。

（1）デンマーク高齢者住宅住人

　デンマークの特徴としては、住人が高齢であり、ラスト・ステージに

表7-1 アンケート調査のまとめ

	調査項目		日本シルバーハウジング住人 (N=246) (6,881)	日本有料老人ホーム (住宅型) 住人 (N=352) (6,347)	デンマーク高齢者住宅住人 (N=268) (10,248)
基本属性	平均年齢		74.34歳	76.22歳	80.59歳
	性別 (女性)		59.6%	73.9%	74.9%
	独居		63.9%	61.5%	○82.6%
	別居子なし		34.6%	54.5%	10.4%
	収入 (良い)		5.9%	16.8%	○47.9% (良い)
	活動指標		12.69	13.78	11.89
客観的要因	家族コンタクト	(週に数回以上電話)	20.8%	16.3%	○70.3%
		(週に数回以上訪問)	15.4%	5.0%	46.0%
	住人コンタクト	(世間話する・少しする)	75.9%	○87.7%	○87.8%
		(友人がいる・少しいる)	54.7%	68.7%	79.8%
	地域コンタクト	(世間話する・少しする)	60.0%	35.0%	88.6%
	生活サービス	(利用の平均点)	1.51	1.50	1.15
	介護サービス		0.53	0.56	2.11
	活動参加	(週に2~3回以上)	13.8%	21.9%	41.4%
	居住年数		6,301年	4,329年	7,191年
	引っ越し距離	(徒歩20分以内)	37.7%	3.2%	47.0%
	居住環境指標		10.97	12.51	11.20
主観的要因	包括的安心感	近くに誰かがいる安心感。	(50.8)	○(59.7)	○(75.1)
		緊急時の安心感。	(55.3)	○(60.5)	○(85.3)
	最期までの選択	最期までここで暮らしたい。	(66.5)	(71.8)	○(83.0)
		自己決定して引っ越した。	(54.9)	(71.9)	(84.9)
		意義ある選択だった。	(59.8)	(67.9)	(88.0)
	自立生活	身の回りのことは自分でしたい。	(82.0)	(83.4)	○(89.5)
		自分でできることは生き甲斐。	(71.1)	(74.8)	○(86.8)
	活動交流	できるだけ活動参加・交流している。	(31.5)	(33.0)	○(40.2)
		いろいろな可能性に挑戦。	(38.1)	(41.9)	(50.8)
	居住継続不安	虚弱になっても住み続けられるか不安。	○(32.2)	(27.6)	(29.6)
		依存になって生きたくない。	(45.3)	○(5.9)	(39.2)
		施設には引っ越したくない。		(41.6)	(43.6)
	家族依存	子どもと一緒に暮らしたくない。	(16.2)	(8.8)	(9.8)
		負担をかけたくない。	(58.9)	(65.2)	(57.9)
		自分より家族の決定に従う。	(32.8)	(14.1)	(14.2)
		子供に会うのと大きな幸せ感じる。	(52.5)	(38.7)	(83.7)
	医療依存	老後の安心には医療が基盤。	○(58.2)	(55.8)	(34.9)
		医療サービスは十分に受けたい。	(56.9)	(59.2)	(32.4)
	主観的幸福感		10.08 (6.041)	11.44 (5.623)	12.28 (5.66)
主観的幸福感に影響を与える要因			居住継続不安因子 (.285**) 包括的安心感因子 (.283**) 活動能力 (.241**) 最期までの選択肢 (.161*)	居住継続不安因子 (-.416**) 最期までの選択因子 (-.339**) 配偶者の有無 (.195**) 家族依存因子 (-.141*)	医療依存因子 (-.237**) 主観的収入状況 (.199**) 家族依存の有無 (.172*) 活動能力 (.163*)

*3群の比較をして、有意差が認められたものを「○」「◎」で示した。

近いところまで長く住み、活動能力が低下しているにもかかわらず医療には依存せずにサービスを利用し（家事支援、身体介護など）、活動にもよく参加して、家族コンタクト、住人コンタクト、地域住人コンタクトをとりながら、全体として主観的幸福感の高い生活を送っている、とまとめることができる。

① **高齢で虚弱化も進みラスト・ステージに近い**——住人の年齢は、85歳以上が35％を超えており、同比率が7〜9％台の日本と大差がある。また、デンマーク住人の平均年齢は80.59歳であり、日本の75.43歳より5歳も高齢である。ここで注意すべきは、デンマークでは平均寿命が日本より男性では3.4歳、女性では7.6歳短い（日本の平均寿命（2006年男・女）：デンマークの平均寿命（2003年男・女）＝79.0歳・85.81歳：75.6歳・78.2歳）点である。

このことを考慮すると、デンマーク住人は日本のそれより実質的に8歳〜10歳高齢であるということになり、高齢者住宅がより最期までの生活を支えていて施設に近い状況である、ということになる。その結果として、活動能力指標が日本より有意に低いことが明らかであるが、軽度も含めれば認知症の高齢者も多い。

② **在宅24時間ケアを利用しながら最期まで**——実際に、B住宅における在宅ケア利用者は123人であり、全住人（146人）の84.2％にあたる[1]［松岡（2010）］。しかしながら、半数が週2時間未満の利用者であり、週8時間を超えるようなヘビーユーザーは20％ほどである。このことは、家事支援の利用率はそうじ72.0％、洗濯28.0％、買い物18.3％、身体介護の利用率はトイレ介助4.9％、入浴介助26.9％、食事介助3.4％という実態からも明らかである。高齢となり虚弱化も進むなかで、徐々にサービス量を増やしながら、自立生活を継続している姿がうか

---

[1] 時間別利用者の構成は、2時間未満47％、2〜4時間未満16％、4〜8時間未満16％、8〜12時間未満7％、12〜20時間未満11％、20時間以上3％である［松岡（2010）］。

がえる。

　最期の様子についても、第4章第1節4で記述したように（170ページ）に、年間退去者23名のうち20名が死亡退去であり、3名がプライエボーリ（介護型住宅）への移動であった。その他の高齢者住宅でも、年間約11％の住人が退去し、そのほとんどが施設への転居ではなく、高齢者住宅での死亡であることが報告されている［松岡（2005）pp.233〜237］。

　これらの事実により、「身体能力が落ちても支援を受けながら高齢者住宅で生活を送り、在宅介護・看護を受けながらそこで最期の時を迎える」という地域居住がデンマーク高齢者住宅では比較的よく実践されていると考えてよい。

　介護・看護・医療連携のもとに5分〜10分刻みで在宅ケアを提供する巡回訪問の様子と重ねて考えると、高齢者住宅（在宅）、つまり地域において施設と同等のケア提供が行われており、プライエボーリ（介護型住宅）に転居しなくとも最期まで自分らしい生をまっとうできる。

　この点は、日本で参考にしたい点だが、デンマークにおいては、「居住継続不安因子」、「最期までの選択因子」が主観的幸福感に影響を与えていなかった。居住継続不安も低かったが、それは、実際に在宅ケアの充実ぶりやそれを利用して最期まで地域で暮らし続けている友人たちを見ているからであると推測できる。

③　**半数が徒歩圏内の引っ越し**──引っ越し距離は短く、徒歩20分以内が47.0％で、約半数が徒歩圏内の引っ越しといえる。車で15分以内は30.6％であり、8割弱が市内での引っ越しであった。このことは、市自体が小さいことに加え、市内に高齢者住宅を分散して多数配置している結果であろう。「ここの住人は、前に住んでいた所でも知り合いだった」という話はインタビューのなかで数回聞かれた。

④ **住人・地域との交流と社会活動**——次に、日本との差が歴然としているのは、収入状況がよく、家族コンタクト、住人コンタクト、地域コンタクトが頻繁である点である。

住人コンタクト、地域コンタクトが多いのは、生活圏域内での引っ越しが基本となっていて、これまでのネットワークが維持できるからである。さらに、活動の拠点であるアクティビティ・ハウスが多いのも一因であろう。その利用者は高齢者住宅住人だけでなく、広く地域から集まった高齢者たちである。西野はデンマークの通所施設の観察調査を行い、アクティビティ・ハウスはオープンであって誰でも参加できるとし、ここで多様な社会的コンタクトが生まれることを明らかにしている［西野（2005）］。

次に紹介するイェンセンさんの暮らしは、住人・地域交流、活動参加が盛んな様子をよく物語っている。

（事例：デンマーク住人　イェンセンさん（仮称）、男性、93歳）

イェンセンさん（93歳）は、現在ドラウア市の高齢者住宅に住んでいる。コペンハーゲン市のプラスチック工場で働いていたが、60歳で退職し年金生活者となった。子どもはすでに独立していた。年金生活者となったあとで生まれ故郷のドラウア市に戻り妻との２人暮しをしていたが、糖尿病を患うようになった。80歳の時に妻が先立ち、エレベーターのない集合住宅に住んでいたため思うように外出することができなくなり、現在の高齢者住宅へ引っ越した。彼は工場で働いていた頃からビリヤードが好きで、現在も高齢者住宅の横にあるアクティビティ・ハウスで週に３回はビリヤードをしている。仲間は高齢者住宅住人や市内から集まってくる人々である。ブリッジをするグループもあるので、ビリヤードの後でブリッジを楽しむこともある。週に２回は、コペンハーゲン（バスで40分）のビリヤード場に行って昔の仲間とゲームを楽しんでいる。イェンセンさんは糖尿病のほかにこれと

いった病気もなく、2週に1回のそうじと週に1回の買い物の家事支援サービスを受けている。食事（昼食）は朝食と夕食は自分で簡単なサンドイッチをつくり、お昼はアクティビティ・ハウスの食堂で温かい昼食をビリヤード仲間と一緒にとっている。

「私は、ビリヤードが好きで今も情熱を感じるね。糖尿病は気になるけど、ビリヤードをする時には朝からビールを飲んでるよ」

⑤ **家族との自立的関係**——70％以上が子どもと週に数回以上の電話連絡をとっており、46％が週に数回以上の子どもの訪問を受けている事実は、日本の現実からは信じがたい感さえある。別居しても常に気遣い、自立的な家族関係を保ちつつも心でつながっている現実、そうした家族の存在が主観的幸福感に大きな影響を与えていることが今回明らかとなった（**表6－14**、271ページ）。

⑥ **医療に依存しない態度など**——デンマークでは、高齢者の意識として、医療への依存度が日本に比べて低いこと、非依存的な考えが主観的幸福感を高める最重要因子として残った。家庭医制度が整っており、急性期の治療以外は入院することもない。医療に依存しない態度が主観的幸福感に最も強い影響を与える要因として残ったことは、大いなる示唆といえる。

収入状況について半数近くが「良い」と答えており、主観的幸福感にも強い影響を与えている点を付け加えたい。老後の暮らしを支える年金制度が整っていることの表れであろう。主観的幸福感に影響を与える要因は、健康状況、活動レベル、経済状況である［Larson（1978）p.116; 浅野ら（1981）p.43］とされてきたこれまでの研究結果を支持するものであり、デンマークでは年金保障など社会保障基盤の充実が、高齢者の主観的幸福感に寄与していると理解できる。

年金保障があって経済的な安心感に基づき、高齢者が自立的に活動し、医療への依存がなく、住宅政策の面でもケア政策の面でも制度がよく整

ったデンマークでは、高齢者住宅での暮らしの特徴を「人的ネットワーク医療非依存安心型」とまとめることができる。

（2） 日本シルバーハウジング住人

　デンマークでは「住人が高齢で活動能力も低下しているにもかかわらず、主観的幸福感が高い」という傾向が見られたが、日本ではデンマークとは反対の傾向を示した。特にシルバーハウジングにおいては、住人の年齢が比較的若く、身体能力は高いにもかかわらず、主観的幸福感が有意に低かった。収入が十分ではなく、住人コンタクトは低調であり、地域住人コンタクトは有料老人ホーム（住宅型）住人より盛んとはいえ、活動への参加も少ない。「自己決定で引っ越した」、「意義ある選択だった」という意識が弱く、安心感も低く、虚弱になっても住み続けられるかどうか不安に思っている。消極的で不安要素が強い印象である。

① **徒歩圏内引っ越しで、地域コンタクトが豊か**——デンマークほど多くないにしても、徒歩圏内の引っ越しが4割弱（37.7％）であった。車で15分以内（49.6％）を含めると、9割弱がなじみの環境内での引っ越しとなる。これと関連してか、地域コンタクトが豊かで、包括的安心感を支える構図が見受けられた。

② **低調な活動参加**——3グループ中、特に活動参加が少なく、活動参加が少ない人ほど住人・地域コンタクトも少ない様子がうかがえる。

③ **強い居住継続不安**——シルバーハウジングでは居住継続についての不安が強く、これが住人の主観的幸福感に強いマイナスの影響を与えている。シルバーハウジングでは有料老人ホーム（住宅型）のような上乗せサービスを提供できる体制がなく、在宅ケアが不足しているなかで最期までの居住を実現するには、ケアマネジャーの力量、地域資源をコーディネートするためのLSAとケアマネジャーの連携が問われることとなる。しかしそれらが薄く、施設へのリロケーションが多いという事実が、居住継続の不安へとつながっていると考えられる。

④ **主観的幸福感には包括的安心感が重要**——また、シルバーハウジング住人では、「包括的安心感因子」が主観的幸福感に強い影響を与える要因として残った。これは、シルバー住人にのみ認められる特徴である。この因子は住人コンタクト（.213**）、地域コンタクト（.243**）と強い相関を示し、住人同士のつながりや地域での交流が安心感につながっていることが分かった。

一方で、不思議なことに、安否確認などを行う生活サービス（LSAサービス、-.051）とはマイナスの相関を示したのである。LSAサービスを使うほど安心感が低下する構図が浮き彫りにされた。有料老人ホーム（住宅型）住人ではこのようなことはなく、生活サービスが包括的安心感因子とプラスの相関を示している（.206**）。

⑤ **生活サービスよりも住人・地域コンタクト**——さらに分析を進めると、生活サービスの利用が多ければ「居住継続不安（.207**）」が高まることもわかった（表6-13①、266ページ）。介護サービス利用もまた、「居住継続不安（.223**）」と正の相関を示して、不安を高めていた（表6-13①）。

どうしたことなのだろうか。一つには、因子分析の結果より、「居住継続不安」には「依存したい」という依存的な要素も含まれるため（表6-7①、248ページ）、依存的性向が介在して「サービスを受ければ受けるほど、不安になる」という結果を招いたものと推測できる。

また、サポートを受けることが主観的幸福感の低下につながることも報告されている［金ほか（2000）；流石（2001）］。これは、サポートを受けるというのはよくないことが起きた時や健康状態がよくない時であり、遠慮や引け目を感じることとなり、高齢者の自尊心を傷つけることもあるからである［金ほか（2000）］。

依存性向を伴う居住継続不安が強く、活動参加が低調ではあるが、地域とのコンタクトが比較的多いシルバーハウジング住人の特徴は「最期

までの安心依存地域型」とまとめることができる。

(3) 日本有料老人ホーム（住宅型）住人

　日本有料老人ホーム（住宅型）は、デンマーク高齢者住宅住人と同レベルの主観的幸福感が示されたことに注目したい。そしてその主観的幸福感は、シルバーハウジング住人よりも強い形で（高い β 値）で「最期までの選択因子（.339**）」、「居住継続不安因子（-.416**）」と関連があった。配偶者の有無（.195**）や「家族依存因子（-.141*）」が、幸福感への影響の強い要因として残った。日本有料老人ホーム（住宅型）住人の特徴として、自己決定、主体性というキーワードが浮かび上がる［Matsuoka（2010）pp.258〜271］。

① **自己決定による遠距離引っ越し**──有料老人ホーム（住宅型）住人は、子どもがいない人や非婚単身の人が多く、早めの検討で老後の安心を確保すべく、自発的に高齢者住宅に住み替えたというケースが多い［Matsuoka（2006）］。このことは、「最期までの選択因子」を構成する「自己決定して引っ越した（80.2%・97.0%）」、「ここに引っ越したことは意義ある選択だった（83.0%・95.7%）」（カッコ内数値は、当てはまる、どちらかというと当てはまるの合計で、日本シルバーハウジング住人・日本有料老人ホームの順）の割合が圧倒的に高いことで明らかである。「最期までの選択因子」は主観的幸福感に強い影響を与えていた。

② **居住継続の安心感を選びとる**──日本有料老人ホーム住人では、居住継続の不安がそれほど高くない。それは、ホームの方針として最期までの居住保障とケア保障を行っており、入居はその保障を求めてのことであり、そのことが反映された結果と思われる。

　具体的には、有料老人ホーム（住宅型）では介護保険の在宅ケアを基本に介護サービスを受けるが、重度の要介護状態となった時には、必要に応じて上乗せサービスを利用できるようにし、併設の介護型ホ

ームへの建物内移動を自己選択できる権利を保障している。実際には、介護型への移動を選択する入居者は非常に少なく、住み慣れた自宅（高齢者住宅）で最期の時を迎えることが多いのではあるが、有料老人ホーム住人は「この建物のなかで最期の時を迎えることができる」という安心感を求めており、その安心感を保証されているのである。

③ **子どもとは一線を画する**──子どもに依存（家族依存）しない独立した態度をもつ人ほど高い主観的幸福感をもっていることが明らかとなったが、そういう人たちは子どもがいないか（34.6%・54.5%）、子どもと一緒に暮らしたいと思う割合が低く（31.9%・19.9%）、子どもに頼る傾向がなく、子どもとは一線を画した関係を築いている。

④ **主体的サービス利用が安心感を生む**──依存性向もシルバーハウジング住人ほど強くなく、安否確認などの生活サービス利用（量）が「包括的安心感因子」と正の相関でつながっていた。シルバーハウジングではこの両者が負の相関でつながっていたことと対象的である。有料老人ホーム（住宅型）では料金を払ってサービスを利用するという主体的利用が基本となっており、それが安心感につながっていると理解できる。このことは、シルバーハウジングでは、制度的サービス（安否確認などのLSAサービス）が「包括的安心感因子」にマイナスに働いているにもかかわらず、主体的に行われる住人コンタクトや地域コンタクトがプラスに働いていたことでも明らかである。

日本シルバーハウジング住人が「最期までの安心依存地域型」であるなら、日本有料老人ホーム（住宅型）住人は「最期までの安心自己決定型」とキーワード化できるだろう。

それぞれの国の住人にそれぞれの価値観があり、主観的幸福感に影響を与える要因の構造も異なっていた。このことは、「施設から地域居住へ」という政策の方向性をデンマークから学ぶことはできても、その手

法については利用者主体の視点と主観的側面を重視し、日本独自の展開を図ることが重要であることを示唆している。

3群の比較からは、最期までの安心保障や包括的な安心感が心理的なウェル・ビーイング（幸福感）に決定的な影響を与えるという側面を無視できないこと、スタッフの常駐がない（生活支援サービスしかつかない）高齢者住宅では住人同士や地域との関係が重要であること、サービスは与えられるだけでは主観的幸福感につながらず、利用者の主体的な選択や主体的に利用しているという認識が重要であることが見えてくる。

また、シルバーハウジングでは住人や地域との交流による安心感の醸成が主観的幸福感に大きな貢献をしているという事実は、重要な示唆といえる。佐藤は、「バルテスらがあくまで個人の力による対処を構想しているのに対して、エリクソンは他者の存在を前提とした」と述べた上で、自立を重視するバルテスら第4世代の立場と、虚弱の進行に基づく心理的発達に着目するエリクソンの仮説を対比して、個人の対人関係がより主観的幸福感に影響を与えることが多い日本的な文化では、エリクソンのモデルが適応するのではないかと指摘している［佐藤（2003）p.47］。

安心感が主観的幸福感に重要な貢献をしており、その安心感が住人や地域コンタクトから生まれていることを明らかにした本調査の結果は、佐藤のこの言説と重なっている。見守りや安否確認についても、一方的にサービス提供するだけではなく住人間や地域での「つながり」づくりに力を入れ、それを安心感の基盤とすることが重要ではないだろうか。また、住人間や地域での「つながり」をつくるためにも、オープンな活動の場を地域に増加し、解放していくことが求められるだろう。

2．主観的幸福感に影響を与える要因

本研究では、高齢者住宅住人の主観的幸福感に影響を与える主観的要

因を両国の住人にインタビューすることによって概念生成を行い、アンケート調査（因子分析）によって再現性・信頼性・妥当性があることを実証できた。主観的側面を構成する7つの因子は、さまざまな思いによって成り立っている。

なかでも、「最期までの選択因子」と「居住継続不安因子」は、主観的幸福感に強い影響を与える因子として、日本の2群に共通して認められた。

（1）「最期までの選択因子」

「最期までの選択因子」は地域居住の中心概念でありながらも、これまで指摘されてこなかった視点である。

実際に日本の2群では「最期までここで暮らしたい」という願いは強く、「（引っ越しを）自己決定した」、「ここに引っ越したことは意義ある選択だ（と思っている）」という思いとともにこの因子は構成されていた。「最期までここで暮らしたいと願うからこそ、自己決定を重視して引っ越したのであり、これは意義ある選択だった」という重層的な内容をもつ因子であり、2群に共通して主観的幸福感とのプラスの相関が見られる。高齢者住宅は「最期までここで住みたい」という高齢者の願いに応えるものであり、そこへの住み替えは自己決定によるものであって、引っ越しの後でその選択に納得できることが重要であると教えてくれている。

「自宅・地域に住み続けたい」という思いは高齢者の普遍的な願いとして認識されており［Newman（1990）；Fogel（1992）；Tilson（1993）；Leather（1993）；Ivry（1995）；Ball（2004）］、地域居住（Ageing in Place）の中心概念でもある［Sykes（1990）］。日本でも、「身体が虚弱化しても、現在の住居に住み続けたい」という意向は65歳以上高齢者で60％を超えている［内閣府（2005）］。しかしながら、高齢者住宅住人に絞り込んだ調査はされておらず、本調査によって、シルバーハウジング

では85％が、有料老人ホーム（住宅型）では95％と、非常に高いポイントで最期までの居住を望んでいることが明らかとなった（「当てはまる」、「どちらかというと当てはまる」を含む）。さらに、この希望が「自己決定で選んだ住宅に住んでいることの満足感や自己肯定感」と結びつき、主観的幸福感を高める上で重要な因子となっていることを実証できたことは、住人視点に立ったこれからの高齢者住宅を展開していく上で意義ある発見である。

日本有料老人ホーム（住宅型）住人とデンマーク高齢者住宅住人の事例を紹介する。

（事例：日本有料老人ホーム住人、女性、74歳、主観的幸福感得点17点）
　夫は通信関係の会社に勤めていた。退職後、夫の母が倒れたために２人で引っ越しして世話をすることとなった。義母は入退院を繰り返して、最後は自宅での介護を必要とするようになった。夫婦に子どもはいなかったが、９年間世話をして義母を見送った後、「こんな苦労は人にはさせたくない。私たちは、他人に迷惑をかけることがないようにこれからの生活について準備をしておこう」と、老後の生き方の勉強と有料老人ホーム探しを始めた。その結果、「今は元気に自由な生活ができ、虚弱になっても死ぬまでの保障がある住まい」を探した。いろいろ調べたが、「死ぬまでの安心を保障してくれる老人ホームでは生活が不自由そうで、狭くて、今住みたいと思うものはなかった」。ようやく現在の有料老人ホーム（住宅型）を探し、７年前に引っ越した。ここに引っ越したことが正解だったと思えるかどうかは自分自身の考え方や行動によると考え、住人との関係や地域との付き合いなど、あらゆることに前向きに取り組んでいる。

　「私たちの場合、最期までの安心というのは、どちらが先に死んでも、１人で生きていける安心感でもあります。そして、何があってもここに住んで世話をしてもらえる安心感なのです。安心感は『心の平

安』であり、何ものにも替えがたいものです。入居決断に際しては、大きな安心を買おうと2人で話し合いました。安心がお金で買えるとは思っていませんが、最期までの安心を得るためにまとまったお金を払ったつもりです。昨年、乳がんの手術をしましたが、病院から帰ってからもハウス長さんによくしてもらって、何の心配もありませんでした」

(事例：デンマーク高齢者住宅住人、女性、76歳)
　ニールセンさんは53歳の時に脳卒中で倒れて右半身麻痺となり、体のバランスがとりにくくなり、車椅子での生活となった。やがて、リハビリによって杖を使用しての歩行ができるようになったが、59歳の時に夫が亡くなり、段差の多い2階建ての自宅では自分で生活ができず、庭のそうじや修理など自分で自宅を管理することが困難になってきた。60歳で住み慣れた町の高齢者住宅に移り（16年居住）、今は週に1回のそうじと訪問看護を受けている。

　「高齢者住宅には自由があって、助けが必要な時には誰かが来てくれます。お店が近くて歩いて買物に行けるので、自分で食事をつくっている私にはとても便利です。自分で自分のことができるというのは幸せなこと。もちろん、ここで最期までと思っています。必要なケアを提供してもらえるので、みんな最期までここで住みます。隣の人は1日に7回も8回もヘルパーが来ています。ケアを十分に提供してもらえるから、大丈夫だと思っています」

(2)「居住継続不安因子」
　日本のシルバーハウジング住人と有料老人ホーム（住宅型）住人において、「(虚弱時の) 居住継続不安因子」が形成された。そして、この因子の中心となる「居住継続に不安を感じている」という項目は、日本シルバーハウジング住人では「十分な医療を受けたい」、「依存したい」と

結合し、日本有料老人ホーム（住宅型）住人では「依存したい」、「努力するより十分なケアを受けたい」という項目と結びついていることから、「依存的にケアを求めているが、十分でないので不安である」心情だと理解できる。

さらにこの不安は、受けている介護サービスの量とプラスの相関を示しており、この傾向は、シルバーハウジング住人、有料老人ホーム（住宅型）住人に共通している。このことは、サービスを多く利用する人ほど不安が強いことを示しており、重要な課題を投げかけている。サポートを受けることが主観的幸福感の低下につながる［金ら（2000）；流石（2001）］ことは、すでに述べた通りである。

また、「今、サービスを利用してここにいるが、状態が悪くなって十分な在宅ケアを受けられなくなったら、ここを出なければならない」という不安感をもっているということも指摘した。さらに、その根底に、「依存したい」、「努力するより十分なケアを受けたい」という依存的傾向があり、幸福感低下の媒介となっている可能性もある。

いずれにせよ、必要なケアはニーズに即して最期まで提供することを基本にしながら、虚弱化に対応して、高齢者住宅にどのような形態で介護サービスを提供していくのかを考える際に、「安易なサービス提供で自立を損なうよりは、少なめの支援で自立を維持する」ような、ロートンの言う「活動的緊張（1976）」を旨とするケア提供のあり方を考える必要がある［Lawton（1976）］。

そのためには、介護スタッフが常駐して提供する「ケア」ではなく、空間的に離れた地点から［Houben（2001）P.657］、外在化された形で、必要なケアを必要な時に必要なだけ提供することが求められる。

（3）「包括的安心感因子」

3群で共通してみられた「包括的安心感因子」は、「近くに誰かがいる安心感がある」、「緊急時の安心感がある」からなるものである。

日本シルバーハウジング住人では、「人とはほどほどに付き合うことが重要」という項目が付加され、主観的幸福感に強い影響を与える因子ともなっている。また日本シルバーハウジング住人では、住人コンタクトが比較的少ないにもかかわらず、この安心感因子が安否確認などの生活サービス（LSAサービス）の利用以上に、住人コンタクト（.213**）、地域コンタクト（.243**）と強い相関を示した。

一方で有料老人ホーム（住宅型）住人では、安否確認などのサービス（量）が包括的安心感因子とプラスの相関を示した（.206**）。もとよりシルバーハウジングはLSAの昼間常駐（9時〜5時）のみで、有料老人ホームなどと比べれば人的サービスが薄い居住形態である[★2]。

人的サービスが十分に得られない居住形態では、安心感を制度的な人的サービス（LSA）のみに頼るのではなく、住人とはほどほどにうまく付き合い、地域でも話し相手やネットワークをつくることによって、安心感を得るパワーがあるのである。そしてその安心感が、主観的幸福感にもプラスの有意な貢献をしている。制度的なサービス提供の不足を、住人同士や地域住民との交流によって補完している形である。

有料老人ホームなどでは、見守りや緊急対応、生活相談、アクティビティなどは「管理サービス」という名目で提供されていて、しかも、月に5万円〜7万円と高額である。支払える層は限られるであろう。また、そのようなサービスを住宅に付帯してしまうこと自体、地域での見守りや交流の発展を阻害してしまうことにもなりかねない。サービスがなければ、住民同士が距離を置きつつ交流し、地域にも出ていくパワーをもっていることが明確になったのであるから、「活動的緊張」の理論に依って、住人自身や地域の力に任せる手法も有効そうである。

（4）「活動交流因子」

「活動交流因子」は、「家を出て、できるだけ気持ちを外に向けるようにしている（54.4％、51.7％、64.8％）」、「活動に参加し、人と交流する

ようにしている（31.5%、33.0%、40.2%）」、「いろいろな可能性に挑戦しようとしている（38.1%、41.9%、50.8%）」からなる前向きな概念である（数値は、シルバー住人、有老住人、デンマーク住人の順に、「当てはまる」の割合を示している）。ここに示したように、デンマークを筆頭に3群ともに前向きの高い回答であった。

しかしながら、上記で示された高い外向性に反して、日本での活動参加の実態は低調であり、特に日本シルバーハウジング住人の低調さが際立っている。そこで、「活動交流因子」と実際の活動参加との相関を見ると、デンマーク住人（.300**）と日本有老住人（.239**）では、カッコ内に示すような強い正の相関を示した。しかし、日本シルバー住人においては有意な相関が見られなかった。

活動については古くから、回数よりも活動の内容や深さが主観的幸福感への影響を左右することが知られている［Larson（1978）］。また、その活動が参加することで満足できるものでなければ主観的幸福感にはつながらないことも報告されている［藤田（1995）］。内容が魅力的で、参加する人が満足できる活動の場をつくり出し、参加を促すことが必要である。

アンケート回収時に以下のような声を聞いた。

「囲碁の会に参加したいが曜日が決まっていて、行きたいと思った時には行けない」。
「映画会や喫茶の会には参加するけど、回数が少ない。いつでも行けるといい」。
「近所の特別養護老人ホームで食事会をしているが、近所に住んでいる人でもシルバーハウジング住人じゃないからいけなかったりする。そういう決まりはおかしい」。

★2　東京都には、住み込みのLSAもある。

主催者側の都合優先ではなく利用者優先の発想で、参加しやすい環境整備が求められているといえる。住人の外向性に応え、活かしていくためにも、いつでも行ける、すぐに行ける「地域のつどい場」が求められている。また、こうした「地域のつどい場」は、行政が一方的に提供するよりも、住民同士やNPO活動として主体的につくり出すことが求められるだろう。

（5）自立生活因子

「自立生活因子」は「できるだけ自分ですることに生きがいを感じる（71.1％、74.8％）」、「自分の身の回りのことは、できるだけ自分でしたい（82.0％、83.4％）」からなる概念である。カッコ内の数値は、それぞれ日本シルバーハウジング住人、日本有料老人ホーム（住宅型）住人の「当てはまる」への回答であり、高いポイントを示している。主観的幸福感との相関は認められなかったが、因子分析において「自立生活因子」が妥当性、信頼性のある因子として収束したことは、「日本人はしてもらうことに心地よさを感じる」、「自立生活は日本人の心情にはそぐわない」というイメージがあるなかで、それらはイメージ的理解にすぎないということが分かった。しかし、サンプルが少ないので一般化することは難しいと思われる。

「自分のことは自分でする」、「身の回りのことを自分でする」という自立生活の様子を、事例から拾ってみよう。

（事例：日本シルバーハウジング住人、男性、78歳、モラールスケール7点）

瀬田さん（仮称、78歳）は、7年間シルバーハウジングに住んでいる。この住宅は製鉄会社の工場跡の造成地に建てられたものであり、瀬田さんは若い頃この製鉄所で働いていた。だから、思い出の多いこの土地で暮らせることに幸せを感じている。阪神大震災で被災し、仮

設住宅に3年間住んだのち、ここに引っ越してきた。最初は奥さんもいたが、病気をして治療費に貯金のすべてを使うこととなってしまった。途方にくれていたところ、LSAの助言を得て生活保護を受けることとなった。子どもはなく、親戚も亡くなっている。

「長年働いた製鉄所の跡地に住めるのもなにかの縁でしょう。保護（筆者注：生活保護）を受けて、こうした住宅に住まわしてもらうことはありがたいことやと思っています。元気でおらんといかんから、できるだけ自分のことは自分でするようにしています。自分で動くようにせんといかん。配食サービスも断って、自分でご飯を炊いて、スーパーでおかず買ってきて、3回に分けて食べますねん。今月はあと何日やからと計算して、生活費のことを考えながらやっています。けど、ゴミも自分で出せんようになったりして、体力は毎年衰えています。楽しみは月に1回元町まで出て、散髪をすること。ずっとそこに行っています。（料金が）850円と安いけど腕がいい。ここ（シルバーハウジング）は、少し自分のことを話すとすぐに話が広まってしまってプライバシーがあるとはいえん。そやけどよく話をする人が1人いて、それが友人といえば友人やなあ」

第2節　エイジング・イン・プレイスへの提言

　エイジング・イン・プレイス（地域居住）の概念や調査結果から、次のような点を提言としてまとめたい。

① 「最期までここ（高齢者住宅、自宅、地域）で住み続けたい」という思いが強いことが明らかとなった。「居住継続不安」を解消し、自立して住み続けることを保障するには「介護サービスを住まい（施設）から分離（外在化）」して、両者を地域展開することが必要である。

施設と同様のサービスを地域の拠点から提供して最期まで（死ぬまで）の生活を支えるには、まず24時間ケアを地域で展開することが最初の課題である。そしてそれは、フォーマル・ケア、インフォーマル・ケアを超えて地域のさまざまな組織の資源や専門職間の連携による「最期までの居住を支える」ケアでなければならない。

② 　一方、地域で展開すべき「高齢者住宅」は、介護が必要になってからの介護型高齢者住宅（居住系）のみではなく、自立型高齢者住宅の整備に力を入れ、社会資源としての住宅ストックの質を向上させる。また、高齢者にとって分かりやすいものとするためには、「高齢者住宅」として一括りにするのではなく、介護施設に近いものは「介護型高齢者住宅」、一般集合住宅に近く早めの住み替えに対応する住宅については「自立型高齢者住宅」などとして区別する。

③ 　高齢者は「安心感」を求めると同時に、「能力の範囲内」という条件付きで、人的サービスが不足する場合には自らのパワーを発揮する。自立志向・活動志向もある。よって、見守りや地域での交流・活動の場づくりには高齢者自身の力を大いに活用する。

④ 　これらが一つのシステムとして運営されるのは、人々が暮らす地域である。地域のニーズに沿ったサービスを提供するためにも、効率よくスムーズな運営を可能とするためにも、地方自治の確立と自治体によるイニシアティブが重要である。

1. 最期まで住み続けるために

（1）市内にくまなく「24時間地域巡回型訪問サービス」[★3]

　まず在宅ケアの基盤サービスであるが、日本でもいよいよ「24時間地

域巡回型訪問サービス」が2012年4月より創設されようとしている。このサービスを60市町村でモデル事業として実施するために、2011年度予算（案）として12億円が計上されている。（平成23年2月25日老健局振興課）。

「24時間地域巡回型訪問サービス検討会」の事業として2009年度にモデル事業が行われたが、モデル事業に参加した組織の長であり検討会の委員でもある3氏に成果を尋ねてみた。

社会福祉法人小田原福祉会（理事長　時田純氏）は1991年（平成3年）から市の委託を受けて身体介護の訪問介護を始め、1996年（平成8年）には24時間訪問介護へと発展させた、いわば24時間訪問介護の草分けである。当時は身体介護のニーズがまったくなかった。1993年（平成5年）より「セブンーイレブンにしてみよう（時田純氏の言葉）」と朝7時から夜11時のサービス提供に拡大したところ、眠れるニーズに火が付き1996年より24時間・365日の訪問介護を開始することとなった。

2006年（平成18年）には介護保険法改正によって夜間対応型訪問介護がスタートし、小田原福祉会でもこの制度に沿った事業を始めた。現在では小田原市全域（東西15km、南北10km）をカバーして4年になる。夜間対応型訪問介護の利用者は55名で、のべ利用者数は110名に上る。55名のうち独居と同居の割合はほぼ同じで、排泄介助や転倒時の随時訪問利用が多い。

これまでの経験や24時間地域巡回型訪問介護のモデル事業（2010年8月～10月）での成果として、時田理事長は次のような点を指摘している。
① 　短時間頻回訪問★4は「必ずまた来てくれる」という安心感を利用者

★3　「24時間地域巡回型・随時訪問サービス」という言葉も使われている。しかし、2012年から開始されるサービスであり確定していない部分があるため「24時間地域巡回型訪問サービス」を使用する。
★4　「頻回訪問」は「1日に何度も訪問する」という意味で「24時間地域巡回型訪問サービス報告書」で使われている用語である。

に与えることができる。
② 「必要な時に必要なケアだけ」というのは、生理的ニーズ、生活ニーズを優先し、生きることそのものを支えるサービスである。週に1回2時間の訪問ではなく、10分のモーニングケアとナイトケアを毎日提供するほうが生活を実質的に支える事ができる。
③ そのためには、適切なアセスメントが重要である。頻回訪問なら、刻々の変化も含めて1日の生活リズムがよく分かり、的確なアセスメントがしやすい。
④ 認知症高齢者については、他人を拒否することが多い人にも、頻回訪問で人間関係がつくれた。認知機能は低下していても、高齢者は優しい声のトーンや温かな人柄を理解する。ケアの質が問われるところではあるが、なじみの関係をつくって、1日何回も訪れるという訪問介護のあり方は、認知症高齢者にも有効である。

「採算が合うかどうかよりも、地域で施設入所を待っていたり、自分の家で死にたいというお年寄りを支えるサービスをつくりたいという使命感が強かった」と、1988年(昭和63年)の訪問介護サービス開始時を振り返るのは、石原美智子氏(株式会社新生メディカル、代表取締役社長、社会福祉法人新生会理事長[★5])である。このあと新生メディカルでは1995年(平成7年)に「24時間対応の巡回型による介護サービス」を市町村から受託し、翌年には池田町でも24時間巡回型ホームヘルプ事業を開始した。介護保険スタートにあたっては、岐阜県内に5つの事業所を開設している。

2010年より2年にわたり、岐阜県の「ふるさと雇用基金事業」として「短時間巡回型訪問介護サービス」を展開した。この事業を通して岐阜県の雇用を促進すると同時に、実証を伴うノウハウを「岐阜県方式」として全国に先駆けて蓄積し、マニュアル化して事業の拡大推進に貢献しようとしている。

新生メディカルが挙げる短時間頻回訪問のメリットは次の通りである。

①高齢者の自立を促進──「施設のお年寄りは腰が軽い」と、施設職員は言う。これは、1日に何回もケアを受けるうちに「次に何をすればよいか」分かるようになり、高齢者自身がト

株式会社新生メディカル本社のヘルパーの方々：新生メディカルの拠点は半建築建造物として有名

イレ介助の際などに自分で腰を上げたりするようになることをいう。寝たきりの高齢者が生活リズムを整え離床し、補助器具を使って歩行できるようになって褥瘡（じょくそう）が治った例や、水分の摂取が十分にできるようになって脱水症状が減り、トイレに行くことで下肢筋肉が鍛えられた例も見られた。

②なじみの関係──1日に何回も訪問するのでなじみの関係ができ、「また来ますからね」といって去り、「どうでしたか？」といって再訪問する。こうしたなかで安心感が生まれ、本人が落ち着き、家族の笑顔も増えた。

③心理的負担なし──長時間滞在のなかで高齢者はヘルパーに何を話そうかと気遣いしていることもある。相性が悪い場合には、なおさらである。短時間滞在なら、こうした利用者側の気遣いは不要となる。

★5　株式会社新生メディカルは、1990年に設立された。新生会は、特別養護老人ホーム、居宅サービス、地域密着型サービスをはじめとして、戸建て形式の住宅型有料老人ホーム「ヴィラ・アンキーノ」など、社会福祉法人の枠に捉われない発想で新しい挑戦を続けている。2007年にはＪＲ岐阜駅直結の高層ビル「岐阜シティ・タワー43」3階に、診療所、通所介護、訪問介護・看護、交流スペースなどを集積した「医療・福祉ゾーン」をプロデュースしている。羽田澄子監督の「安心して老いるために」の舞台となった「サンビレッジ新生苑」は、社会福祉法人新生会の運営である。

④新人ヘルパーの成長——在宅ケアを担当する職員は生活の全体が分かっていなければならないので、育てるのに時間を要した。しかし短時間訪問では、行為ごとに段階的に介護技術を習得してもらい生活の全体へと広げることができる。そのため、未経験者のヘルパーが3ヶ月後には月100時間のサービスを提供することができるようになった。新人を育てやすいメリットもあり、職員のすそ野を広げる上でも有用である。

⑤キャリアアップ——訪問と訪問の間に空き時間が少なくまとまった稼働時間が確保しやすいため、常勤スタッフを増やすことができ、職員もキャリアアップできる。これは、利用者との信頼関係づくりにも役立つ。

　新生メディカルの主張は、在宅でも施設でも「普通の生活」を目指していくことである。そのために、基本的なケア項目を「ケア・ミニマム」（**表7-2**）として具体化し従来の「時間」から「行為」を単位とするサービス体系としてまとめている。

　株式会社新生メディカル役員の太田澄子さんをはじめ社員のみなさんは口を揃えて「このサービスは、誰でも実践しやすいシステムでなければ広がっていかない。そのためには、分かりやすいマニュアル化が必要」と言う。そこで、これまでの取り組みを「岐阜県方式」として発展させ、必要とする人々が使えるようにマニュアル化を図っている。

　都内で24時間訪問介護を提供している民間企業も「24時間地域巡回型訪問サービス」モデル事業に参加している。昭和39年より在宅介護の実

表7-2
新生メディカルのケア・ミニマム
〜最後までこうした生活がしたい〜

食事	自分で食べる。
	1日3食の確保。
	寝食分離。
	経口摂取。
排泄	オムツは汚れたらその都度交換。
	オムツは最後の手段。
	トイレに行きたい時に行ける。
入浴	シャワー清拭なら毎日。
	浴漕入浴は週2回以上。
更衣	昼夜の更衣。
	つなぎ寝間着を着用しない。
睡眠	安心・快適な睡眠の確保。
移動	毎日外気に触れる。
	週2回以上屋外に出る。
	自分で歩く機会を多くもつ。
	苦痛のない体位姿勢。
	1日1回は離床。

績をもつ、株式会社やさしい手（香取幹代表取締役社長）である。

　株式会社やさしい手の「24時間巡回サービス」利用者は要介護4〜5の重度要介護者が中心で、独居・日中独居、介護者が高齢であるために介護力が不足している、あるいは、医療依存度が高く訪問看護との連携が必要である、病気療養でターミナル期にある、などの人たちである。こうした利用者は要介護者のなかでも一握りの少数であるため、多くのケアマネジャーにこのサービスを認知してもらい、必要とする利用者に地道に届けていくことが重要である、と香取幹社長は話す。

　巡回事業部責任者である前田和世さんは、「重度要介護者は体調の変化が頻繁にみられるため、スピーディな判断と対応が在宅生活を長く快適に送っていただくためのポイントである」と言う。

　そのためにも、常勤スタッフを多くし、利用者とのよい関係を構築しつつ専門職としての能力を高めていくことが重要である。だからこそ、「働きがいを高め、長く勤めて経験値を上げていくことが事業の成否のカギを握る」とも言う。

　やさしい手では、電子媒体を活用して、利用者の変化の様子やサービス提供の実際を詳細に記録している。これを「プロセス・レコード」と呼び、利用者（家族）と担当ケアマネジャーに定期的に送付し、変更の必要を現場で察知するとすぐに、ケアマネジャー、利用者（家族）とカンファレンスを開いてケアプランの変更を検討している。頻回訪問だと、現場のモニタリングによって得られる情報をフィードバックしてアセスメントし、変化しやすい重度要介護者のニーズにも速やかに対処できるというわけである。

　まだまだ認知度も低く、人材確保が困難で、運営面でも労働基準法を順守しながらのシフト管理の困難さ、駐車許可証の申請の煩雑さ、ガソリン代の高騰など課題が多い。

　しかしながら、ニーズは確実に存在する。やさしい手では今後、在宅24時間ケアで独自のノウハウを蓄積してきた事業者として、高齢者住宅

「センチュリーテラス船橋」を拠点に
24時間ケアの地域展開を目指す

を提供する不動産事業者、住宅メーカーとのコラボレーションに力を入れる。そして、高齢者住宅を24時間地域巡回型訪問介護の地域拡大拠点と捉えて、新しい時代への挑戦をスタートさせる。

2011年1月千葉県船橋市に「センチュリーテラス船橋」がオープンした。建物をミサワホームが提供し、運営をやさしい手が受けもつ。1階の在宅介護支援事業所は、通りからは「町のケア・ステーション」に見える。「船橋から全国へ」。スタッフたちは、高齢者住宅を拠点とする24時間ケアの地域拡大モデルをここから発信しようと意欲に燃えている。

新潟県長岡市で小規模多機能の原型ともいえるサポートセンターを開設し、地域密着型サービスの先がけとなってきた小山剛氏(高齢者総合ケアセンターこぶし園総合施設長)は、「特別養護老人ホームの待機が42万人いるといいますが、『在宅生活』に困っている人が42万人いると理解しなければなりません」という考え方を示す。さらに、現実を踏まえて「施設には行きたくないが、介護で疲弊したお嫁さんのことを考えると、心では泣きながら仕方なく特養に入ってくるのです」とも言う。それは「誰も、施設に入りたくて入っているわけでない」という50年前のタウンゼントの言葉と重なる。独居高齢者の場合も、家族が介護しているケースでも、配偶者や子どもたちが両親への本来の愛情で結ばれ続けるためにも、「24時間地域巡回型訪問サービス」の整備が必要である。

24時間地域密着型訪問サービスはエイジング・イン・プレイス(地域居住)推進の基幹的サービスとして重要な意味をもつ。このサービスを

住宅に内在化することなく地域のオープンシステムとして展開し、市内どこでも利用できる普遍的なサービスとして広がるよう、事業者ポテンシャルを100％以上に高められるような魅力ある制度設計が待たれる。

（2）最期までを視野に入れて

「地域包括ケア研究会報告書」では、「在宅生活の限界点を上げる」という表現が使われているが、エイジング・イン・プレイスの文脈からは、少なくとも身体的障害については「在宅生活の限界点をなくす」という挑戦が必要である。しかし実際問題として、在宅や高齢者住宅での暮らしを最期まで支えることは非常に困難である。

日本の実態から見てみよう。

表7-3は、シルバーハウジング3住宅からの退去実態（2年間）である。[★6] のべ住戸数581戸に対して年間退去が49戸（49人）あり（年間退去率8.4％）、49人の内訳としてリロケーションが62.3％と高く、その内訳を見ると在宅医療・看護・介護の連携があれば地域居住（シルバーハウジングでの住み続け）できるはずのものが多い。特別養護老人ホームへのリロケーションについても、その理由は7人中5人が「歩行困難」である。地域ケアの体制が整っていれば、住戸内での車椅子・歩行器使用によってシルバーハウジングでの住み続けは可能なはずである。

そんななか、認知症高齢者に対応する小規模多機能サービスはエイジング・イン・プレイスを支える有力な制度であるが、ここでも退院後の地域復帰や看取りに挑戦をしているところがある。

「鞆の浦・さくらホーム」（広島県福山市）は築300年以上になる酢醸造所を改築して、通所介護、グループホーム、小規模多機能を運営している。羽田冨美江さん（理学療法士）は、「住み慣れた地域に住み続ける」

★6　2009年2月に行った小規模なプレ調査である。シルバーハウジング3住宅について、2～3年間の退去者とその理由について調べた。住戸数に年数をかけてのべ住戸数とし、退去率を計算した。

表7－3　シルバーハウジングからの退去実態

理由（内訳）		住戸数（人数）	
シルバーハウジングにて死亡	ターミナルケア	5	12 (24.5%)
	突然死	5	
	緊急入院	2	
リロケーション	長期入院 （ガン6、老衰4、頻回の骨折など10）	20	32 (65.3%)
	特別養護老人ホーム （歩行困難5、認知症2）	7	
	グループホーム	5	
その他	その他の場（子供宅など）	3	5 (10.2%)
	その他の理由	2	
全体		49 (100%)	

（2009年2月、筆者調査）

ことに徹底してこだわる。

99歳でアルツハイマー型認知症のある女性が、左大腿骨を骨折して入院した。退院に際して、誰もが「一人暮らしは無理だ」と考えた。しかし、本人は「鞆の浦で暮らしたい」と言う。その思いを尊重して、小規模多機能で支えることとした。

職員はアセスメントするために3日間その女性の家に泊まり込み、夜はポータブルトイレが使えることを確認し、朝6時半の訪問、夕食までのデイサービスの利用、就寝ケアなどを組み合わせた。職員がいない時には隣近所の人たちが見守り、声がけしたりして気遣っている。そうした姿を見て、羽田さんは「デイに来てもらうばかりだと施設と変わらない」と考えるようになった。そこで、1ヶ月後には体力が回復したので、訪問介護中心のプランに変更して自宅で過ごす時間をたっぷりと取った。

「鞆の浦・さくらホーム」では隣近所の顔なじみや、町中のたまり場などの地域資源を存分に活用しながら看取りについても取り組み、適切なアセスメントに基づく柔軟なプランによって地域居住を支えている。

愛媛県松山市で1997年に築100年の古屋敷を活用して宅老所「あんき」を開設した中矢暁美さんも、「地域で死ぬる」ことにこだわっている。2008年には古屋敷が構造的に限界にきたことをきっかけに木造の「あんき」を宮大工さんに造ってもらった。田の字型間どりの日本家屋である。

「鞆の浦・さくらホーム」（広島県福山市）

「あんき」（愛媛県松山市）

「本物の生き方をしてきたじいちゃん、ばあちゃんだから、本物でないといけんのです。野の花を飾ったりして、しつらえに工夫をし、心から安らげる空間をつくる。小さな心づかいの一つひとつが、自然に死んでいける力になるんです」と話す中矢さん。古屋敷や木造家屋にこだわるのは、本物がつくり出す日々のゆたかさや「住」の力が、おだやかに死ねる力へとつながると信じているからである。

また、「死ぬるまで支える」にはそれを見守る地域の力が必要だと考え、近所の人が気軽に立ち寄ることのできる「縁側のような場所」をつ

「おひいさん」（広島県神辺郡）

くろうと、「縁側プロジェクト」にも取り組んでいる。

徹底して在宅にこだわり、地域の「問題老人」たちを一手に引き受けるのは、「ミニ介護ハウスあしたばの家（広島県深安郡神辺町）」の佐藤純子さんである。デイサービスに訪問介護を加えて、看取りにも取り組む。緩和ケア病棟に入っていた認知症の高齢者が夜間に徘徊して退院を迫られるケースなどにも対応している。

山間地のお年寄りにも同じようなサービスをと、2009年7月、約4km（車で5分）奥地の民家を改造してデイサービス「おひいさん」をオープンした。毎日10名前後の利用があるが、築80年の民家がもつ力や家から見える山々の風景の力は偉大で、とても落ち着いておだやかな時間を過ごしている。

エイジング・イン・プレイスは「最期までの暮らしを自立的な環境のなかで支える」ことなのであるから、家族・友人・知人やボランティア、隣近所を含むあらゆる温かい人間関係を背景としながら、介護・看護・医療などの専門職が連携してみんなで顔の見える関係をつくり、一人ひとりのいのちと暮らしを支えていくことが重要である。そのための基幹サービスとなるのが、24時間地域巡回型訪問サービスである。

2．安心と自立のバランス〈高齢者住宅〉の整備

　エイジング・イン・プレイスを推し進めるためには、ケアと同様に、地域での自立生活の基盤としての高齢者住宅が必要である。

　これからの高齢者居住の基盤を形成するのは、良くも悪くも「高齢者住まい法」によって規定された高齢者賃貸住宅である。「サービス付き高齢者向け住宅」制度等を規定する「改正高齢者住まい法」は、2011年4月27日参議院本会議で可決され成立した。公布後6ヶ月以内に施行され、建築補助のための予算325億円（2011年度）[★7]などが執行される。そして、2011年度中に3万戸、2020年度までに30万戸の建設（高齢者人口の3〜5％）を目指している。

　ここで注意が必要なのは、「サービス付き高齢者向け住宅」には、一般住宅と同様の自立型住宅から訪問介護や小規模多機能型居宅介護を外部サービスとして利用するもの、住まいとサービスを一体的に提供する施設に近いものまで、さまざまなタイプが混在している点である。

　新しい「サービス付き高齢者向け住宅」制度では、介護型住宅（居住系）の増加が懸念的に予想される。そんななか、さまざまな事業者がさまざまな思いで自立型住宅の提供を進めるだろう。また今後は、74万世帯の高齢者が住む公的賃貸住宅の改築・建て替えや、高齢者自身の手による主体的な住まいづくりも高齢者住宅の広がりに新しいパワーを吹き込むことだろう。

　いずれにせよ、エイジング・イン・プレイスを支える高齢者住宅の基盤整備には、介護型住宅と自立型住宅のバランスのよい整備が必要である。

★7　1戸あたり100万円を限度に新築の場合は1/10を、改修の場合は1/3を直接補助する。高齢者生活支援施設には1000万円の補助。住宅金融支援機構の融資条件緩和、減税（所得税・法人税の割り増し償却、固定資産税減税、不動産取得税軽減）で供給を促す。

（1）実質的分類で自立型・介護型のバランスを

　まずは、高専賃の実態について見てみたい。「高齢者専用賃貸住宅における介護サービス利用の実態調査」[高齢者住宅財団（2009）]では、施設に近いものが増えていることが明らかとなった。

　この調査では、平均要介護度、住戸面積、特定施設の比率、設置主体などの指標に基づいて、高齢者専用賃貸住宅405戸（対象サンプル885戸、有効回収率45.8％）の実態を3つに類型化し（**図7-1**）、それらが混在していることを明らかにしている。「介護保険施設に近いグループ（施設グループと略す）」、「包括的サービスを提供するグループ（包括グループと略す）」、「一般集合住宅に近いグループ（住宅グループと略す）」の3グループである。

　調査結果をカウントしてみると、「施設グループ」が半数以上を占めていた。その特徴は「平均要介護度が高い、狭い居室の割合が高い、設置主体は介護系（社会福祉法人、医療・NPO等）が多い」である。

　高齢者専用賃貸住宅は制度上「住宅」であるが、実質的に「介護保険施設に近い」ものが半数以上を占めているとすれば、利用者は名前だけでは実質面の正しい理解ができないであろうし、これをベースに地域福祉計画、高齢者居住安定確保計画を策定すると、建てられたものの多くが「介護保険施設に近い」ものになってしまう。

　「施設から住宅へ、地域へ」というエイジング・イン・プレイスの潮流は、まず、高齢者の自立を支える質の高い住宅を地域に広げようということである。

　デンマークでは、高齢者住宅法を改正して介護型住宅の建設を認めるようになったことと関連して、統計局において1999年に次のような高齢者の住まいの分類を始めた。[松岡（2005）p.295]。

カテゴリーA：24時間ケアが受けられ、スタッフ常駐で食事提供もある。
　　　　　　（旧プライエム、プライエボーリ）

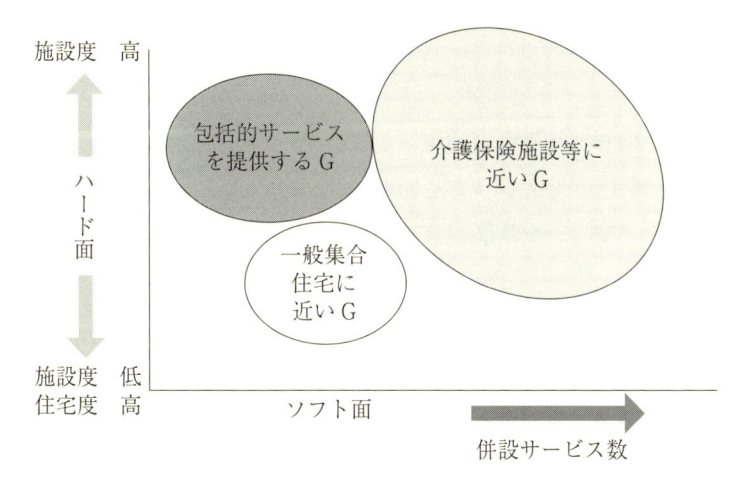

図7−1　調査結果による高齢者専用賃貸住宅の類型化

（図：縦軸「ハード面」上が「施設度 高」、下が「施設度 低／住宅度 高」、横軸「ソフト面 → 併設サービス数」。三つの楕円「包括的サービスを提供するG」「介護保険施設等に近いG」「一般集合住宅に近いG」）

「高齢者専用賃貸住宅における介護サービス利用の実態調査報告書」（平成21年、263ページ）

カテゴリーB：在宅ケアを利用する住宅で、一般住宅に近い。
カテゴリーC：1987年以前に建てられた住宅で、一般住宅に近い。

　これは、Aが実質的施設で、B・Cが実質的住宅である。しかし、A・Bが、1988年の高齢者住宅法にのっとって新しく建設された高齢者住宅であるので、制度面での住宅ということになる。
　このように分類することで、高齢者が選択する際に分かりやすく、整備計画の立案やチェックにも有用である。現在もこの分類が分かるようにしており、その結果、高齢者の住まいの変遷も、実質的な施設系（A）と実質的な住宅系（B・C）がバランスをとってほぼ同率で整備されている（**図4−2**、154ページ）ことを確認できる。
　日本においては、施設系、居住系の住まいがすでに高齢者人口の4.5％レベルで存在しているが、一方で住宅系は0.5％にも満たないアンバランスな状況である（204ページ）。この現実を踏まえて、これ以上の偏

りにはストップをかけ、自宅の居住環境の改善とともに、自立を支援する住宅と呼ぶにふさわしい自立型高齢者住宅の整備について、現実的な議論を始めなければならない。

（2）日本版自立型高齢者住宅

自立型高齢者住宅といっても、デンマークのような60㎡の広さは望むべくもない。では、日本版自立型高齢者住宅の最適解とは、どのようなものであろうか。

日本の単身居住誘導面積40㎡では狭い。筆者自身が住むことを想定して、アフォーダビリティ（家賃の支払い可能性）も考慮すると、50～60㎡くらい（一人世帯の場合）が最適ではないだろうか。

しかしながら、自立型高齢者住宅は認知度が低く、「早めの住み替え」に踏み切る人は少数派であるところから、この分野に手を付ける事業者は少ない。住人が元気で介護ニーズが低いために、集住しているとはいっても介護保険事業としての収益性が生まれないことも大きな要因であるといわれている。

そんななかでも、50㎡前後の広さがあり将来の住み続けを想定した「自立型高齢者住宅」はさまざまな事業主体によって提供されている。

〈民間企業による高齢者専用賃貸住宅〉

まず、民間企業による高齢者専用賃貸住宅から見ていこう。

株式会社学研ココファンは、2004年7月、株式会社学習研究社の社内ベンチャーとして、現在の社長小早川仁氏が同僚とともに起業した会社である。2006年3月開業した「ココファンレイクヒルズ（大田区南千束）」は、「終身建物賃貸借契約」を初めて導入した高専賃として注目を浴びた。現在、8物件（自立型2ヶ所、混合型1ヶ所、介護型5ヶ所）・364戸を提供している。

「健全なビジネスとして、高齢者の住まいと介護事業を推進する」と

いうのが小早川社長の信念である。そして、規制がない自由競争によってこそ業界が育ち、妥当性のある家賃水準で良質な高齢者住宅が広がるはずであるという。学研ココファンの場合、自立型の家賃は近隣の家賃相場の110～115％である。質を守りつつこれを実現するために、建物仕様を細部にわたり研究する努力を行い、建築坪単価を低価格に抑えローコストを実現している。

「ココファン日吉」（横浜市）

2010年3月にオープンした「ココファン日吉（横浜市）」は、東急東横線「日吉」駅からバスで5分ほどで、停留所の目の前に立地している。建物玄関を入るとデイサービス（定員33名、利用者の75％が外部から）があり、カウンター内に居宅介護支援事業所と訪問介護事業所が入っていて、建物全体に活気を生み出している。建物1階にはクリニック（内科・消化器内科・外科・リハビリテーション科・整形外科）がテナント入居している。学習塾も併設され、その入口は道路に面している。

全体で81戸あり、自立型24戸（35㎡・55㎡・70㎡、家賃105,000円～188,000円）、介護型57戸（18㎡・23㎡、家賃75,000～79,000円）の構成である。入居時に敷金2ヶ月分、事務手数料1ヶ月分を支払う。

自立型での毎月の費用は、家賃のほかに共益費・サービス費（フロントサービス、緊急時対応、生活支援、保健医療相談）がそれぞれ4,600円～7,500円・26,250円～32,550円で、支払いやすい設定である。別途契約で、食事提供（居室配・下膳）、買物代行、そうじ、介護などが依頼できる。

「ココファン日吉」では自立型住宅が全体の30％を占めているが、契約は自立型から決まっていくらしい。理由は、介護型では決断するのが

家族であるため、決断に時間がかかる。それに対して、自立型では高齢者本人が決めるので決断が早い。いろいろな物件を見ているために、住みたい住宅の条件やイメージが固まっており、希望に合えば即決に近い場合もあるということであった。

竹田文男さん・栄子さん夫妻（80歳代）は、住戸の広さ、家賃の妥当性や立地のよさ、「学研」の企業姿勢と信頼性に確信を得て、「ココファン日吉」の最も広い住戸（70㎡）へ、一番乗りで大分からの引っ越しを決断した。現在は「１階に診療所があるので、これまで１日仕事であった通院がとてもラクになった」と、この上ない満足と安心感を感じている。

株式会社学研ココファンでは、今後、年間10棟〜15棟を目安に建設し、５年で60棟を目指す計画である。

〈住宅メーカーによる自立型高齢者専用賃貸住宅〉

「早めの住み替え」を想定した自立型の高齢者専用賃貸住宅を中心に構成しているのが「グランドマスト町田」（設計・施工　積水ハウス株式会社、貸主　積和不動産株式会社）である。

ＪＲ横浜線・小田急線「町田」駅より徒歩12分の落ち着いた住宅地にある。玄関を入るとオートロック式で各住戸と連絡がとれ、ガラス越しに見える正面の中庭の緑が美しい。また、住人手づくりの鯉のぼりや絵画などが飾られていて、独特の温かさが感じられる。１階にはラウンジ（食堂）とゲストルーム（和室）があり、デイサービス（外部事業者）は入口が別となっている。

住戸は全体で85戸あり、１LDK（45㎡〜49㎡、49戸）と２LDK（57㎡〜62㎡、16戸）が全体の76％を占めている。１DK（33㎡）、１R（33㎡）も各10戸あり、いずれも台所、トイレ、浴室を完備している。

家賃は１LDKタイプで10.7〜12万円、２LDKタイプで13.8〜15万円である。毎月の費用は、家賃の他に管理費が1.4万円（１R）〜2.4万円

（2LDK）。基礎サービス費（フロントサービス、緊急対応、生活相談、サークル活動など）として1人12,600円かかり、食事は選択サービスで朝食500円・夕食800円となっている。基礎サービスは、フロントのスタッフとともに、住み込みの専任管理人から提供される。ユニークなことに、フロントは建物玄関ではなく、ラウンジ（食堂）入り口にある。フロントが玄関にあると、圧迫感を与えることもある。そこで、ラウンジ入口なら食事の時にさりげない見守りができ、住人も気軽にいろいろな相談ができる、というわけなのである。

「グランドマスト町田」（町田市）

　積水ハウスでは、住環境豊かな高齢者向け住宅を提供することは、本業である「質の高い住宅の提供」に通じることであり、「人間愛」を理念とする住宅メーカー「積水ハウス」の使命であると考えている。

　そして、これまでの高齢者と異なる価値観とライフスタイルをもった団塊の世代が今後次々と高齢期に突入するにつれ、要介護状態になってから転居を迫られるのではなく、自ら「早めの住み替え」を希望する高齢者が増加すると考える。こうしたニーズは、高齢者人口の急増と高齢化の進行が顕著な都市部から顕在化してくると考え、都心部において供給を進める予定である。

〈地域を限定して自社一貫運営でエリア密着〉

　神奈川県藤沢市に本拠をもつ株式会社ユーミーケアは、湘南エリア（鎌倉・藤沢・茅ヶ崎・平塚・小田原）で24の施設を運営し、さらに2施設の開設を計画している。24の施設には高専賃13ヶ所を中心に、特定施設、グループホーム、ショートステイ、住宅型有料老人ホームなどが

「ユーミーリビング辻堂」(藤沢市)

ある。

　社長の高橋正氏（1級建築士）は「現在、介護保険事業の効率のよいところに事業者が集中しており、介護ニーズが低い自立型住宅、逆に高度な専門性が要求される認知症ケアや、医療ニーズの高い高齢者の介護・看護については取り組む事業者が少ない。しかし、自立や要支援でも、高血圧や心疾患、がんなど医療ニーズがある。効率のよい部分だけでなく、これらを連続的にサポートして、終身にわたって住み慣れた湘南で過ごしていただくことを考えた」と言う。さまざまな挑戦と教訓から得られたのが「地域の資源ネットワークを活用するよりも、自社で一貫運営を目指す」という戦略であった。つまり、住宅は自立・認知症・介護などのニーズに合わせて整備し、人口10万〜15万を目安に（車で10分）「メディカル・サポートセンター」を配置して緊急対応、医療連携サービスを各住宅に提供する。これによって、湘南地域（小田原・平塚・茅ヶ崎・藤沢・鎌倉）を11に分けたエリア内での住み替えを、終身にわたってサポートできるのである。

　実際に、自立型小規模住宅「ユーミーリビング（7ヶ所）」（ユーミーリビング辻堂）、自立型と介護型が併設された複合施設「レジデンスタウン（4ヶ所）」、介護ニーズの高い方のための介護施設「シニアメゾン（14ヶ所）」、看護・医療・歯科医療・調剤薬局などの複合施設を併設した「メディカルタウン（1ヶ所）」がある。

　例えば「レジデンスタウン茅ヶ崎」は、介護型11戸（18㎡）、自立型39戸（30㎡タイプ34戸、60㎡タイプ4戸、75㎡タイプ1戸）からなる。入居申し込み金として180万円を支払い、60㎡タイプの家賃は17万円、管理費は1人で7.8万円、2人なら10.8万円である。これに、食費（朝

500円、昼800円、夕800円）が加わる。

　平塚エリアにある「ユーミーメディカルタウン湘南四之宮」は「メディカル・サポートセンター」でもある。内科クリニックと歯科医院、調剤薬局、訪問介護、訪問看護に加えて、44戸の住宅とセントラル・キッチンが入る。自社一貫運営であるので、高橋氏は医療法人まで設立した。

　同エリアの「シニアメゾン・メディカル平塚」は医療ニーズが高い人の住居であり、「ユーミーメディカルタウン湘南四之宮」と連携しながら介護職員を中心に終末期ケアにも対応し、退院先の確保に苦しむ病院の医療ソーシャルワーカーからも信頼を得ている。

　株式会社ユーミーケアとして地域のなかでの住み替えを保障しようとする姿は、「高齢期の住み替えは避ける」とする本書の趣旨とは異なる。しかし、湘南地域にこだわってエリア分割し、自立型住宅・介護型住宅を基盤に医療・看護・介護の資源を自らつくり出す戦略は、1社で地域包括ケアを面として展開し完結するやり方である。

〈民間事業者による分譲マンション〉

　山形県にできた、分譲タイプの高齢者住宅を紹介しよう。

　山形市に2008年3月オープンした「高齢者向け分譲マンションソーレヒルズ花楯」である。占有面積50㎡〜60㎡を中心に46戸からなり、4戸が70㎡を超えている。北山形駅から車で3分、山形自動車道山形北インターチェンジから3分で、病院や商店が集積する幹線道路沿いにある。

　6階建てで、1階には食堂とラウンジの他に、デイサービス（20名）、ケアプランセンター（居宅介護支援事業）があり、住戸住人と地域にサービス提供している（図7-7）。デイサービスや居宅サービス事業所があって、人の出入りがあることは「近くに人がいる包括的安心感」につながる（図7-8）。

　各住戸には、24時間対応の緊急コールが付き、キッチン、トイレ、浴室付きでバルコニーが広く、サンルームもある（図7-9）。

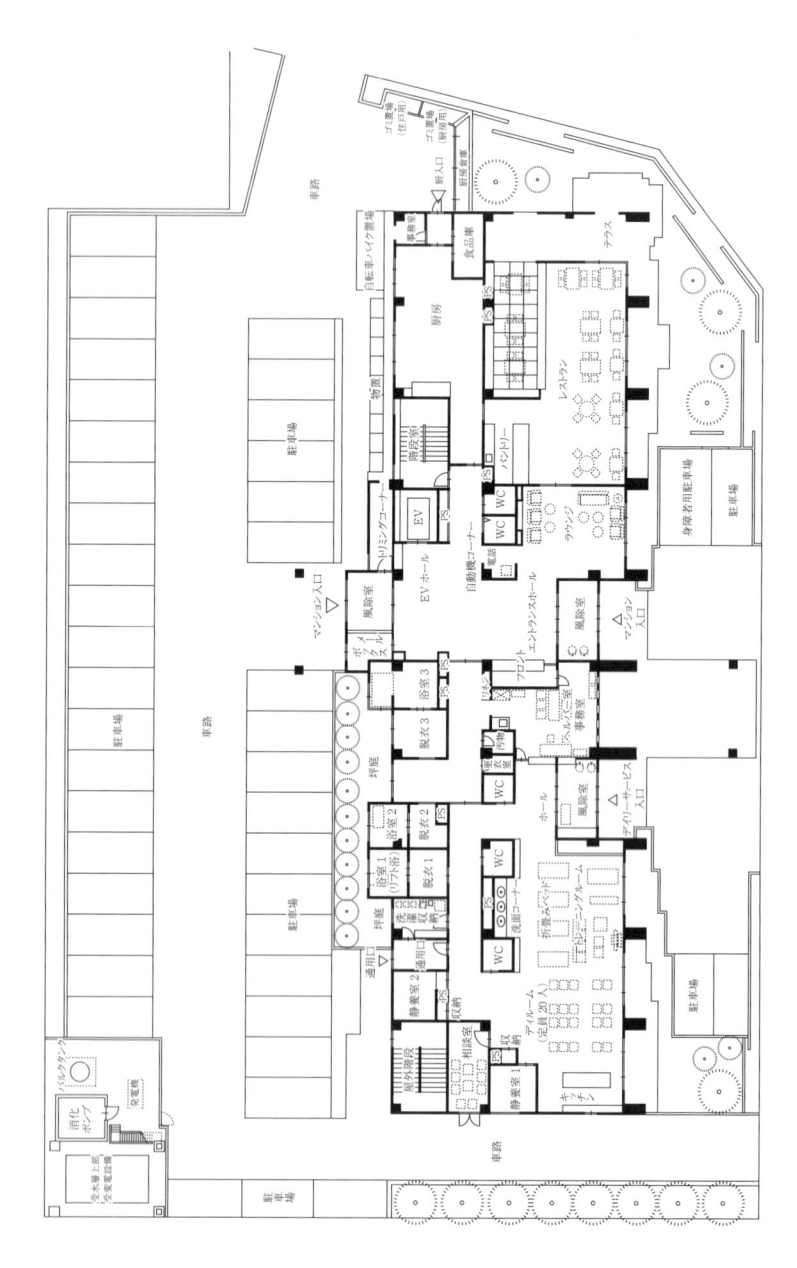

図7-7　1階平面図

ソーレヒルズ花楯　食堂 　　　　　　　ソーレヒルズ花楯　住戸

図7-8　ソーレヒルズ花楯（山形市）

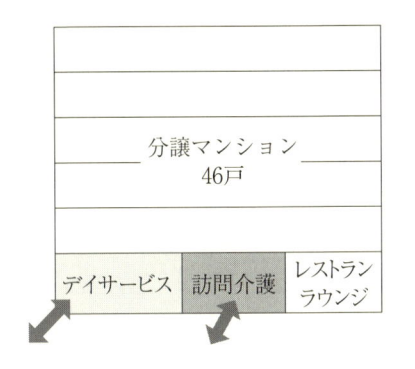

　1フロア10戸の配置であるが、各フロアに共同で使えるコモン・ルームを設けている。さらに、住戸から出たところの廊下を広くとって小さなスタッフコーナーを設け、要介護状態になった時に備えている。住戸の独立性を確保しながらも、最期までの居住継続をまじめに考えた分譲タイプの「自立型高齢者住宅」である。

　販売価格帯は、50㎡で2,000万円前後。毎月の費用は管理費（受付サービス、緊急時対応、生活相談、サークル活動）が47,250円、食費は35,000円である。

　「ソーレヒルズ花楯（はなだて）」は、太陽建設株式会社（山形県）が事業主であり、社長の安藤政弘氏（1級建築士）は介護保険の開始前から海外にも足を伸ばして介護事業について研究し、有料老人ホーム5ヶ所、高齢者専用賃貸住宅7ヶ所、単独ショートステイ1ヶ所（30床）を運営している。

　また2011年4月、山形県東根市では公立北村山病院に隣接した土地に、医療と連携した特別養護老人ホーム★8（60人）、ショートステイ（20人）、

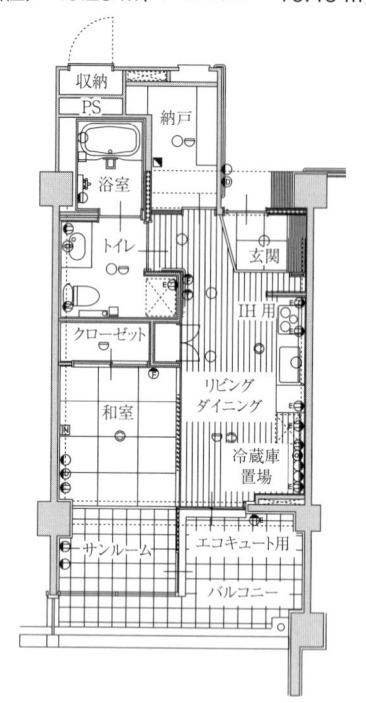

図7－9　ソーレヒルズ花楯　住戸平面図
（住戸46.25㎡、バルコニー10.46㎡）

デイサービス（30人）、特定施設（40人）、在宅療養支援診療所、居宅介護支援事業所からなる「ソーレケアヴィレッジ東根」を2011年4月開設し、地域包括ケアに取り組んでいる。この特養は、日本初の木造ツー・バイ・フォー工法による耐火構造である。

「行政や補助金に頼らず、民間の力で、利用者負担を抑えつつ質のよい住まいとケアを提供する」のが安藤氏のモットーである。

〈住宅供給公社による高齢者優良賃貸住宅〉

　2007年、JR岐阜駅直結の43階高層ビル「岐阜シティ・タワー43」が完成した。1〜2階がショッピングゾーン、3階が「福祉・医療ゾーン」、4階は岐阜放送本社、5階〜14階は高齢者向け優良賃貸住宅（108戸、高優賃と略す）、15階〜42階が分譲マンションで43階には展望台とレストランがある。

　3階の「福祉・医療ゾーン」は、前述の社会福祉法人新生会による「サンビレッジ岐阜」（「シティタワー・アンキーノ」[9]、訪問介護・看護ステーション、デイサービス、元気塾、保育所「みっけのおうち」、コミュニティ喫茶「サンサンスクウェア」、健康厨房「だんらん」）、診療所、歯科医院、調剤薬局、整体、多世代地域交流スペースなどからなる、文字通り福祉と医療の複合施設である（図7－2）。5〜14階の高優賃住

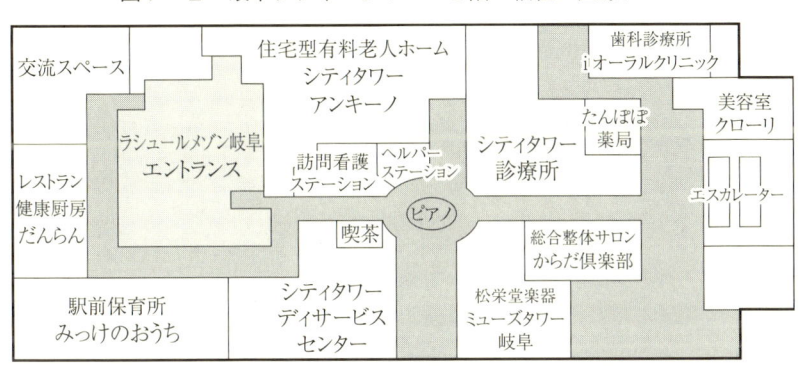

図7-2　岐阜シティ・タワー　3階　福祉・医療ゾーン

```
┌─────────────┬──────────────────┬──────────────────┐
│ 交流スペース │ 住宅型有料老人ホーム │ 歯科診療所       │
│             │ シティタワー       │ オーラルクリニック │
│             │ アンキーノ         │                  │
├─────────────┤                    ├──────┬──────────┤
│ ラシュールメゾン岐阜         │ たんぽぽ │ 美容室   │
│ エントランス                 │ 薬局    │ クローリ │
├─────────────┤訪問看護│ヘルパー│ シティタワー      │
│ レストラン  │ステーション│ステーション│ 診療所      │
│ 健康厨房    │        │        │         │エスカレーター│
│ だんらん    │        ピアノ  │                  │
│             │ 喫茶   │        │ 総合整体サロン   │
│             │        │        │ からだ倶楽部     │
├─────────────┼────────┤        ├──────────────────┤
│ 駅前保育所  │ シティタワー    │ 松栄堂楽器       │
│ みっけのおうち│ デイサービス   │ ミューズタワー   │
│             │ センター        │ 岐阜             │
└─────────────┴──────────────────┴──────────────────┘
```

（http://www.sunvillage-gifu.com/anquino.html より）

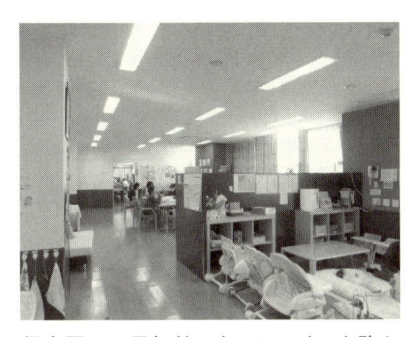

保育園から元気塾、デイサービスを臨む　　　高齢者優良賃貸住宅　住戸

人はもちろん近隣の誰もが利用でき、世代を超えて温かい人間の交流が繰り広げられる「小さな町」をイメージしている。

　108戸の高優賃（岐阜県住宅供給公社）「ラシュールメゾン岐阜」はバ

★8　社会福祉法人たいよう福祉会（安藤政弘理事長）が認可を受けている。
★9　アセスメントケアとターミナルケアに特化した介護付き宿泊施設である。病院から退院して在宅生活に戻る時、キメ細かいアセスメントを受けて適切な在宅サービスや介護方法について適切な提案や指導を得ることは非常に重要である。そのような在宅復帰のリズムづくりをサポートすることを目的としており、1泊2日から利用できる。

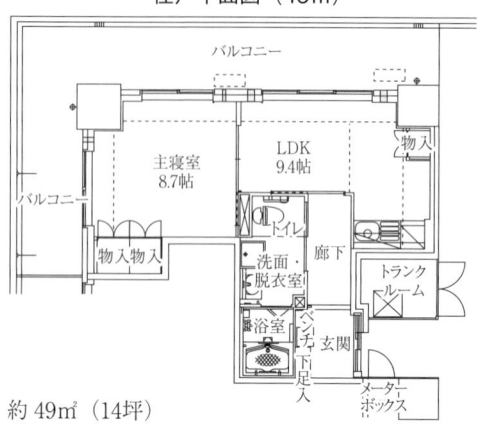

図7-3　岐阜シティ・タワーの高優賃
住戸平面図（49㎡）

約 49㎡（14坪）

リアフリーでオール電化、台所・トイレ・浴室付きで50㎡前後の広さがある（図7-3）。しかも、緊急通報・LSA による安否確認（24時間・365日）があり、家賃が10万円前後、支援管理費が8,900円である。

高優賃自体は軽装備でありながらも、3階の「福祉・医療ゾーン」を利用できるので要介護状態になっても最期までの居住が可能である。健康厨房「だんらん」の配食サービスも利用できる。15階以上の分譲マンションにも高齢者が多いという。

〈入居者自らの手で〉

そうしたなかで、地道に増えるのは仲間と一緒に「老いの住まい」をつくろうというコミュニティ・ハウスやグループ・リビングである。

「コミュニティ・ハウス法隆寺」は、奈良の地に2004年11月に完成した。発案者は向平すすむさんらであり、「自立しながら共生して住む」ことをテーマとしたセミナーを開いて賛同者を集め、制度についての研究などを進めた。その結果、単身でも夫婦でも1人あたり750万円（現在770万円）を出資して株式会社をつくる手法を選択した。土地探しに

苦労したがJA奈良から土地を借り受け、70㎡5戸、30〜40㎡3戸の集合住宅が完成した。株式会社安寿（あす）ネットを中心に入居者と協働で運営を行っている。

株式会社コミュニティネットが参加者を募り、住戸計画などを話し合いで進めた「ゆいま〜る那須」（栃木県那須郡）も、自立型高齢者住宅の拡充に力を発揮している。2010年11月には18戸、2012年1月には52戸を開設する。

コミュニティ・ハウス法隆寺

3．地域に根をはる「地域のつどい場」

（1）見守り・生活支援は、市民・住民の手で

調査の結果シルバーハウジングでは、住人同士のかかわりや地域でのネットワークが安心感の醸成に重要な鍵を握っていることが明らかとなった。

見守りや緊急時対応、生活相談、アクティビティなどは介護保険外サービスであり、「生活支援サービス」と呼ばれている。シルバーハウジングではLSA（ライフサポートアドバイザー）が行っており、有料老人ホームでは「管理サービス」などの名目で月額5万円〜7万円の設定となっている。「サービス付き高齢者向け住宅」ではこの生活支援サービスを付帯させることが義務づけられており、その費用は住人負担である。

高齢者住宅住人は、地域での交流を通じて人的サービスの不足を補うパワーをもっている。よって、生活相談やアクティビティについては地域全体の問題と捉えて、地域の人々と共に進める方がいい。見守りや緊急時対応も、地域に住む誰もが必要とするサービスである。

表7-4　市民の手による見守り・生活支援活動

名称	運営	内容・特徴
「ご近所MAP」 （川崎市宮前区）	「介護ボランティアグループ　すずの会」	地域の要援護者の助け合いマップをつくり、見守りや生活支援に役立てている。自宅開放型・ご近所ミニデイをポストの数ほどつくり、孤立しがちな高齢者、障害者、子育て中の母親等の井戸端会議の場をつくり出している。
「支え合いマップ」 （埼玉県毛呂山町）*	「住民流福祉総合研究所（木原孝久所長）」	住民同士の日ごろの交流をマップ上に書き込んで見える化し、50世帯を単位に異変があればすぐに連絡できる体制をつくって、ネットワークをもたない独居高齢者に気を配る。木原氏の呼びかけで全国各地に広がっている。
「お互いさまねっと」 （横浜市栄区）	「NPO法人　お互さまねっと公田町団地」	団地の自治会が民生委員、ボランティアと一緒に、住民の高齢化が原因で起こる問題に取り組むNPO法人を組織。団地住戸に赤外線センサーを取り付けて、動きのない時にボランティアが駆け付けるシステムをつくった。
「民生委員の支え合いマップづくり」 （沖縄県那覇市）	「那覇市社会福祉協議会」	那覇市社会福祉協議会がリードして、民生委員が担当地区の支え合いマップづくりを進めている。地域で支援を必要としている人々の存在がわかり、援助を必要とする人に的確に支援できるようになった。
若者による高齢者の生活支援 （栃木県宇都宮市）	「NPO法人　とちぎ教育ネットワーク」	引きこもりの若者たちの支援に取り組むNPOが、心の病を抱えるために就業できない若者が買物や掃除の注文を受けて高齢者宅を訪ねる生活支援システムを構築。若者は働く喜びに触れ、高齢者の孤立防止が期待されている。

*日本経済新聞2010年8月9日記事より。

日本全国で、地域のさまざまな取り組みが始まっている（表7-4）。

（2）「つどい場」は地域の資源

同じく調査では「外に出て交流や活動をしたいけれど、そういう場がない」、「通いやすく、魅力的な場がない」と感じている高齢者が多いことが明らかとなった。いつでも行けて、いつも誰かがいて話せるような「地域のつどい場」、「地域のたまり場」も、市内全域にポストの数ほど必要だろう。社会交流の場は、参加の促進要因として自宅の近くにあることが重要である［岡本ら（2006）］。

表7-5 「地域のつどい場」活動

名称	運営	内容・特徴
「福祉亭」 （東京都多摩市）	「NPO法人 福祉亭」	多摩ニュータウンの高齢化を背景に、高齢者の地域の居場所をつくろうと空き店舗を利用して食堂を開設。ボランティアによって、そうじなどの支援事業、子育て支援事業も行っている。
尾山台団地 「ふれあい食堂」 （埼玉県上尾市）	「NPO法人 ふれあいねっと」	通院介助のワゴン車を走らせたりしていた尾山台団地自治会が2010年9月にNPO法人を設立。閉店したレストランを居抜きで借りて食堂を開設した。高齢者に外に出てきてもらうことで、さりげない見守りにもなっている。
「ニューライフマンション木場」* （東京都江東区）	「ニューライフマンション木場」自治会	「築30年過ぎて高齢化も進んでいるが、隣同志を知らない人も多い」なかで、高齢者が集会室で茶を飲みながら雑談したり、ギターの弾き語りを楽しむ機会をつくっている。
金杉台団地 （千葉県舟橋市）	「NPO法人 とんぼのエコオフィス」	団地内の空き店舗にカフェを開設し、交流や高齢者向けに生鮮品の販売を行う。子どもを対象とした書道教室など、高齢者の活躍の場をつくりだしている。
「東灘地域助け合いネットワーク」 （兵庫県神戸市）	「NPO法人 東灘地域助け合いネットワーク」	阪神淡路大震災をきっかけに生まれ、阪神御影旨水館という市場の空き店舗を活用してリサイクルショップを開店し、麻雀などで高齢者が集う拠点をつくり出している。福祉車両による移送サービス、簡単な家事代行（有償）なども行う。
「茶話（さわ）やか広場」** （千葉県流山市）	「NPO法人 流山ユー・アイネット」	閉鎖した公共施設を改装し、平日の10時～16時解放している。お茶を飲みながら話したり、和室で麻雀したり、弁当を買ってきて食べる人もいる。ちょっと寄ってみるという気軽さで、高齢者の交流を広げている。
コミュニティ・カフェ社団法人	長寿社会文化協会	社団法人長寿社会文化協会（WAC）が長年提唱し続けたもので、全国に地域社会のなかでの「たまり場」「居場所」が広がっている。
「つどい場さくらちゃん」 （兵庫県西宮市）	「NPO法人 つどい場さくらちゃん」	要介護者のつどい場や外出だけでなく、介護者が集まって愚痴をこぼし、介護知識・技術を高める。西宮市からの委託を受けて、認知症高齢者の見守りサービスも行っている。

＊日本経済新聞2010年10月9日記事より。

＊＊日本経済新聞2010年8月9日記事より。

　例えば、高齢化が進むニュータウンや団地では、NPO法人や自治会などの手で見守りサービスが展開されており、新聞・テレビでもよく報道されるようになった（**表7-5**）。

多摩ニュータウンにある「福祉亭」は、NPO法人福祉亭（理事長元山隆さん）が運営する「地域のつどい場」である。

多摩ニュータウンは1971年3月に開設された日本有数のニュータウンであり、高齢化が30％を超えようとしている。初期の頃には子どもを通して形づくられたコミュニティも子どもの成長に伴って絆がなくなり、子どもの独立と共に高齢者のみの世帯が増え、商店もシャッター通りとなりつつあった。

そうしたなかで、2001年に多摩市の呼びかけで多摩市高齢者社会参加拡大事業運営協議会（高事協）が結成され、文化活動や福祉活動が継続されて高齢者の居場所づくりへと発展した。そして、2003年に「福祉亭」がオープンして翌年にNPO法人「福祉亭」となった。

多摩ニュータウンの福祉亭

福祉亭のランチタイムの賑わい

閉鎖した商店を借りて、日曜日を除く毎日、ボランティアの手でランチを500円で提供している。12時前から店内はお客様であっという間にいっぱいになり、2時、3時になっても、そのまま居残った人が将棋や碁を始めたり、女性はおしゃべりをしたりしている。営業時間は9時〜18時であるが、片づけをしていると21時を過ぎてしまうらしい。夜はお酒が目当ての客もあり、片付けながら、飲みながら、話しながら時間が過ぎていく。キープボトルも30本ほどある。

「とにかく出てきてもらうこ

とが大事だと思っています」と、元山理事長。初期からの中心メンバーの1人寺田美恵子さんは、「ほとんどがなじみ客なので、身体や心の変化がよく分かる」と言う。

　脳卒中での入院後、リハビリに励んでいる人も何人かいて、ここで話しをすることで気持ちのリフレッシュを図っている。ボランティアの人は、お客さんの事情をよく知っていて、「調子はどう？」などと声かけをして、さりげない優しさを送っている。九州から娘の家の近くに引っ越して来た人も、遅くまで話こんでいる。

　そんななかで、兵庫県西宮市にある「NPO法人つどい場さくらちゃん」は、高齢者だけでなく、介護者や介護職員などさまざまな人が「まじくる（交わる）」場をつくり出している。代表者である丸尾多重子さん（通称「まるちゃん」）は、「介護者が元気でなければ、よい地域はつくれない」と言う。おいしいものを食べながら、つらい気持ちを話し愚痴をこぼして、いつもの元気を取り戻していく。こうした「つどい場」に加えて、桜やコスモスを見に行ったり、飛行機での北海道旅行にもチャレンジする「お出かけタイ」、介護についての学びを深める「学びタイ」、認知症の人を自宅で見守る「見守りタイ（市の委託事業）」など、どんどん地域に繰り出して「まじくる介護」を展開している。

（3）高齢者住宅に「地域のつどい場」を

　高齢者住宅に「地域のつどい場」を入れ込みながら、地域に開放している住宅もある。

　2007年、川崎市（神奈川県）にできた「上布田つどいの家」である。高齢者向け賃貸住宅6戸と高齢者に限らない住戸12戸、小規模多機能型居宅介護、認知症グループホームの組み合わせである。川崎市と川崎市住宅供給公社、NPO法人、株式会社生活科学運営が連携した事業である。川崎市が土地を提供し、住宅供給公社が建物を建てて全体をとりまとめ、株式会社生活科学運営がサブリース方式で賃貸住宅として貸し出

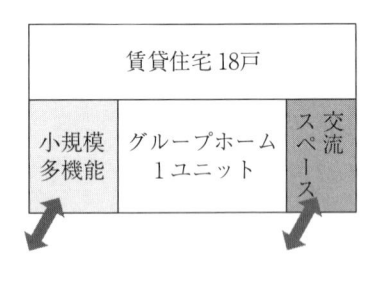

している。

　グループホームや小規模多機能型居宅介護では地元のワーカーズコレクティブが働き手として活躍している。賃貸住宅の家賃は、28㎡約7万円から55㎡約12万円まで9タイプある。小規模多機能のデイサービスにはワーカーズで働く女性の子どもが学校からの帰りに立ち寄ってお年寄りとともに時間を過ごす風景が見られる。

　1階の交流スペースで定期的に開かれる喫茶店は、地域の人々が利用する「地域のつどい場」であり、近くの作業者の若者が立ち寄って食事したりする。地域とつながりをもち、地域に根を張る仕組みを工夫した住宅は、これからの日本の高齢者住宅のあり方に一つの方向を示している（**図7-10**）。

上布田つどいの家

図7-10　上布田つどいの家

	賃貸住宅 18戸		
小規模多機能	グループホーム 1ユニット	交流スペース	

4．自治体の役割

　では、分離された住まいとケアを、住人視点に立って、面として再編していく上でイニシアチブをとるのは誰なのだろうか。

　そのキーは自治体が握っている。市町村が明確なビジョンと責任をもって、地域居住の時代における高齢者の住まいと24時間地域巡回型訪問サービスを核とした地域包括ケアの整備を進めていかなければならない。

　自治体は、まず市内マップを広げて**図7-11**のような形で人口2万〜

図7-11 人口15万人の市内を「地区」に分割

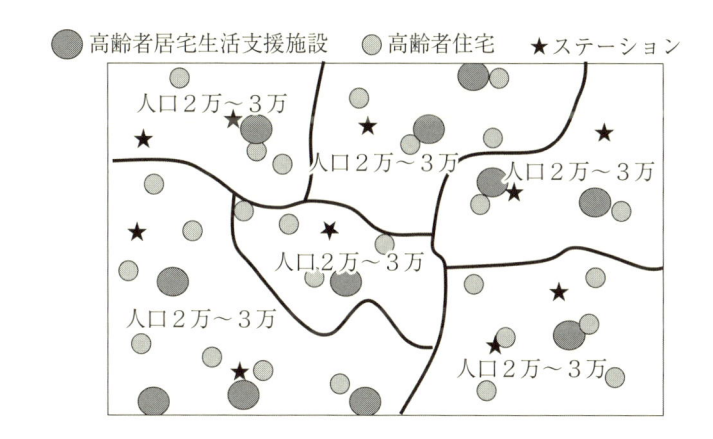

● 高齢者居宅生活支援施設　○ 高齢者住宅　★ ステーション

3万を目安に市内を地区（ディストリクト）に分け、どこに住もうがエイジング・イン・プレイスを実現できるような資源配分を行う必要がある。そして、規模や業態の異なるさまざまなプレーヤー（社会福祉法人、民間企業、NPO法人など）と十分に話し合い、それぞれのコンピタンスが活かせる資源配分ができるだけの力量をもってほしい。そして、年齢を超え、障害の種別を超え、所属部署を超えて連携し、事業者と話し合って地図を地域資源で埋める必要がある。

第3節　エイジング・イン・プレイスの近未来へ向けて

　前節では、調査結果と日本の現状を踏まえてエイジング・イン・プレイス（地域居住）に向けての提言を行った。
　第3節では、世界的なエイジング・イン・プレイス（地域居住）の文脈より日本の到達点を確認する。そして現実の拘束要件をしばし忘れ、20年、30年の年月をかけて取り組みたい「近未来ビジョン」の物語を描

いてみたい。

日本の到達点

94ページのエイジング・イン・プレイスの概念図に戻ろう。エイジング・イン・プレイスは「住まいとケアの分離」をその手段として進められるが、その先にあるのは分離した「住まい」の普遍化、「ケア」の総合化、さらに両者を地域でどのように再統合していくかという課題である。

オランダでは「サービス・ゾーン」構想によって高齢者や障害者などターゲット層を特定しない、そして生まれてから死ぬまでの居住継続を視野に入れた住まいづくり、ケアと福祉の提供、まちづくりによってエイジング・イン・プレイスの新しいステージへと挑戦を進めている。また、デンマークでは高齢者住宅の公営住宅への一元化、年齢や障害の種別にこだわらない普遍的な地域ケアを福祉地区ごとに展開している様子を伝えた。

両国で進められているのは、すべての国民の自立生活を保障する「生涯住宅」であり、それは住む人を高齢者に特定した「高齢者住宅」を超え、普遍的な住宅づくりとまちづくりのレベルへと進化している。

デンマーク国立建築研究所のゴッシャルクがいうように、「いくら優れた高齢者住宅を建築しても、既存住宅のストックにおいて高齢者・障害者が住み続けられない住宅が多ければ、それは意味のない戦略」なのである。彼らは住人を特定する「高齢者住宅」の枠組みを超えて、「脱高齢者住宅」のステージへと進んでいる。

またケアについては、「住まいとケアの分離」を明確に進め、医療・看護・介護だけではなく、見守り、緊急対応、アクティビティ、権利擁護なども含めた「福祉サービス」へと拡大して、地域に住む人々の誰もが利用できるソーシャル・サービスとして提供している。

彼らは「ケア付き住宅」を超え、「ケア付き地域」からさらに進んで

「福祉サービス付き地域」のステージを歩んでいる。

このようなオランダ、デンマークの姿と日本の現在を比べてみると、われわれは今、どのあたりにいるのだろうか。ようやくエイジング・イン・プレイスの概念図（94ページ）で中央くらいの★印が付いた「〈分離〉」を目指し始めたばかりではないだろうか。しかしながら、その先のエイジング・イン・プレイスのゴールには、分離した「住まい」と「ケア」の地域での〈再統合〉という新たな段階がある。

われわれはどのような形で、「住まい」と「ケア」の〈再統合〉を狙えばよいのか。

20年、30年をかけて取り組むべき「近未来」とはどんな世界だろうか。

「脱施設」から「脱高齢者住宅」へ

まず、エイジング・イン・プレイスの文脈に沿って、「高齢者住宅」へと向かうわれわれの前に、「脱高齢者住宅」というワンダーランドを設定したい。

持ち家政策を中心に、公営住宅を救貧対策として位置づけるデュアリスト・モデルの住宅政策をとってきた日本においては、荒唐無稽ともいわれかねないビジョンであるが、仮に次のようなシナリオを設定しよう。

①さまざまな高齢者の住まい類型を整理する（「住まい＋ケア」の視点より）。
②さまざまな類型を「高齢者住宅」として一元化する。
③高齢者が住む公社・公団住宅を「高齢者住宅」へ組み入れる。
④それらを「生涯住宅」へ組み入れて一元化する。

さまざまな高齢者の住まいとは、シルバーハウジング、高優賃、高専賃、高円賃、有料老人ホーム、グループホーム、介護保険3施設などであり、これらを一元化する（②）ためには「住まい＋ケア」の枠組みで

整理（①）していく必要がある（**表7-6**）。賃貸借権の確立、居住権の保障ができていない点については注意を要するが、幸い、介護保険3施設でも2005年10月より居住費（ホテル・コスト）の徴収が始まり、グループホームは当初より家賃を徴収していて「住まいとケアの分離」は形式上できている。

表7-6から明らかなように、介護保険3施設、軽費老人ホーム（ケアハウス）、グループホームには、住宅としての明確な根拠法が存在しない。「特別養護老人ホームの設備及び運営に関する基準」（省令）、「軽費老人ホームの設備及び運営に関する基準」（省令）に構造設備や運営についての一般原則が述べられているのみである。実際に特養では長期入院に伴う退去要件が設定されているなど、居住費を払っていても居住権は保障されていない。これらに住宅法としての根拠を与えることは、有料老人ホームを「サービス付き高齢者向け住宅」として「高齢者住まい法」に組み入れていくことと同様に重要である。もちろん、その法的根拠が「高齢者住まい法」であるかどうかは別問題である。

このように整理を行うと、ある一定の法律のもとでの一元化（③）のプロセスが見えてくる。このあとは、現在バラバラで規定されているハード面のスペック、ファイナンス、運営指針、住人の権利保障などについての統一を図る。

次に、日本においては高齢者向け住まいの割合が少ないことは「国土交通省成長戦略（平成22年5月17日）」でも触れられており、「2020年までの10年間で高齢者人口に対する高齢者向けの住まいの割合を欧米並み（3～5％）とする」とうたわれている。特に、自立型高齢者住宅の不足については筆者が前著より主張し続けているテーマであるが、上記「国土交通省成長戦略」でいう3～5％は介護型も含めた数値である。

よって、現実問題として、高齢者施設の整備率が4.5％であるのに対して自立型では0.5％とあまりに低位であるため（204ページ）、高優賃や高専賃のみによってこれを整備していくことはなかば不可能に近い。

表7－6　高齢者の住まいに関する「住まい＋ケア」根拠法

	住まい	ケア（介護保険法）
公営住宅（高齢者が居住）	公営住宅法	訪問介護・通所介護など 小規模多機能型居宅介護
公社住宅（高齢者が居住）	地方住宅供給公社法	
機構住宅（高齢者が居住）	独立行政法人都市再生機構法	
シルバーハウジング	公営住宅法	（居宅サービスなど）を利用
高齢者優良賃貸住宅 高齢者専用賃貸住宅 高齢者円滑入居賃貸住宅	高齢者住まい法	小規模多機能型居宅介護 訪問介護・通所介護 特定施設入居者生活介護
有料老人ホーム	老人福祉法	
	高齢者住まい法*	特定施設入居者生活介護
グループホーム	老人福祉法	
	―	認知症対応型共同生活介護
軽費老人ホーム（ケアハウス）	老人福祉法	
	―	特定施設入居者生活介護
特別養護老人ホーム	老人福祉法（第一種社会福祉事業）	
	―	介護老人福祉施設
老人保健施設	―	介護老人保健施設
介護療養型医療施設	―	介護療養型医療施設

*有料老人ホームを「サービス付き高齢者住宅」として登録し再編する「高齢者住まい法」の改正が、2011年4月27日参議院本会議で可決され成立した。

　そこで、公的賃貸住宅[★10]にも高齢者の独居・夫婦世帯が多い（74万世帯、2006年）ことに着目して、これらを広い居住面積と一般住宅と変わらない設備を特徴とする自立型高齢者住宅の前駆体と見なし、建て替え・改築によって自立型高齢者住宅の整備率を上げていくことを考えた。これは、高齢者住宅が一般住宅のクオリティに大きく近づくことにもつながると同時に、一般住宅のバリアフリー化にも一石を投じるものとなる。

★10　公営住宅（市営住宅、県営住宅）、特定優良賃貸住宅、公社住宅（県住宅供給公社が提供する住宅）、ＵＲ住宅（都市再生機構が提供する住宅）など4種類からなる。

独居で、自立生活は可能であるが身体状況や生活に不安のある人たちが最期まで住める配慮のある住まいは、障害者にも、中途障害の人にも、子どものいる家庭にも、すべての一般家庭に優しい住まいである。

このように、対象を高齢者に限定しない公的賃貸住宅のバリアフリー化が、「バリアフリー住宅の普遍化」への突破口となって、年齢や障害の種別を超えた、生まれてから死ぬまでの過程を支える「生涯住宅」の基盤となる（④）。

2035年には、高齢者住宅、公的賃貸住宅、一般住宅を包括的に規定する「生涯住宅法」ができていてほしい。これらの住宅では住宅のクオリティはもとより、市場家賃との整合性ある家賃設定とアフォーダビリティの確立によって、国民誰もが住める権利が保障されている。

「ケア付き高齢者住宅」から「ケア付き地域」[★11]へ

次に、「住み慣れた地域で最期まで」の居住を支えるために、「住まい」から分離された「ケア」は未来に地域でどのように〈再統合〉されるのだろうか。

分離した「ケア」を地域展開することなく再び高齢者住宅に付帯させたのでは、「特定の場所に行かなければケアが受けられない」という施設の過ちを繰り返すことになる。

「ケアは住まいに付く」のではなく、「ケアは人に付く、地域に付く」。

ここでは、小山剛氏（総合高齢者施設こぶし園施設長）の「ケア付き地域」の用語を拝借したい。そして地域に住む誰もがニーズに合わせて必要なケアを24時間・365日にわたって利用しながら最期まで、その人らしく生きることを支えるための基盤として、市内を人口2～3万人前後の単位で分割した地区（ディストリクト）を提案したい。ここでは、各種専門職の連携とともに、家族や友人・知人、ボランティアやNPO法人によって編み込まれる人のつながりやネットワークがきわめて重要な要素となる。

〈ディストリクト（地区）〉

　仮にこの地区（ディストリクト）を、人口２〜３万人を目安とする地域包括支援センターの圏域と重なる形で設定する。中学校区よりやや大きく、住民同士や専門職同士の顔の見える関係が構築されている。首都圏ならば半径１〜２km圏内に十分収まるほどのエリアで、端から端まで歩いても20分はかからない。

　人口40万人の自治体Mを想定して、そのなかに地域包括支援センターと重なる人口2.5万人の地区を16地区置く。2035年、高齢化率は33.7％[12]で、一地区には65歳以上高齢者が8,500人住んでいる。

　「最期までの居住」を支えるために、24時間地域巡回型訪問サービスが整備されているとして、この地区一つにどれほどの福祉資源が必要だろうか。主として、デンマークの地域資源（175ページ）を参考にして描いてみた（表７−７）。参考のために2008年の実態と「社会保障国民会議　第二分科会（サービス保障（医療・介護・福祉））中間とりまとめ」（平成20年６月19日）の予想を付け加えた。

〈地区内の高齢者住宅〉

　まず地区内には、425戸の介護型高齢者住宅（高齢者人口の５％）と425戸の自立型高齢者住宅があるが両者は一つの法律のもとに賃貸住宅として一元化されている。50戸〜100戸規模のものが地区内に分散しており、希望すれば自宅から徒歩圏内の住まいへの引っ越しが可能である。

　残念ながら多床室の介護保険施設は約40戸（10％）残っているが、自立型高齢者住宅には民間賃貸住宅、公的賃貸住宅、シニア分譲マンション、コミュニティ・ハウスなど多様な種類があり、一般集合住宅との区別がつきにくい状況である。自立型高齢者住宅住人も長く住むうちに介

---

[11]　小山剛氏の用語である。
[12]　国立社会保障・人口問題研究所「日本の将来推計人口（平成18年12月推計）」。

表7-7　人口2.5万人地区の地域資源　2035年 vs 2025年 vs 現状

		2035年（松岡）	2025年（国民会議）	現状（2008年）
人口		25,000人	25,000人*	25,000人
高齢者人口		8,500人	7,500人	5,250人
高齢化率		33.7%**	30.0%	21.0%
介護型高齢者住宅		425戸（5%）	455（6%）	210戸
自立型高齢者住宅		425戸（5%）	0戸	0戸
訪問介護利用者	総数	1,500人（17%）	900人（12%）	152人（2.9%）
	日中	320人／日〈53人〉***	―	―
	夜間	240人〈15人〉***	―	―
	深夜	15人〈2人〉***	―	―
デイサービス		4か所	―	194人／月
ショートステイ		10ベッド	―	のべ56人／月
訪問看護師		4人	―	―
医師		0.6人	―	―
OT・PT		4人	―	―
小規模多機能		1ヶ所	―	―
緊急コール		1,500人（17%）	―	―
地域のつどい場		4ヶ所	―	―

*社会保障国民会議試算では人口5万人を想定しているが、比較のため2.5万人として置き換えた。
**高齢化率は、「日本の将来推計人口（平成18年12月推計）」に依った。
***〈　〉内は職員数である。

護度が高くなり、その85％近くが訪問介護を利用している。

　高齢者住宅の1階スペースには24時間地域巡回型訪問サービスに加えて、地区の共有資源であるデイサービス、ショートステイ、NPO法人によるつどい場が運営されており、地域の誰もが利用でき、地域の人々の安心のシンボル的存在となっている。

〈24時間地域巡回型訪問サービスと地域の資源〉

　訪問介護は市内全域において24時間体制で提供され、利用者は地区に1,500人いる。高齢者の17％にあたる。そのうち、日中（7時〜15時）利用者は1,300人、夜間（15時〜23時）は240人、深夜（23時〜翌7時）は15人である。訪問介護利用者のすべてが緊急コールを利用し、コール用のボタンをペンダントとして首から下げているか、腕時計タイプのものを腕に付けている。

　日中利用の1,300人は毎日利用するわけではないので、1日の利用者は320人である。よって職員53人が6〜7人からなる8チームに分かれて巡回する（1職員は利用者6人を担当）。移動手段は自転車であるので、移動の際にもさりげない見守りが行える。

　夜間の利用者は240人で、毎日の利用者である。一晩15人の職員がサービス提供にあたる。一人で16人を担当し、のべ25回前後の訪問を行う。

　深夜の利用者は15人と少なく、職員（介護士）2人で担当する。これに加え、地区の境界を超えて市内全域を8人の看護師が緊急時に備えている。深夜は介護型住宅に看護師がいないので、介護型住宅にも臨時訪問を行う。

　M市では23年前（2012年）、24時間体制を整えるには、1地区で交替要員も含めて140人のヘルパーが、全市では2,240人のヘルパーが必要であるとおおまかな試算をした。その時点で150社に3,000人のヘルパー、介護福祉士がいた。単純計算しても、1地区に9社187人が存在することとなる。工夫次第で24時間ケアは不可能ではないと判断し、各事業者に24時間ケアについての意向と担当地域、時間帯の希望などを尋ねた。深夜ケアのノウハウをもつ事業者の新規参入を促進し、職員と利用者とのなじみの関係、事業の継続性、意向を尊重して、市の介護保険課が各地区における基本的な事業割り当てを行った。利用者が事業者を選択できる可能性も考慮した。

　同じく23年前（2012年）、訪問看護は25事業所あり、100人の訪問看護

師がいた。「事業所から2〜3km内」という地域密着の事業所が多数派であったため、1地区6人を目安に、得意領域も考慮しながら地区を超えたゆとりある圏域設定で事業所ごとの担当地域を設定していった。

家庭医については、在宅療養支援診療所の医師を10人確保することとした。2035年には、ノウハウが蓄積され訪問看護師が医師の指令のもと、24時間体制で地域を巡回しているので、医師が夜以降に出動することもない。

重度の要介護者は、24時間地域巡回型訪問サービスによって1日数回の訪問介護を受けることができ、また緊急コール体制も整っているので安心である。しかし、特に留意したのは、いつでも気軽に歩いていける「地域のつどい場」の開設である。自宅開放なども含め、社会福祉協議会、NPO法人などが1地区に4ヶ所の「地域のつどい場」を運営している。

〈ご近所マップで見守り〉

「地域のつどい場」は高齢者だけでなく、障害者や子育て中のお母さんと子ども、小学生など誰でも井戸端会議感覚で立ち寄れる場所である。

M市では、「地域のつどい場」を拠点にして、運営にあたるNPO法人と町内会が力を合わせて、地域の高齢者宅を回って困り事や心配事を尋ねる「生活おたずね隊」を結成している。各地区が連絡協議会をつくって、市内全域に安心と「地域のつどい場」を広めている。

誰と会っても笑顔であいさつし、認知症の高齢者が散歩していれば、さり気なくエスコートして探している人に連絡する。家に帰っても1人で時間をもてあましている小学生や、学童クラブがあまり好きでない子どもが、おやつ目当てに毎日寄れる場でもある。「近未来」はかなりアナログな世界である。

今、われわれは、「高齢者住宅」への取り組みを始めた。おぼろげではあるが24時間地域巡回型訪問サービスも法制化されようとしている。

施設を高齢者住宅へ置き換えようとする取り組みは、高齢者を生活の主体と捉え、全市民に門戸を開いて居住権を保障し、自立支援を目指すニーズ・アセスメントに基づいたケア提供を目指すものであり、大きな進歩である。24時間地域巡回型訪問サービスも、夢に見た制度の実現である。

　しかし、高齢者を長い人生を歩んできた先輩として敬愛し、生活や人生の主役として彼らの自己決定に耳を傾けているだろうか。住まいは「住宅」と呼ぶにふさわしいクオリティを備えているだろうか。家賃は市場価格と整合性があり、アフォーダビリティはあるだろうか。訪問介護サービスは市内の全域に広がっているだろうか。原因のいかんを問わず、年齢を問わず、所得を問わず、ニーズがあればサービス提供を受けることができるだろうか。

　こんな疑問に答えながら、われわれの「近未来ビジョン」を見極めれば、今すべき努力の方向性が見えてくる。

　オランダにおいても、デンマークにおいても、その改革は何十年という歳月をかけて取り組んできたものである。そこには国民の主張があり、価値観や利害の異なるサービス提供組織には全体的統一のためには少し引いてコンセンサスに協力するという面があった。そうした人間同士の信頼感に基づきながら、不都合があれば改善すればいいという楽観主義もあった。

　日本も、その一歩を歩み始めたと考えればいい。そのために、利用者は主体としてもっと「賢くうるさい利用者」にならなければならない。また、「自立」の裏側にある「孤独」に耐える覚悟をしなければならない。事業者は過去の成功や制度にぶら下がらず、あるべき姿を追求して「制度を創造する」ほどの気概をもつべきである。そして、そうした事業者とともに利用者が話し合い、育て上げ、共によいサービスと地域社会をつくっていかなければならないだろう。その時、行政、政治家が果たすべき役割はあまりにも大きい。

20年、30年先を見据えた未来ビジョンを、事業者、政治家、行政が、利用者ともども共有するための話し合いを始める時期にきている。

あとがき

　長い長い物語に、やっと終止符を打つことが出来た。
　みなさん、ありがとうございました。そんな気持ちでいっぱいである。
　本書は、博士論文（2007年度）の骨格を活かしながらも、追加調査や文献レビューによって大幅な加筆訂正を加えたものである。というのも、財団法人　住宅総合研究財団より2008年度出版助成をいただけることとなり、大幅な書き直しを行ったのである。
　まず、「エイジング・イン・プレイス（地域居住）」をテーマとするからには、各国の実態を自分の目で確かめる必要があった。また、日本の高齢者の住まいとケアに関する制度改革も想像を絶する速さで進んでいた。高齢者住宅の定義も現実に即したものにしなければならないし、新しく調査を加えて、高齢者住宅からの退去実態についても分析する必要があるだろう、などが重なって、大幅に遅れることとなってしまった。
　しかしながら、イギリスのシェルタードハウジングやオランダの生涯住宅をこの目で見て、その住居の質の高さを確認できたことは、「日本の常識が世界の非常識」であることを確認できたという意味で、非常に意義のあることであった。特にオランダへは複数回訪問し、本書で紹介しているNPO法人ヒューマニタスの協力を得て在宅ケアの様子なども同行観察させていただけた。何よりも、「地域居住」のゴールともいえる「サービス・ゾーン」発想をアムステルダムの人口島アイバーグで確認できたことは、デンマークとの共通点を確認しながら日本の立ち位置と今後について考える上で非常に参考になった。
　また、高齢者住宅からの退去の実態については、2008年末SBI（国立デンマーク建築研究所）のゴッシャルク（Goschalk）先生の下（もと）で客員研究員として滞在させていただき、近くの高齢者住宅に通って聞きとり

調査をさせてもらった。

　もちろん、これに先立ち2006年に行ったデンマークと日本の比較調査においては、ここでは書ききれないほどの温かい理解と協力を両国からいただいた。デンマークの回答からは、質問項目の多いアンケートに家族・友人やヘルパーさんに手伝ってもらいながら回答してくださった様子が伝わってきた。三宮由起子さん、マイヤー和子さんの協力がなければ調査は完了しなかっただろう。日本の調査では、神戸市高齢福祉課と、株式会社生活科学運営より全面的なご協力をいただいた。

　論文をご指導くださった浅野仁先生（関西学院大学名誉教授）には、研究のあり方について骨太なアドバイスを要所要所でいただき導いていただいた。また、落合明美さん（財団法人高齢者住宅財団）には第5章に目を通していただき、ていねいなご教示をいただいた。

　最後になったが、本書は財団法人住宅総合研究所の2008年出版助成を受けて出版される。平成22年度科学研究費　基盤研究（C・一般）による調査研究成果も入れ込んだ。住宅総合研究所と出版を引き受けて下さった新評論社長武市一幸氏に、記して御礼を申し上げる。

　私は2009年4月より東京家政大学で特任講師として教壇に立っている。心あたたかい先生方と学生に囲まれ、すばらしい教育・研究環境をいただいていることにも感謝したい。我が家では子どもたちも大きくなり、4人家族が3地域での分散居住をしている。夫の理解と支援には、心からの感謝の言葉を贈りたい。また、原稿完成に時間がかかり、追加と修正の多い私に辛抱強く付き合ってくださった、編集の青柳康司さんにも御礼を申し上げる。

　みなさん、本当にありがとうございました。

2011年2月

松岡洋子

アンケート調査票

プライバシーの保護について

○ このアンケートへの協力は強制ではありません。もし回答していただけない場合でも、皆様が不利になることは一切ありません。
○ 個人情報の保護については十分な注意を払います。また、コンピュータで統計処理されるため、個人が特定されることはありません。分析が終了したあとは廃棄いたします。

健康について

問1 以下の各質問について、当てはまる欄に○をつけてください。

	1. はい	2. いいえ
1～3：ADL		
4～8：IADL		
9～12：知的能動性		
13～16：社会的役割		

1) 一人で、歩くことができますか？
2) 一人で、階段の昇り降りができますか？
3) 支えなしで、椅子から立ち上がることができますか？
4) バスや電車を使って一人で外出できますか？
5) 日用品の買物ができますか？
6) 自分で食事の用意ができますか？
7) 請求書の支払いができますか？
8) 銀行預金・郵便貯金の出し入れが自分でできますか？
9) 年金などの書類が書けますか？
10) 新聞を読んでいますか？
11) 本や雑誌を読んでいますか？
12) 健康についての記事や番組に関心がありますか？
13) 友達の家を訪ねることがありますか？
14) 家族や友達の相談にのることがありますか？
15) 病人を見舞うことがありますか？
16) 若い人から自分から話しかけることがありますか？

社会面について

問2 ご家族についてお聞きします。当てはまる番号に○を入れてください。
1) 子どもさんはおられますか？
   1. いいえ → 4) へ
   2. はい
2) 別居の子どもさんとは、どれくらい電話で話しますか？
   1. 毎日
   2. 週に数回
   3. 月に数回
   4. 年に数回
   5. 電話しない
   6. 別居のこども、はいない
3) 別居の子どもさんとは、どれくらい会いますか？
   1. 毎日
   2. 週に数回
   3. 月に数回
   4. 年に数回
   5. 会わない
   6. 別居のこども、はいない
4) よく会う親戚とは、どれくらい会いますか？
   1. 毎日
   2. 週に数回
   3. 月に数回
   4. 年に数回
   5. 会わない
   6. 親戚はいない

問3 高齢者住宅の住人との交流についてお聞きします。該当の番号に○をつけてください。
1) 高齢者住宅の中にあいさつだけでなく、世間話をせねばならない人はいますか？
   1. います
   2. 少しいます
   3. あまりいません
   4. いません
2) 高齢者住宅の中に友人はいますか？
   1. います
   2. 少しいます
   3. あまりいません
   4. いません

問4 住宅のまわりの地域の人とのお付き合いについて、お尋ねします。
1) 地域には、あいさつだけでなく、世間話をする人はいますか？
   1. います
   2. 少しいます
   3. あまりいません
   4. いません

あなたのお気持ちと、今お住いの住宅での暮らしについて

問5 各項目について、当てはまる欄に〇を入れてください。

	1. 当てはまる	2. どちらかといえば当てはまる	3. どちらかといえば当てはまらない	4. 当てはまらない
1) ここ(今の住い)で最期まで暮らしたい				
2) 高齢になった時、ここに住み続けられるかどうか不安だ				
3) 施設には、絶対引っ越ししたくない				
4) ここへの引っ越しは、自分で決めた				
5) ここに引っ越したこと(または、ここに住み続けていること)は、重要な選択だった				
6) 私は苦労をしても、自由きままに生きたい				
7) 自立のために努力するより、十分なケアを受けたい				
8) できるだけ自分の力でする(できる)ことは、生きがいにつながる				
9) 身のまわりのことは、できるだけ自分でしようとしている				
10) どちらかといえば、私は依存して生きたい				
11) 適切な介護は能力の衰えにつながる、と思う				
12) 駅や店が近くにある環境に住んでいる				
13) 年をおいても、いろいろな可能性に挑戦しようとしている				
14) 老後の安心感は医療に基盤がある、と思う				
15) 医療サービスは、できるだけ十分に受けたい				
16) 近くに誰かがいるという安心感を感じている				
17)「緊急時にすぐに来てくれる」安心感を感じている				

	1. 当てはまる	2. どちらかといえば当てはまる	3. どちらかといえば当てはまらない	4. 当てはまらない
18) 介護サービスの提供量には、限度があると思っている				
19) 家を出て、できるだけ気持ちを外に向けるようにしたい				
20) 人と会い、話をすることは楽しい				
21) 1日誰とも話をしない時がある				
22) できるだけ活動に参加して、人と交流するようにしている				
23) 人とよい関係を保つには、ほどほどにつきあうことが重要				
24) 今住んでいる場所は、昔からなじみのあるところである				
25) 今住んでいる場所は、不便れた土地である				
26) 地域に知人がいることは、安心感につながる				
27) 本当のことを言えば、子ども家族と一緒に暮らしたい				
28) 子どもには、介護などで負担をかけたくない				
29) 自分の希望に反していても、家族が決めたことになら従うほうがよいと思う				
30) 家族・子どもに会うと、大きなしあわせを感じる				

アンケート調査票　339

住居・引越しについて

問6　今お住まいの住宅について、当てはまるところに○をつけてください。

	1. はい	2. いいえ
1) 身体に障害があっても、暮らしやすいように配慮されていますか？		
2) プライバシーが確保されていますか？		
3) 住宅(施設)に、いつでも誰かによるような交流の場はありますか？		
4) 住宅(施設)に、食堂(レストラン)はありますか？		
5) 自分の住戸は、自由にしつらえできますか？(家具配置や装飾)		
6) 緊急時の連絡はできますか？		
7) 商店は近くにありますか？		
8) 電車の駅／バス停が近くにありますか？		
9) あなたの家(部屋)に、専用トイレはありますか？		
10) あなたの家(部屋)に、専用風呂はありますか？		
11) あなたの家(部屋)に、専用キッチンはありますか？		
12) 住宅に、昼間職員が常駐していますか？		
13) 住宅に、夜間(深夜も)職員が常駐していますか？		
14) 住宅に、介護をしてくれるスタッフが常駐していますか？		

問7　今の住いに、何年間住んでいますか？　数字を書き入れてください。
　　　　　　　　　年

問8　今の住宅への引っ越しについてお答えください。
　　引っ越す前はどこに住んでいましたか？番号に○をつけ、町や市の名前を書いてください。
　　　1. 所内　⇒　(　　　　　　)町に住んでいました。
　　　2. 市外　⇒　(　　　　　　)市に住んでいました。
　　　3. 県外　⇒　(　　　　　　)県、(　　　　　　)市に住んでいました。
　　1) 以前の住いと今の住いは、どれくらい離れていますか？
　　　1. 徒歩で　約(　　)分
　　　2. 車で　　約(　　)時間(　　)分

幸福感について

問9　次の(1)〜(12)について、あなたの気持ちに一番近い項に○を入れてください。

	1. そう思う	2. どちらかといえばそう思う	3. どちらかといえばそう思わない	4. そう思わない
1) 人生は年をとるにしたがって、悪くなる				
2) 去年と同じように元気だ				
3) さびしいと感じることがある				
4) 小さいことを気にするようになった				
5) 若い時と同じように幸福だ				
6) 年をとって役に立たなくなった				
7) 気になって眠れないと思うことがある				
8) 生きていても仕方がないと思うことがある				
9) 今の生活に満足している				
10) 悪いことが沢山ある				
11) 物ごとをいつも深刻に考える				
12) 心配ごとがあるとおろおろする				

サービス（介護保険）生活支援、交流、地域について

問10 安否確認などの生活援助サービスについて、お聞きします。
利用しているサービスを全てに○を入れてください（○はいくつでも結構です）
1. 安否確認
2. 生活援助
3. 緊急アラーム
4. その他（　　　　　　）

問11 利用している介護・看護サービスについて、お聞きします。
利用しているサービスを全てに○を入れてください（○はいくつでも結構です）
1. そうじ
2. 洗濯
3. 買物
4. トイレ介助
5. 入浴介助
6. 食事介助
7. 訪問看護
8. 配食サービス
9. 送迎・移動の援助
10. その他（　　　　　　）

問12 利用・参加している活動・行事はありますか？それぞれについて、当てはまる欄に○を入れ、その会の名前を教えてください。他にも参加されているものがあれば、5、6、7)にお書きください

	1.毎日	2.週に2～3回	3.週に1回位	4.月に1回位	5.年に数回	6.利用していない	利用・参加しているその場合は、その会の名前などをお書きください
1)近所で行われる行事							⇒
2)趣味活動の会など							⇒
3)茶話会・ふれあい喫茶							⇒
4)ふれあい食事会など							⇒
5)生きがい対応型デイサービス							⇒
6)デイサービス（介護保険）							⇒
7)その他							⇒

あなた自身についてお聞きします

問13 当てはまる番号に○を書いてください　[　]には数字・文字を記入してください。

1) 現在、何才ですか？　[　　]才
2) 性別　1. 男性　2. 女性
3) どなたとお住まいですか？
　1. 一人で　2. 配偶者と　3. 子どもと
　4. その他（どなたですか　　　　　　）
4) あなたのお住いは、下のどれに当たりますか？
　1. シルバーハウジング
　2. 高齢者向け優良賃貸住宅（高優賃）
　3. 有料老人ホーム
　4. ケアハウス
　5. ご自宅
　6. その他[　　　　　　]
5) あなたの住宅に名前がある場合は、その名前をお知らせください。
　[　　　　　　]
6) 収入の状態はいかがですか？
　1. 良い　2. どちらかといえば良い　3. どちらかといえば悪い　4. 悪い
7) 介護保険の認定を受けていますか？
　1. 受けている　→8)へ
　2. 受けていない
8) 要介護は下のどれですか？（○は一つ）
　1. 非過渡的要介護（平成18年4月前に（要支援）と認定されていた方）
　2. 要支援1
　3. 要支援2
　4. 要介護1
　5. 要介護2
　6. 要介護3
　7. 要介護4
　8. 要介護5
　9. わからない

○これでおしまいです。長い間調査にご協力くださいましてありがとうございました！
○記入もれがないか、今いちど、ご確認くださいますと幸いです。

参考文献一覧

Andersen, B.R.（1999）. *Ældrepolitik på afveje*. Copenhagen: Fremad

Archeley, R. C.（1989）. A Continuity Theory of Normal Aging, *The Gerontologist*, 29（2）, pp.183～190

浅川澄一（2007a）『高齢者介護を変える高専賃＋小規模型介護』筒井書房

浅川澄一（2007b）「住まいと介護一体運営」（2007.11.27）『日本経済新聞（夕刊）』11ページ

浅野仁、田中荘二編（1993）『明日の高齢者ケア5：日本の施設ケア』中央法規

浅野仁・谷口和江（1981）「老人ホーム入所者のモラールとその要因分析」『社会老年学』（14）、36～48ページ

浅野仁、牧野正憲、平林孝裕編（2006）『デンマークの歴史・文化・社会』創元社

安藤孝敏（1994）「地域老人における転居の影響に関する研究の動向～転居後の健康と心理的社会的適応を中心に～」『老年社会科学』16-1、59～65ページ

安藤孝敏、古谷野亘、矢富直美、渡辺修一郎、熊谷修（1995）「地域老人における転居と転居後の適応」『老年社会科学』（16-2）、172～179ページ

井上光代（2006）「第2章　福祉国家デンマークの歴史像」『デンマークの歴史・文化・社会』創元社、114～120ページ

Ball, M. M., Whittington F. J., Perkins M. M., Patterson V. L., Hollingsworth, C., King, S. V., Combs, B. L.（2000）. Quality of Life in Assisted Living Facilities: View points of Residents, *The Journal of Applied Gerontology*, 19（3）, pp.304～325

Ball, M.M. et.al.（2004）. Managing Decline in Assited Living :The key to Aging in Place, *Journal of Gerontology: SOCIAL SCIENCES*, 59B（4）, pp.S202～S212

Butler, A., Oldman, C., Breve J.,（1983）. *Sheltered Housing of the elderly: policy, practice and the consumer*. London: National Institute Social Services Livrary No. 44, GEORGE ALLEN & UNWIN.

Callahan J.J.（1993）. Introduction: Aging in Place, In Callahan, J. J., Jr.,（Eds）. *Aging in Place*. pp.1～4. New York : Baywood Publishign Company, Inc.

Carp. F. M.（1976）. Short-term and long-term prediction of adjustment to a new environment, *Journal of Gerontology*, 29,pp.444～453

Chapin, R., Dobbs-Kepper, D.（2001）. Aging in Place in Assisted Living: Philosophy Versus Policy, The Gerontologist, Vol.41, No. 1, pp.43～50

Cutchin, M. P.（2003）. The process of mediated aging-in-place: a theoretically and empirically based model, Social Science & Medicine, 57, 1077-1090.

地域包括ケア研究会（2009）『地域包括ケア研究会　報告書　～今後の検討のための論点整理～』三菱UFJリサーチ＆コンサルティング

地域包括ケア研究会（2010）『地域包括ケア研究会　報告書』三菱UFJリサーチ＆コンサルティング

Coolen, J.A.I.（eds.）（1993）. Changing care for the elderly in the Netherlands: Experiences and Research Findings from Policy Experiments, Assen: Van Gorcum

Daatland, S. O. eds.（2000）. *Future Housing for the Elderly :Innovations and Perspectives from the Nordic Countries*, Copenhagen; Nord Building and Housing

Demeyer,（2000）. Lifetime housing in the Netherlans. In Winter, S.（eds.）, *Lifetime Housing in Europe*, Proceedings of the European Seminar and Coloquium 'Living Tomorrow Starts Today. Leuven, 4-5 December 2000'

Faulk, L.（1988）. Quality of life factors in board and care homes ofr the elderly: A hierarchical model. Adult Foster Care Journal, 2（2）, 100-115

Fich, M., Mortensen, P.D., Zahl, K.,（1995）. *Old Peoples Houses*. Copenhagen: Kunstakademiets Forlag, Arkitektskolen.

Fogel, B. S.（1993）. Psychological Aspects of Staying at Home. In Callahan, J. J., Jr.,（Eds）. *Aging in Place*.pp.19～28. New York : Baywood Publishign Company, Inc.

藤田綾子（1995）『超高齢社会は高齢者が支える：年齢差別（エイジズム）を超えて創造的老い（プロダクティブ・エイジング）へ』大阪大学出版会

Gitlin, N. L.（2003）. Conducting Research on Home Enviromenents: Lessons Learned and New Directions, *The Gerontologist*, 43（5）,pp.628～637

Goffman, E,（1961）. Asylums, Doubleday & Company.（＝1984、石黒毅訳『アサイラム』誠信書房）

権藤恭之、ほか（2005）「超高齢期における身体的機能の低下と心理的適応～板橋区超高齢者訪問悉皆調査の結果から～」『老年社会科学』27-3、327～337

ページ

Golant, S. M., (2008). "Irrational Exuberance for the Aging in Place of Vulnerable Low-Income Older Homeowners", *Journal of Aging & Social Policy*, 20 (4), pp. 379-397

Golant, S. M., (2003). "Political and Organizational Barriers to Satisfying Low-Income U. S. Seniors' Need for Affordable Rental Housing with Supportive Services, Journal of Aging & Social Policy, 15 (4), pp. 21-48"

Gottschalk, G. (1993). Danish Case Study: Modernization and adaptation of Pensioners Flats in Copenhagen, Gottschalk, G. & Potter, P. (Eds.), *Better Housing and Living Coditions for Older People: Case Study from Six European Cities*, Copenhagen: SBI

Gottschalk, G. (2000a). Hosing and Supportive Services for Frail Elders in Denmark, in Pacolet, J., Bouten, R., Lanoye, Versieck, K.. (eds) (2000). *Social protection for Dependency in Old Age: A study of the 15 EU Member States and Norway*, England; Ashgate, pp.19〜44

Gottschalk, G. (2000b). Study of the well-being of older people in co-housing. Hansen, E. B., Gottschalk, G., Jensen, S. P. (Eds.), *AEldre I bofaellesskab*, pp.126〜131, Copnehagen: AKF & SBI

Hansen, E. B., Platz, M. (1997). Factors Influencing the Well-being of Elderly people in Denmark. 9 *Nordiske socialpolitiske forskerseminar in Koege*

Hansen, E. B. (1998), Social protection for Dependency in Old Age in Denmark. *Modernising and Improving EU Social Protection*, pp.87〜100, London: Conference on Long-Term Care of Elderly Dependent People in the EU and Norway

Harloe, M. (1995). *The people's home? Social rented housing in Europe & America*, Blackwell Oxford US & Cambridge USA

早川和男、野口定久、武川正吾編 (2002)『居住福祉と人間：命と住まいの学問ばなし』三五館

平山洋介 (1993)『コミュニティ・ベースト・ハウジング：現代アメリカの近隣再生』ドメス出版

平山洋介 (2009)『住宅政策のどこが問題か＜持家社会の次を展望する＞』光文社新書

平山洋介 (2011)「住宅の市場化政策とセーフティネット」『月刊福祉』(2011-3)、

12～16ページ

Hofland, B. (1990). Value and ethical issues in residential environments for the elderly. In Tilson, D. (Ed.), *Aging in Place: Supporting the frail elderly in residential environments* pp.241～271. Glenview, IL: Scott, Foresman

Houben, P.P.J., Voordt, Theo J.M. van der (1993). New Combinations of housing and care for the elderly in the Netherlands, Netherlands Journal of Housing and the Built Environment, 8 (3),pp.301～325

Houben, P. P. J. (1997). Challenges in the Modernisation of Dutch housing and Care of the Elderly, Housing Studies, Vol.12, No.3, pp.355～366

Houben, P. P. J. (2001). Changing Housing for Elderly People and Co-ordination Issues in Europe, *Housing Studies*, 16 (5),pp.651～673

井原辰夫 (2006)「オランダにおける高齢者および障害者に対するケアに関する施策について」『海外社会保障研究』No.154、26～36ページ。

伊藤敬文 (1980)「北欧における医療保険政策の発展：デンマーク・スウェーデン比較論」『国際社会保障研究』(25)、9～35ページ。

伊藤敬文 (1985)「デンマークにおける人口高齢化と高齢者の医療・福祉問題」『国際社会保障研究』(35)、43～56ページ

井上由起子（2003～2005）「高齢期と地域居住：第 1 回～第7回」『いい住まい、いいシニアライフ』Vol. 59～ Vol.66

井上由起子 (2006)『いえとまちのなかで老い衰える：これからの高齢者居住そのシステムと器のかたち』中央法規

Ivry, J. (1995) Aging in Place: The Role of Geriatric Social Work, *Families in Society: The Journal of Contemporary Human Services*, 1995, pp.77～85

Jensen, S. P. (1997). Fly I tide, Copenhagen: Gerontrogisk Institut

Kåhler M. (1992). Ten years after the commission of aging –ideas and results, *Danish Medical Bulletin*, 39, pp.216～219

Kahana, E. A. (1982). Congruence model of person-environment interaction,IN Lawton, M. P., Windley P. & Byerts T. O. (*Eds*)(1982). *Aging and the Environment: Theoretical Approaches* pp.15～19. New York: Springer.

Kelen, J. & Griffiths, K. A. (1983). Housing for the aged: New roles for social work. *International Journal of Aging and Human Development,* 16, pp.125～133

関西総合研究所（株式会社）(2006)『高齢者地域居住システムのあり方と実現方

法』株式会社関西総合研究所(NIRA助成研究報告書0653)
木下康仁(2003)『グランデッド・セオリー・アプローチの実践』弘文社
金恵京他(2000)「農村在宅高齢者におけるソーシャルサポート授受と主観的幸福感」『老年社会科学』(22-3)、395〜403ページ
クルーム洋子(2008)「アメリカの高齢者住宅とケアの実情」『海外社会保障研究』(164)、66〜76ページ
児玉善郎(1993)「高齢者の住宅対策」秋山哲男編『都市研究叢書8 高齢者の住まいと交通』96〜114ページ、東京都立大学出版会
厚生労働省高齢者介護研究会(2003)『2015年の高齢者介護:高齢者の尊厳を支えるケアの確立に向けて』厚生労働省老健局
厚生労働省(2006)『第2回介護施設等の在り方に関する委員会:我が国における高齢者の住い等の状況について』厚生労働省老健局
高齢者住宅財団(2004)『介護を受けながら住み続ける住まいのあり方について〜介護が付いている住まいに対するニーズに応えるために〜』高齢者住宅財団
高齢者住宅財団(2009)『高齢者専用賃貸住宅における介護サービス利用の実態』財団法人高齢者住宅財団
高齢者住宅財団(2010)「高齢者円滑入居賃貸住宅登録住宅の概要(平成22年8月末状況)」『いい住まい、いいシニアライフ』Vol. 97、67〜82ページ
古谷野亘、柴田博、芳賀博、須山靖男(1989)「PGCモラール・スケールの改訂の構造〜最近の改定作業がもたらしたもの〜」
古谷野亘、柴田博(1992)「老研式活動能力指標の交差妥当性;因子構造の不変性と予測的妥当性」『老年社会科学』(14)、34〜42ページ。
小山 剛(2007)「小規模多機能居宅介護と地域ケア」『戦略とビジョン』2007-5、35〜42ページ。
児玉桂子(1998)「高齢者住宅環境評価法の開発」児玉桂子編『高齢者居住環境の評価と計画』中央法規、70〜80ページ。
児玉善郎(1993)「高齢者の住宅政策」秋山哲男編『都市研究叢書8 高齢者の住いと交通』東京都立大学出版会、96〜114ページ。
久保昌昭、横山正博(2006)「在宅高齢者の閉じこもりに関連する要因」『社会福祉学』(46-3)、38〜47ページ。
Larson, R., (1978). Thirty years of research on the subjective well-being of older Americans, *Journal of Gerontology*, 33 (1), pp.109〜125

Lawton, M. P. (1969), Supportive Services in the Context of the Housing Environment, *The Gerontologist*, 9 , pp.15〜19

Lawton, M. P., & Nahemow, L. (1973). Ecology and the Aging Process. In Eisdorfer, C., & Lawton, M. P. (Eds.). *The psychology of Adult Development and Aging* pp. 619 〜674. Washington, D.C.: American Psychological Association.

Lawton, M. P. (1975). The Philadelphia Geriatric Center Morale Scale: A revision, *Journal of Gerontology*, 30 (1), pp.85〜89

Lawton, M. P. (1976), The Relative Impact of Congregate and Traditional Housing on Elderly Tenants, *The Gerontologist*, 16 (3), pp.237〜242

Lawton, M. P., Greenbaum, M., Liebowitsm B. (1980). The life span of Housing Environments for the Aging, *The Gerontologist*, 20 (1), pp.56〜64

Lawton, M. P., (1981). Alternative Housing, *Journal of Gerontological Social Work*, 3 (3),pp.61〜80

Lawton, M. P. (1983). Environment and Other Determinants on Well-Being in Older People, *The Gerontologist*, 232 (4),pp.349〜357

Lawton, M. P., Moss, M., & Grimes, M. (1985). The changing needs of older tenants in planned housing. *The Gerontologist*, 25, pp.258〜264

Leather, P., (1993). British Case Study: From Staying Put to Moving On, in Gottschalk, G, and Potter P. eds., *Better Housing and Living Conditions for Older People: Case Studies from Six European Citties*, Copenhagen: SBI

Liang, J., Bollen, K. A. (1983). The Structure of the Philadelphia Geriatric Center Morale Scale: A Reinterpretation, *Journal of Gerontolory*, 38-2, pp.181〜189

Liang, J., Asano, H., Bollen, K. A., Kahana, E. F. & Maeda, D. (1987). Cross-Cultural Cmparability of the Philadelphia Geriatric Center Morale Scale: An American-Japanese Comparison, *Journal of Gerontology* 42-1.

前田大作・浅野仁・谷口和江（1979）「老人の主観的幸福感の研究：モラール・スケールによる測定の試み」『社会老年学』(11)、15〜31ページ

前田大作・坂田周一、浅野仁・谷口和江、西下彰俊（1988）「高齢者のモラールの縦断的研究〜都市の在宅老人の場合〜」『社会老年学』(27)、3〜13ページ

真鍋一史（2003）『国際比較調査の方法と解析』慶応義塾大学出版会

松岡洋子（2001）『老人ホーム（プライエム）を超えて』かもがわ出版

松岡洋子（2003）「超高齢社会における協同組合・NPO活動の社会的役割〜コレ

クティブ居住を支える協同組合・NPO活動の課題と可能性について～」『第2回生協総研賞　研究奨励助成事業　研究論文集』

松岡洋子（2004）「デンマークにおける施設から住宅への変遷～『出来るだけ長く自宅で』から『早めの引っ越し』への政策転換を中心に～」『関西学院大学社会学部紀要　第97号』

松岡洋子（2005）『デンマークの高齢者福祉と地域居住：最期まで住み切る住宅力・ケア力・地域力』新評論

松岡洋子（2007）「デンマークの地域居住に学ぶもの～認知症ケアと居住の側面から～」『老年精神医学雑誌』（18-2）、178～185ページ

松岡洋子（2009）「地域居住（エイジング・イン・プレイス）世界の潮流・日本の自流：第2回　死亡退去かリロケーションか―アシステッド・リビングとデンマーク高齢者住宅からの退去実態―」『財団ニュース　いい住まいいいシニアライフ』（Vol.92）、14～24ページ

松岡洋子（2010）「地域居住（エイジング・イン・プレイス）世界の潮流・日本の自流：第3回　最期までの居住を可能にするデンマークの在宅ケア（1）」『財団ニュース　いい住まいいいシニアライフ』（Vol.95）、68～79ページ

Matsuoka, Y., (2006). Housing and Subjective Well-being on the Japanese Elderly: from Long Distance Moving with Poor Timing to Moving in Time on Aging in Place, *Paper to be presented at ENHR 2006 in Ljubljana, 2～5 July 2006*

Matsuoka, Y., (2007). For successful aging in place in elderly housing: Factors influencing subjective well-being of the residents in Danish elderly housing, *Paper to be presented at ENHR 2007 in Rotterdam, 25～28 June 2007*

Matsuoka, Y. (2008). "Aging in place and elderly housig: Comparative and comprehensive study of Japan and Denmark over factors influencing subjective well-being of the residents", from http://www.enhr2008.com/

Matsuoka, Y. (2009). "The Elderly Housing as a place to age in place: Comparative study on the pattern of mortality/Discharge in Denmark and Japan, Paper presented at International Conference of European Network for Housing Research (ENHR) 2009 Prague, from http://www.enhr2009.com/enhr/info/cz/25129/W15.html

Matsuoka, Y. (2010) 'For Successful Ageing in Place In Elderly Housing: Factors Influencting Subjective Well-being of Elderly Housing Residents in Japan', *Proceedings of 2010 International Conference of Asia Pacific Network for*

Housing Research (*APNHR*), China Architecture & Building Press, Beijin

メリアム, S.D. 著、堀 薫夫・久保真人・成島美弥訳 (2004)『質的調査入門：教育における調査法とケース・スタディ』ミネルヴァ書房

Morris, John N. et al. (1987), Housing and Case-Managed Home Care Programs and Subsequent Institutional Utilization, *The Gerontorogist*, 27 (6), pp.788~796

Morris, John N. et al. (1992). Aging in Place: The Role of Formal Human Services, Generations 16 (2). pp.41~48

Munroe, D. & Guihanm, M. (2005). Providers Dilemmas with Relocation in Assisted Living: Philosophy vs. Practice, *Journal of Aging & Social Policy*, 17 (3), pp.19~37

中里 仁 (2006)「地域密着小規模多機能・分散型ケア実践の立場から考える『社会福祉と感性』」『社会福祉学』(47-1)、79~82ページ。

内閣府 (2005)『高齢者の住宅と生活環境に関する意識調査』

Newman, S. (1990). The Frail Elderly in the Community: An overview of Characteristics, Tilson, D. (Eds.), *Aging in place: Supporting the Frail Elderly in Residential Environments* pp.53~74, Glenview-London: Scott, Foresman and Company

西野達也 (2003)「デンマークにおけるデイセンターの空間・時間活用に関する研究」博士学位論文（東京大学工学部）

西下彰俊、坂田周一 (1986)「特別養護老人ホーム入所1年後のADLおよびモラールの変化」『社会老年学』(24)、12~27ページ。

Nocon, A. & Pleace, N. (1999), Sheltered Housing and Community Care, *Social Policy & Administration*, 33 (2), pp.164~180

OECD (1994), *Caring for Frail Elderly People* (Social Policy Studies No.14, New Direction in Care, OECD

OECD, (2000). *OECD Economic Surveys Denmark*, Paris: OECD

OECD (2003,a) A *Disease-based Comparison of Health Systems: What is best and at what cost?*, OECD

OECD (2003,b) *Ageing, Housing and Urban Development*, OECD

OECD (2005), *Long-term Care for Older People* (OECD Health Project), OECD

岡田達也「悩める『終いのすみか』選び」(2007.12.10)『日本経済新聞』13ページ
奥村芳孝 (2000)『新スウェーデンの高齢者福祉最前線』筒井書房
大本圭野 (1995)「福祉と住宅保障」『ジュリスト　増刊　福祉を創る』82～89ページ
Pacolet, J., Bouten, R., Lanoye, Versieck, K.. (eds)(2000). *Social protection for Dependency in Old Age: A study of the 15 EU Member States and Norway*, Comparative Report commissioned by the European Commission and the Belgian Minister of Social AffairsBrussels, Commission of the European Communities, England; Ashgate
Pastalan, L.A. (1997). An introduction to international perspectives on shelter and service issues for aging populations, *Journal of Housing for the Elderly*, 12 (1/2),pp.1～7
Platz, M., (1990). *Gammle I eget hjem: Bind 2 Hvordan klarer de sig?*, Social Forsknings Instituttet; Copenhagen
Pynoos J. (1993). Strategies for Home Modification and Repair, *IN Callahan J. J. (Eds) Aging in Pllace, Baywood Publishign Company, Inc. pp.29～38*
Pynoos J. (1990). Public policy and Agin in Place: Identifying the Problems and Potetial Solutions, *IN Tilson D. (Eds.) Aging in Place: Supporting the Fril Elderly in Residential Environments, pp.167～208*
Revet, W., (2000). Seniors in the Netherlands: living well cared for and without worries about care. In Witers. S. (eds.). Lifetime Housing in Europe. (pp.83～91). Leuven: Katholieke Universiteit
Kane, R. A. (2001). Long-Term Care and a Good Quality of Life: Bringing The Closer Together, *The Gerontologist*, 41(3),pp.293～304
佐々木千晶、今井幸充 (2005)「高齢期の居住型ケアに対する在宅生活者の要望」『社会福祉学』(46-2)、89～98ページ
佐々木千晶、今井幸充 (2007)「ケアつき住宅に対する志向性評価尺度の作成。」『社会老年学』(29-1)、21～29ページ
流石ゆり子 (2001)「障害をもつ在宅高齢者の生活の質への影響要因：ソーシャルサポート授受の視点より」『日本在宅ケア学会誌』(Vol.14, No. 3)、32～39ページ
佐藤眞一 (2003)「心理的超高齢者研究の視点～ P.B. Baltes の第4世代論とE.H.Erikson の第9段階の検討～」『心理学紀要』(明治学院大学) 13、41～

48ページ

関川芳孝（2001）「住居保障と社会福祉」日本社会保障法学会編『社会保障法第5巻 住宅保障法・公的扶助法』58～83ページ、法律文化社

Sheehan, N. W. & Wisensale, S. K. (1991). "Aging in Place": Discharge Policies and Procedures Concerning Frailty Among Senior Housing Tenants, *Journal of Gerontological Social Work*, Vol. 16(1/2), pp. 109-123

Sheehan N. W., PhD, and Caudia E. Oakes, MS, OTR/L (2003)."Bringing Assited Living Services Into Congregate Housing: Residents's Perspectives".*The Gerontologist*, 43(5),pp.766～770

Sheehan N. M. (2006). Bringing Assited Living Services Into Congregate Housing: Housing Directors's Perspectives, *The Journal of Aging & Social Policy*,18(1), pp.65～86

Shop, L. & Wood, L. (2001). Living in Lifetime Home: A Survey of residents' and developers' views. York: York Publishing Services Ltd

嶋田啓一郎監修、秋山智久・高田真治編著（1999）『社会福祉の思想と人間観』ミネルヴァ書房

Singelenberg, J. (2001). What is a service zone? In Winters, S. (eds.) *Lifetime Housing in Europe*,Leuven: Katholieke Universiteit

城佳子、児玉桂子、児玉昌久（1999）「高齢者の居住状況とストレス」『老年社会科学』（21-1）、39～47ページ

園田真理子（1993）『世界の高齢者住宅』財団法人日本建築センター

園田真理子（2002）「イギリスの高齢者住宅」『病院建築』（137）、14～15ページ

園田真理子（2006）「住宅政策と福祉政策の統合的な展開に向けて」『住宅』（2006年2月）、3～6ページ

園田真理子（2007）「安心と信頼の構図：高齢者住宅の近未来」『いい住い、いいシニアライフ』財団法人高齢者住宅財団（81）、1～9ページ

鈴木晃（1999）「高齢者の住宅問題の一般化 －ふたつの選択肢とその課題」『都市問題』90-12

鈴木晃（2000）「住宅政策と社会福祉」中村優一・一番が瀬康子編『世界の社会福祉 日本』旬報社、439～450ページ

鈴木晃（2003）「地域福祉、住宅政策による居住保障の枠組み」『講座21世紀の社会福祉 国民生活と社会福祉政策』かもがわ出版、285～301ページ

Sopp, L. & Woop L. (2001). Living in Lifetime Home: A survey of residents' and developers' views, York Publishing Services Ltd.: York, UK

Sykes, J. T. (1990). Living independently with neighbors who care: Strategies to facilitate aging in place. Tilson, D. (Eds.), *Aging in place: Supporting the Frail Elderly in Residential Environments* pp.53～74, Glenview-London: Scott, Foresman and Company

田端光美 (2003) 『イギリス地域福祉の形成と展開』有斐閣

武川正吾 (1992) 『福祉国家と市民社会：イギリスの高齢者福祉』法律文化社

Tilson, D., & Fahey, C. J.(1990). Introduction. In Tilson, D. (Eds.), *Aging in place: Supporting the Frail Elderly in Residential Environments* pp.xv～xxxiii, Glenview-London: Scott, Foresman and Company

所 道彦 (2008)「イギリスのコミュニティケア政策と高齢者住宅」『海外社会保障研究』(No.164) 17～25ページ

Townsend, P. (1962). *The Last Refuge: A Survey of Residential Institutions and Homes for the Aged in England and Wales*. London: Routledge and Kegan Paul Ltd.

Torgenson, U. (1987). Housing: the wobbly pillar under the welfare state', in Turner, B., Kemeny, J., Lundqvist, L. (eds), *Between State and Market: housing in the post-industrial era*, Stockholm, Almqvist and Wiksell, pp.116～126

外山 義 (1990) 『クリッパンの老人たち』ドメス出版

外山 義 (2002)「高齢化社会における居住」、早川和男、野口定久、武川正吾編 (2002)『居住福祉と人間：命と住まいの学問ばなし』三五館、169～188ページ

外山 義 (2003) 『自宅でない在宅：高齢者の生活空間論』医学書院

豊田秀樹編著 (2003) 『共分散構造分析・疑問編～構造方程式モデリング～』朝倉書店

Van der Veer, J., Schuiling, D.(2005). The Amsteredam housing market and the role of housing associations, *Journal of Housing and the Built Environment*, (2005) 20, pp.167～181

Van Egdom, G. (1997). Housing for the elderly in the Netherlands: A Care Problem, Ageing International, Winter/Spring 1997, pp.165～182

Wagner, L. (1997). Long-term Care in the Danish Health Care System, *Health Care Management: State of the Art Reviews*, June 1997,pp.149～156

Winter, S. (2000). Lifetime housing in Europe: the rationale, the strategies, the policy instruments, in Winter, S. (eds.), *Lifetime Housing in Europe*, Proceedings of the European Seminar and Colloquium 'Living Tomorrow Starts Today'. Leuven, 4-5 December 2000

山井和則（1991）『世界の高齢者福祉』岩波新書

吉村直子（2007）「高齢者専用賃貸住宅の動向：供給の現状と今後の展望」『CRI』長谷工総合研究所、350（2007年10月）、1〜7ページ。

「マンション大丈夫か㊤：5分の4の賛成意見調整難しく」（2007.12.10）『日本経済新聞（夕刊）』6ページ。

Ældrekommissionnen（1980）. De ældres vilkaar.

Ældrekommissionnen（1981）. Sammenhaeng I ældrepolitikken

索　引

AWBZ　85, 88, 121, 125〜128, 142
CCRC　22, 98
Staying Put（居住継続）　22, 111
SSH　162, 165, 180
SSA　162, 165, 180
ICF（国際生活機能分類）　169
LSA　189, 210, 231, 235, 279〜280, 282, 288〜289, 291, 316〜317
Moving on（住み替え）　22, 111

【あ】

アイデンティティ・クライシス　32〜33, 64
アウトカム　44〜45
アクセスブル住宅　86
アクティビティハウス　146, 166, 168, 176, 235, 277〜278
アシステッド・リビング　31, 66〜67, 97〜99, 101, 103〜108, 169
アシステッド・リビング・サービス　104
アセスメント　34, 45, 47, 66, 73, 79, 112, 160, 169, 201, 294, 300, 333
アダプタブル住宅　84, 86, 92, 95, 140

アダプテッド住宅　84, 95, 140
アナセン　54
アフォーダビリティ　134, 145, 216, 218, 306, 328, 333
安易な施設化　34, 63
生きる主体　30, 149
医療依存　242, 246〜247, 249, 251, 264, 270, 278
インディペンデント・リビング　101
インフォーマル・ケア　120, 200, 292
インフォーマル・ネットワーク　71, 200
エイジング・イン・プレイス　1, 2, 15, 23〜27, 31〜32, 36〜38, 41〜42, 53, 66, 71, 73, 79, 83, 85, 91, 93, 95, 97〜98, 103, 105, 108, 120〜121, 125, 137, 140, 143, 145, 154, 221, 273, 291, 298〜299, 302〜304, 323〜325
エキストラ・ケア　115, 117
エルダーボーリ　146, 151
オルタナティブ　16, 21, 41, 123
オレコレ　157

【か】

介護型高齢者住宅　292, 329
介護型住宅（プライエボーリ）　17, 42, 58, 80, 154〜155, 157, 173, 276, 305
介護の対象　2, 30, 43, 45, 149
介護保険　184, 196〜200, 216, 226
介護保険法改正　193, 213
介護保険施設（介護保険3施設）　56, 195〜196, 200, 202, 214, 216, 325〜326
外在化　50, 132, 137, 291
改正高齢者住まい法　303
階段モデル　67〜69, 71, 74, 76〜77, 81, 123
外部の在宅サービス　190
革新モデル　71, 91
加算方式　192
家事援助　47, 50, 62, 87, 100, 104, 112, 121, 126〜127, 159〜160, 182, 198, 226, 230, 258, 275
家族依存　246〜247, 249, 251, 263, 269〜270, 281〜282
活動交流　238, 246〜247, 249, 251, 263, 288, 289
活動的緊張　29, 47, 62, 288
家庭医　129, 137, 141, 159, 172
カラハン　23
基幹的サービス　298, 302
機能志向アプローチ　72, 125〜126
機能主義　58
行政改革　146, 174
競争原理　121
居住系　44, 203, 305
居住系サービス　184, 194〜195
居住継続　239〜240
居住継続不安　246〜251, 263, 269〜270, 276, 279〜281, 284, 286, 291
居住継続モデル　78, 81〜83, 91, 107
居住権の保障　214, 216, 326, 333
居住費（ホテル・コスト）　326
緊急コール　48, 86, 113, 141, 159, 165, 181, 189, 311, 316, 331〜332
緊急通報装置　➡緊急コール
空間的分離（空間的に離れた）　73, 287
暮らしを営む主体　37
グループホーム　36, 43〜44, 56, 184, 198, 299, 309, 322, 325〜326
ケア・センター　85〜88, 101, 115, 137, 140〜142,
ケア・ホーム　123, 126, 128, 130, 132,
ケア付き地域　324, 328
ケアマネジメント　112
ケアを受ける客体　37
軽費老人ホーム　56, 203, 326
県営住宅　56
建築規則　92
権利擁護　197〜198
公営・公団・公庫　207〜208
公営・公団・公社　210
公営住宅　56, 62〜63, 100, 121〜123, 147, 203, 208〜209, 210, 221, 324〜325, 327
公営住宅法　92, 146, 151〜152, 155, 208
公社・公団住宅　56, 203, 208, 210, 221, 300, 325
高専賃の実態調査　214
公的賃貸住宅　327〜329
合同形　33〜34, 61, 98
高齢者・障害者住宅法　92, 146, 151, 154, 226
高齢者3原則　149

高齢者円滑入居賃貸住宅（高円賃）　212,
　　215〜216, 325
高齢者居住生活支援施設　82
高齢者住宅財団　37, 44, 191, 194, 213〜
　　214, 304
高齢者政策委員会　54, 60, 149, 158
高齢者専用賃貸住宅（高専賃）　43, 45, 183
　　〜184, 196, 213〜216, 220, 304, 306, 308
　　〜309, 325〜326
高齢者の居住の安定確保に関する法律（高
　　齢者住まい法）　212, 216, 303, 326
高齢者向け優良賃貸住宅（高優賃）　43〜
　　44, 83, 189, 211〜212, 216, 226, 314〜315,
　　325〜326
国民保健サービス法　112
個室・ユニットケア　42, 80
国庫補助が廃止　184
ゴッシャルク　58, 60, 93, 324
ゴフマン　16, 19
コミュニティ・ハウス　316, 329
コミュニティケア　110, 112, 115, 118〜119
小山剛　298, 328〜329
ゴラント　41
コングリゲート・ハウジング　62〜63, 65,
　　98, 100〜101, 104, 108

【さ】

サービス・ゾーン　3, 53, 84〜86, 88〜89,
　　91〜92, 95, 97, 120, 122, 140, 142〜
　　143, 324
サービス・パッチワーク　65〜66
サービスセンタード・モデル　75, 78, 81,
　　93
サービス付き高齢者向け住宅　4, 44, 183,

216, 303, 317, 326
最期まで　31〜32, 35, 80, 169, 183, 188, 190,
　　286〜287, 291〜292, 299, 329
最期までの選択　246〜251, 259, 270, 276, 281,
　　284
在宅24時間ケア　1, 56, 134, 158〜159, 172
　　〜173, 180〜181, 275
在宅療養支援診療所　332
最低居住面積　46
サポート・センター　85〜88, 140, 142
三位一体改革　195
シーハン　104〜105
市営住宅　56
シェルタード・ハウジング　20〜22, 108, 110
　　〜113, 115, 117〜120, 189
自己決定　43, 66, 240, 249〜250, 284
自己実現　156
自助・互助・共助・公助　200
施設から住宅へ、地域へ　304
施設志向アプローチ　72
施設の一元化　199〜200
施設の弊害　16
自治体　322
自分らしく生きる　27
社会サービス　84
社会支援法　148, 151
社会的入院　149
社会保障国民会議　329
自由競争　58
シューケス　31, 39
住宅協会　57, 113, 122, 151
住宅政策こそ福祉の基盤　207
住宅セーフティネット　218
住民デモクラシー　152

主観的幸福感　33, 61, 222〜224, 231, 233〜234, 242, 245, 251, 264〜265, 269〜270, 275〜276, 278〜285, 287〜290
受動的安らぎ　29, 47, 62
生涯住宅　3, 53, 89, 95, 134, 142〜143, 324〜325, 328
小規模・多機能サービス拠点　188, 191
小規模多機能　300
小規模多機能型居宅介護　87, 191〜193, 202, 214, 303, 321〜322
小規模多機能サービス　299
小規模多機能センター　81〜83
自立型高齢者住宅　2, 146, 157, 172〜173, 176, 190, 199, 203, 206, 221, 292, 306, 313, 317, 326〜327, 329
自立型住宅　303, 310〜311
自立支援　26, 43, 47, 333
自立生活　242, 246〜247, 251, 259, 275, 290
シルバーハウジング　189, 209, 210, 226〜227, 234〜235, 237〜242, 246〜247, 252〜253, 257〜259, 263〜265, 269〜270, 279〜284, 286〜290, 299, 317, 325
身体介護　112, 115, 121, 159, 198, 230, 275, 293
新登録基準　184, 215〜216
新パラダイム　74, 76, 78, 81〜82
随時の訪問　202
ストレングス　47
住まいとケア革新プロジェクト　60, 70, 73, 83, 123, 125, 128, 130, 133
「住まい」と「ケア」の〈再統合〉　325, 328
住まいとケアの分離　1, 3〜4, 21, 43, 45, 50, 53〜55, 57〜60, 67, 72〜75, 81, 83, 93, 95, 97, 103, 118, 124〜125, 133, 143, 145, 147, 150〜151, 190, 206, 216, 218, 324, 326
住み慣れた地域で最期まで　15, 25, 37, 328
生活圏域　183, 192
生活支援　50, 198, 226〜227, 231
生活支援サービス　47, 197, 199, 317
生活の主体　43, 45
セーフティネット　209
セクション202（住宅）　98〜99, 100, 103〜104, 108
全制的施設　19
戦略的脱施設　56
総量規制　195
外付けサービス　199
尊厳　26, 43, 45

【た】
ダータランド　58, 67, 74〜76, 81〜83, 107
ターミナルケア　137
第5期介護保険事業計画　185
退去実態　107, 169
第三類型　44, 194
退所基準　105〜106
タウンゼント　16, 19, 20, 24, 110, 298
宅老所　191
脱高齢者住宅　325
多床室　42
団塊の世代　196, 218〜219
短時間ケア　201
単身居住誘導面積　306
地域居住率　107
地域のつどい場　290, 318, 320〜322, 330, 332
地域包括ケア　180, 183, 196〜198, 200, 314,

322
地域包括ケア研究会　1, 87, 185, 196〜197, 199〜200, 204, 299
地域包括支援センター　191, 200, 329
地域密着型サービス　184, 191, 200, 298
地区（ディストリクト）　3, 176, 323, 328
定期訪問　202
ティルソン　37〜38, 63
テーラーメイドのケア　73, 82
適合高齢者専用賃貸住宅　213〜214, 216
伝統的高齢者住宅　62, 100
統合ケア　57, 158
特殊解　81, 83
特定施設　19, 41, 95, 196, 213, 216, 309
特定施設入居者生活介護　43, 213
特別養護老人ホーム　2, 40, 42, 56, 80, 184〜185, 197〜198, 220, 298, 313

【な】
ナーシング・ホーム　31, 42, 63, 66, 68〜69, 76〜80, 82, 89, 98, 101, 105, 123, 126, 132, 134, 154
内在化　50, 51, 81, 132
なじみの環境　24, 241, 246〜249, 251
2回目の引っ越し　2, 74
24時間・365日（365日・24時間）　183, 188, 190, 192, 198, 201, 293, 328
24時間地域巡回型訪問介護　298
24時間地域巡回型訪問サービス　4, 183, 185, 198, 200〜201, 292〜293, 296, 298, 302, 322, 329〜330, 332, 333
24時間訪問介護　296
2015年の高齢者介護　1, 2, 36, 44, 158, 184〜185, 187, 190〜191, 194, 196〜197, 200

日常生活圏域　87, 197
認知症　43, 107, 170, 172, 187, 275, 294, 300, 310
認知症グループホーム　194〜195, 203, 321
年金受給者住宅　42
能力－環境負荷モデル　29
ノーマライゼーション　210

【は】
パーソンセンタード・モデル　75, 78, 81〜82
パイニュス　23, 41
パコレット　67
パスタラン　15, 19
早めの移り住み　213
早めの住み替え　2, 80, 156〜157, 189, 190, 292, 306, 308, 309
バリアフリー　34, 92, 140, 189, 210, 217, 315, 327
バル　31, 107
ハンセン　58
非営利組織　57, 58, 122
頻回訪問　293〜294, 297
フォーゲル　39
フォーマル・ケア　200, 292
福祉（社会サービス）　35, 73, 120〜121
福祉サービス　324
福祉サービス付き地域　325
福祉地区　87〜88, 159, 176, 182
不必要な引っ越し　76
プライエム　1, 17, 42, 54〜56, 83, 148, 151〜155, 158, 240, 305
プロセス　44
分刻みの短時間巡回サービス　139

閉鎖回路　68, 137
包括的安心感　246～247, 249, 251, 259, 265, 270, 280, 287～288, 311
包括方式　192, 202
包括報酬　198
訪問診療　159
ホーベン　35, 53, 59, 67～68, 70～71, 73, 75, 77, 81～82, 124, 133
保全措置　195, 214～216

【ま】
まちづくり　84～85, 88
マンロー　105～106
看取り　300, 302
見守り　199, 217, 288, 301, 317, 324, 331
民間賃貸住宅　209～210
召使症候群　54, 148
モーニングケア　162, 166, 182, 294
持ち家政策　208～209

【や】
夜間対応型訪問介護　191～193, 293
誘導居住面積　46
有料老人ホーム　56, 68, 77, 184, 189, 194～195, 198, 203, 213～214, 216, 220, 226～227, 234～235, 237～242, 246～247, 252～253, 257～259, 263～265, 269～270, 279, 281～282, 285～288, 290, 309, 317
ユニットケア　40
養護老人ホーム　196, 203

【ら】
リロケーション　26, 32, 64, 107, 169, 170, 172, 279, 299
ロートン　28～29, 34, 38～39, 47, 53, 61～63, 98, 100, 103, 108, 190, 230, 233, 287

【わ】
ワーデン　20, 108～109, 111, 113, 115, 118～119, 189

著者紹介

松岡洋子（まつおか・ようこ）
東京家政大学特任講師。
1955年、兵庫県生まれ。
1977年、神戸大学文学部卒業。
1997年、コペンハーゲン商科大学（国際コース）半期留学。
2003年、関西学院大学大学院社会福祉学研究科後期課程満期退学。
社会福祉士、博士（社会福祉学）。2009年より現職。
著書：『老人ホームを超えて～21世紀・デンマーク高齢者福祉レポート』クリエイツかもがわ、2001年、『デンマークの高齢者福祉と地域居住～最期まで住み切る住宅力・ケア力・地域力～』新評論、2005年
共著書：『教育研究ハンドブック』（立田慶裕編）世界思想社、2005年、『do for から do with へ』（城仁士編著）ナカニシヤ出版、2009年

エイジング・イン・プレイス（地域居住）と高齢者住宅
Ageing in place
――日本とデンマークの実証的比較研究――
（検印廃止）

2011年7月10日　初版第1刷発行

著　者　松　岡　洋　子

発行者　武　市　一　幸

発行所　株式会社　新　評　論

〒169-0051
東京都新宿区西早稲田3-16-28
http://www.shinhyoron.co.jp
TEL 03（3202）7391
FAX 03（3202）5832
振替 00160-1-113487

落丁・乱丁はお取り替えします。
定価はカバーに表示してあります。

印刷　フォレスト
製本　清水製本所
装丁　山田英春

Ⓒ松岡洋子　2011
Printed in Japan
ISBN978-4-7948-0850-9

|JCOPY|＜(社)出版者著作権管理機構　委託出版物＞
本書の無断複写は著作権法上での例外を除き禁じられています。複写される場合は、そのつど事前に、(社)出版者著作権管理機構（電話03-3513-6969、FAX 03-3513-6979、e-mail: info@jcopy.or.jp）の許諾を得てください。

新評論好評既刊　　「ケア」と「共生」を考える本

B.マスン&P.オーレスン編／石黒　暢 訳
高齢者の孤独　　シリーズ《デンマークの悲しみと喪失》
25人の高齢者が孤独について語る

別離、病、家庭の不和…。赤裸々に語られる人生の悲喜。
[A5並製　244頁　1890円　ISBN978-4-7948-0761-8]

P.オーレスン&B.マスン&E.ボーストロプ編／石黒　暢 訳
認知症を支える家族力　　シリーズ《デンマークの悲しみと喪失》
22人のデンマーク人が家族の立場から語る

高齢者・認知症・家族の問題をリアルに伝える感動の記録。
[四六並製　228頁　1890円　ISBN978-4-7948-0862-2]

J.グルンド&M.ホウマン／フィッシャー・緑 訳／須山玲子=編集協力
天使に見守られて
癌と向きあった女性の闘病記録

日野原重明氏推薦：「この夫人の姿はなんと感動的なものか」。
[四六並製　214頁　1890円　ISBN978-4-7948-0804-2]

松岡洋子
デンマークの高齢者福祉と地域居住
最期まで住み切る住宅力・ケア力・地域力

住み慣れた地域で最期まで！デンマーク流最新"地域居住"。
[四六上製　384頁　3360円　ISBN4-7948-0676-0]

西下彰俊
スウェーデンの高齢者ケア
その光と影を追って

福祉先進国の高齢者ケアの実情解明を通して日本の課題を探る。
[A5上製　260頁　2625円　ISBN978-4-7948-0744-1]

P.ブルーメー&P.ヨンソン／石原俊時 訳
スウェーデンの高齢者福祉
過去・現在・未来

200年にわたる高齢者福祉の歩みを辿り、この国の未来を展望。
[四六上製　188頁　2100円　ISBN4-7948-0665-5]

＊表示価格はすべて消費税（5％）込みの定価です。